今日马克思主义研究丛书

费尔巴哈

"新哲学"研究

闫涛————著

天津出版传媒集团

天津人民出版社

图书在版编目(CIP)数据

费尔巴哈"新哲学"研究 / 闫涛著. —— 天津：天津人民出版社, 2021.4

(今日马克思主义研究丛书)

ISBN 978-7-201-17274-3

Ⅰ.①费… Ⅱ.①闫… Ⅲ.①费尔巴哈(Feuerbach, Ludwig 1804-1872)—哲学思想—研究 Ⅳ.①B516.36

中国版本图书馆 CIP 数据核字(2021)第 076478 号

费尔巴哈"新哲学"研究
FEIERBAHA XINZHEXUE YANJIU

出　　版	天津人民出版社
出 版 人	刘　庆
地　　址	天津市和平区西康路35号康岳大厦
邮政编码	300051
邮购电话	(022)23332469
电子信箱	reader@tjrmcbs.com
责任编辑	郑　玥
封面设计	明轩文化·李晶晶
印　　刷	天津新华印务有限公司
经　　销	新华书店
开　　本	710毫米×1000毫米 1/16
印　　张	16.25
插　　页	2
字　　数	220千字
版次印次	2021年4月第1版　2021年4月第1次印刷
定　　价	57.00元

目　录

绪　言

　　费尔巴哈是德国古典哲学的重要代表性哲学家之一，费尔巴哈力求创造性地构建一种有别于康德、费希特、谢林、黑格尔等德国古典哲学家的新的哲学体系。在与德国思辨哲学彻底决裂之后，费尔巴哈通过创立一种与思辨哲学迥然不同的人本学唯物主义"新哲学"的方式，在德国知识界进行了一场值得人们关注的哲学革命。费尔巴哈开启的这场哲学革命有力促进了19世纪德国哲学的进一步发展，费尔巴哈哲学的创立可以说是对包括德国古典哲学在内的以往一切哲学的批判和超越，意义非常。费尔巴哈哲学思想之所以具有重要的研究价值，就是因为费尔巴哈的哲学思想是马克思主义理论的主要思想来源之一，对于我们理解马克思主义缘起具有重要的理论价值，特别是费尔巴哈对宗教神学的批判、对黑格尔哲学的批判、对政治哲学的构建、对道德哲学的构建、对人本学的构建等都对马克思主义理论的形成起到了重要作用。

　　然而长期以来学界对费尔巴哈存在着严重的误读与曲解。因此，深入研究探讨费尔巴哈哲学思想，有助于我们深入研究、深刻理解马克思哲学思想体系，对于深入理解和把握马克思思想体系诞生的思想资源和理论背景都是十分必要的。只有系统把握德国古典哲学和费尔巴哈哲学的理论体系，才能真正地、历史地把握马克思主义理论的真理力量，才能真正懂得马克思是如何在批判、超越德国古典哲学的基础上构建自己理论体系的。

一、研究费尔巴哈"新哲学"的意义

费尔巴哈哲学和黑格尔哲学被恩格斯确认为马克思主义哲学重要的思想来源和理论来源,由此我国学界,特别是对那些研究马克思主义哲学和马克思主义理论的学者来说,费尔巴哈这个名字可以说都是非常熟悉的。学界对费尔巴哈的整体性思想并不陌生的另外一个原因就是,路德维希·费尔巴哈这个名字经常出现在马克思、恩格斯的一系列经典著作之中。费尔巴哈唯物论的基本内核、黑格尔哲学辩证法的合理内核的提法在学界可以说是耳熟能详的。然而耐人寻味的是,人们对费尔巴哈的熟悉却并不意味着对费尔巴哈哲学有着完整系统的、条理清晰的理解。费尔巴哈仿佛就在我们身边,而我们却对他熟视无睹。由此我认为,人们对费尔巴哈这个名字的熟悉并不意味着真正走近过费尔巴哈哲学,更不要说我们的思想和理论水平已超越费尔巴哈的理论深度了。

总体看来,学界对费尔巴哈哲学的研究是比较广泛的,且费尔巴哈的哲学思想也为人们所广泛关注,但从马克思主义哲学研究领域和研究视角来看,学界研究的重点更加倾向于在对费尔巴哈哲学思想与马克思、恩格斯哲学思想的关系上;学界对费尔巴哈哲学的理论内容的研究也大多侧重于费尔巴哈宗教神学批判、黑格尔的哲学批判、费尔巴哈人本主义思想等方面,对费尔巴哈的政治哲学和道德思想却极少涉及。这就必然缺少了对费尔巴哈哲学思想的研究视域,缺少了真正对费尔巴哈哲学进行整体性和系统性的研究过程和内容。有的学者认为,从西方哲学或西方思想研究领域来看,费尔巴哈哲学思想几乎成了学者们研究领域中一个被遗忘的角落。基于学界对费尔巴哈研究的整体情况的全面性了解和整体性把握,我认为对费尔巴哈哲学的系统研究是十分必要的,并且是非常重要的。

马克思创立马克思主义的过程存在着一个"费尔巴哈阶段",马克思从对费尔巴哈的崇拜到不自觉地超越,再到对费尔巴哈哲学彻底地清算,最终实现了对黑格尔与费尔巴哈的双向度超越,并在此基础上创立历史唯物主义。正确理解费尔巴哈的"新哲学",合理探究费尔巴哈与马克思之间的关系,对于理解马克思引导哲学走向革命具有重要的理论意义,对于在新时代更好坚持和发展马克思主义具有深刻的现实价值。

在近代德国哲学领域,费尔巴哈的确是一位独具特色的人物。在黑格尔逝世之后,德国思想界一度陷入了一个比较混乱的时期。在那个时候,青年黑格尔派试图从黑格尔哲学中引申出一系列激进的理论内容,老年黑格尔派则坚持黑格尔哲学思想的保守方面。但总体说来,无论是老年黑格尔派抑或是青年黑格尔派,都无疑处在黑格尔思辨哲学的框架之中,本质上都是在宗教哲学的问题中不断地兜圈子罢了,因为黑格尔哲学思想与宗教哲学思想存在着惊人的内在一致性。费尔巴哈在那个时候基本完成了从宗教神学到理性再到人本身的思想发展历程,费尔巴哈力图通过思想批判或哲学改造来建立一个划时代的新的哲学体系。费尔巴哈通过宗教神学批判颠覆了基督教神学对人们思想的束缚,通过哲学批判颠覆了作为政治上官方哲学的黑格尔客观唯心主义思辨哲学思想,费尔巴哈在自然主义的人本学上找到了自己新哲学的立脚点,然后费尔巴哈又把人本学的唯物主义思想贯彻到了对政治问题和道德问题的分析之中。

费尔巴哈宣称一切在人以外的、在人之上的人格思辨都是一种没有统一性、整体性、实在性、必然性的思辨。费尔巴哈认为费希特的"自我"、莱布尼茨的"单子"、黑格尔的"绝对"的根据其实都是人,费尔巴哈坚持的观点是:人是自由的存在、人格的存在和法律的存在。费希特、莱布尼茨、黑格尔的哲学都没有离开对人的问题的研究。由此可见,从人本学上来理解德国古典哲学也可以是学界关注和研究的一个重要面向,费尔巴哈的哲学是自成体系的,是建立在对以前一切哲学思想,特别是德国古典哲学的基础上完成的,是德国古典哲学后期的一位人本学哲学思想研究的大家。尽管他建立新哲学的努力最终在后来的哲学家看来并不算成功，但要强调的是费尔巴哈的哲学思想依然是非常丰富的，并且费尔巴哈的哲学思想对后人是很有启发意义的。比如，直到目前我国学界对费尔巴哈哲学的研究大都没有涉及费尔巴哈的政治哲学和道德哲学思想，甚至有人坚定地认为费尔巴哈是不关心政治问题的。可以说，这不仅是在费尔巴哈哲学研究领域上的缺憾，而且是人类整个哲学思想发展脉络中一个非常严重的缺陷，如果是在这样没有完整地、系统地理解费尔巴哈哲学的情况之下，就对费尔巴哈哲学作出整体性的、武断的、简单的评断，恐怕是不能经受住历史确证与评判的。

　　费尔巴哈对马克思、恩格斯的影响，不仅在于他的哲学批判和宗教神学批判，更在于他建立"新哲学"的努力在某种程度上激发了马克思、恩格斯创立马克思主义理论体系的信心和信念。费尔巴哈在创建自己哲学体系过程中，使处在思想彷徨中的马克思、恩格斯意识到，只在传统哲学的思想框架内寻找哲学的出路显然是徒劳无益的，必须进行彻底的哲学改造和哲学变革，才能为考察和研究哲学问题、历史问题、政治问题和道德问题等确立新的思路方法和理论体系。在这一方面，马克思、恩格斯与费尔巴哈发出了几乎同样的声音，这个声音真正预示了德国哲学发展的新态势。因此，费尔巴哈对马克思主义理论建立的影响，不仅仅在于费尔巴哈的哲学思想有多少引起了马克思的重视或被马克思所接受，而在于他确实激发了马克思、恩格斯确立他们自己的"新哲学"的起点。

　　当然，费尔巴哈哲学的理论局限性很快就被马克思敏锐地发现了，对费尔巴哈哲学的批判，恰恰成为了马克思新哲学诞生的重要标志。这特别体现在马克思《关于费尔巴哈的提纲》中，为什么马克思、恩格斯能够深刻地批判费尔巴哈哲学体系呢？原因就是他们都认真学习、深刻思考了费尔巴哈新哲学的理论架构及相关理论内容，他们对费尔巴哈所研究的相关哲学问题以及费尔巴哈哲学革命的理论基点是非常熟悉的，他们对费尔巴哈哲学的理解和熟悉程度是不言而喻的，恰恰是在准确批判基础上的理论超越。被恩格斯称为"包含着新世界观天才萌芽的第一个文件"的《关于费尔巴哈的提纲》是马克思所作的一篇经典小文,文中涉及对费尔巴哈哲学的批判思想,这些批判思想又在同年马克思、恩格斯合著的经典著作《德意志意识形态》中得到了更系统和全面的阐释。值得一提的是,此后恩格斯还单独写作了《费尔巴哈论》(《路德维希·费尔巴哈与德国古典哲学的终结》);马克思在费尔巴哈的影响下脱离了黑格尔,同时又通过对费尔巴哈哲学的批判走向了哲学革命,创立了历史唯物主义。因此,无论在肯定的意义上,还是在否定的意义上,费尔巴哈哲学都是马克思主义哲学得以诞生的重要思想资源,其本身在西方哲学发展史中也有着独立的学术价值。所以要真正地把握这个思想资源,就不可避免地需要我们对费尔巴哈哲学有一个比较完整的理解、比较系统的阐释,这就是本书的写作初衷。

二、国内外对费尔巴哈的研究状况

国内对费尔巴哈哲学思想的研究大约可以追溯到 20 世纪初,那时正是费尔巴哈诞辰百年左右。当时的情况是不同历史时期的学者们对费尔巴哈哲学的研究兴趣、研究情况各不相同,随着马克思主义哲学、马克思主义理论学说在中国的广泛传播,费尔巴哈也逐渐为学界所熟知。费尔巴哈的理论著作陆续出版发行,《未来哲学原理》1934 年出版,《黑格尔哲学批判》1935 年出版,《宗教本质演讲录》1937 年出版;同年研究费尔巴哈哲学思想的专著——约特尔的《费尔巴赫底哲学》出版。新中国成立后,五六十年代《费尔巴哈哲学著作选集》翻译出版。1978 年后,费尔巴哈哲学研究进一步的发展,陆续出版了《费尔巴哈哲学史著作选》(1—3 卷),《费尔巴哈哲学著作选集》再版发行。不过至今,国内仍然没有一部"费尔巴哈全集"中译本问世。

随着费尔巴哈著作在国内出版日渐增多,对费尔巴哈哲学涉及的研究领域和相关问题也慢慢拓宽了,这时学界已经不再局限于恩格斯在《路德维希·费尔巴哈与德国古典哲学的终结》中对费尔巴哈哲学的定论了。学界的研究更加趋向于走近费尔巴哈的哲学思想。学界还在一定范围内讨论过费尔巴哈哲学是否属于德国古典哲学的问题,当然更多地是讨论关于费尔巴哈哲学在青年马克思思想形成过程中的作用的问题,关于这些问题的讨论一直未有定论,但这些讨论都对费尔巴哈哲学的研究起到了很大的推进作用。

总体说来,改革开放前我国学界对费尔巴哈哲学的研究还是相当薄弱的,大多关于费尔巴哈的论述也不过是研究马克思主义哲学时涉及对费尔巴哈哲学思想的评述而已。在国内专门以费尔巴哈哲学为主要内容的研究中,最具代表性意义的专著应当是乔长禄先生的著作《谈谈费尔巴哈的哲学》(上海人民出版社,1957 年)。该书涉及内容包括:费尔巴哈的生平、费尔巴哈对自然界本性的唯物主义理解、费尔巴哈对哲学基本问题的唯物主义解决、费尔巴哈的认识论、宗教观、伦理观等,尤其对费尔巴哈的唯物主义"基本内核"和宗教伦理特质作了分析,可以使读者对费尔巴哈哲学有一个初步的了解。

改革开放后,学界对费尔巴哈哲学的研究如雨后春笋,相关著作浩如烟海,研究问题宏广邃微,其研究的概念范畴洗炼繁多,形成了一定的规模,而且研究的理论深度也较以往有了极大的超越。邢贲思先生于 1981 年在上海人民出版社出版了《费尔巴哈的人本主义》一书,在这部著作中邢贲思先生完整而客观地对费尔巴哈的人本主义哲学进行了评析。邢贲思认为,从马克思主义的理论视角来看费尔巴哈的哲学著作那必然是存在着极大的缺点的,甚至还有很多错误之处;但如果考虑到费尔巴哈所处时代和历史境遇,费尔巴哈那些宗教神学批判、思辨唯心主义哲学批判、对人本学唯物主义基本原理的阐释等相关内容仍是值得我们研究和学习的人类智慧的精华,也可以说是整个人类认识史上一笔宝贵的财富。邢贲思先生如此评论费尔巴哈可以说是十分中肯和客观的,该书从费尔巴哈哲学形成的历史条件出发,主要从七个方面予以展开:费尔巴哈的早期哲学思想、费尔巴哈的唯物主义自然观、费尔巴哈认识论的两重性、费尔巴哈的狭义人本主义学说、费尔巴哈人本主义特点的无神论、费尔巴哈的人本主义伦理观、费尔巴哈哲学历史命运。该书还详尽论述了研究费尔巴哈哲学的意义。

值得一提的是,书中还对研究费尔巴哈哲学过程中应该注意的问题作了概括:一是费尔巴哈的唯物主义具有自身特色,二是费尔巴哈是从一个神学和思辨哲学的信徒发展成为一个唯物主义哲学家和人本主义信徒的,三是在特定的历史条件下费尔巴哈的哲学具有重要的现实意义。邢贲思先生认为费尔巴哈学说作为一个整体,在哲学史上和人类认识史上具有巨大的进步作用。邢贲思认为费尔巴哈既具有作为学者的性格与品德,更是关心国家命运和社会进步的哲学家,虽然费尔巴哈的政治激进程度远远不及马克思、恩格斯,也赶不上"青年德意志派"的海涅和白尔尼。

萧焜焘主编的《从黑格尔、费尔巴哈到马克思》(江苏人民出版社,1982年)是一部研究马克思主义哲学产生过程的专著,在这部著作中,肖焜焘系统介绍了马克思主义哲学的理论来源,那就是德国古典哲学。德国古典哲学代表人物康德、费希特、谢林、黑格尔、费尔巴哈是肖焜焘先生主要关注的对象,他对以上这些哲学家的思想体系进行了梳理和系统性评价分析。肖焜焘先生还专门列出章节对费尔巴哈哲学进行了系统解读,主要是关于费尔巴哈的宗教观、道德论、唯心史观等方面的论述。当然,这些解读也都是基于系统的、整体的、概括的对德国古典哲学的阐释的关注点上的。

赵常林先生的专著《马克思早期哲学思想研究》(北京大学出版社,1986年)是作者在北大哲学系开设同名课程的讲稿,专著内容涉及:青年马克思与德国古典哲学关系问题、马克思早期哲学思想分期的若干问题、马克思主义实践观问题、马克思主义者早期的共产主义思想问题等。著作中马克思与费尔巴哈关系问题、马克思实践概念的内涵阐释等都具有非常高的理论价值,这些问题的阐释显示出赵常林先生对费尔巴哈哲学的相关研究很有深度、很有建树。

赵常林先生认为青年马克思与费尔巴哈的关系应分为三个阶段来考察比较合理:第一个阶段是从《莱茵报》时期到《1844年经济学哲学手稿》时期,这个时期的马克思正处于青年时期,他已经完全接受了费尔巴哈哲学体系中的无神论,但这时期的马克思也发现了费尔巴哈无神论思想的局限性,特别对费尔巴哈无神论思想的局限性进行了批判,进而运用费尔巴哈的神学批判方法来分析当时的社会政治问题。第二个阶段是从《1844年经济学哲学手稿》到《神圣家族》时期,这时候的青年马克思已经欣然接受了费尔巴哈唯物主义观,在批判费尔巴哈唯物主义思想局限性的同时,反过来运用费尔巴哈对象化理论去批判当时的社会经济问题。第三个阶段是《关于费尔巴哈的提纲》和《德意志意识形态》时期。这个时期的马克思秉承历史唯物主义立场,深刻揭示出费尔巴哈哲学在理论上的种种缺陷和失误,已然超越了费尔巴哈哲学。由此可见,马克思哲学思想的形成过程与费尔巴哈哲学思想的影响是有着紧密联系的。

自20世纪90年代开始,我国学界对费尔巴哈哲学的研究似乎再次陷入沉寂。当然也有学者发表了相关论著。比如,许俊达先生编著的《费尔巴哈神性·理性·人性三部曲》(中国工人出版社,1993年)就是比较具有代表性的一部著作。该书包含三个篇章,第一章是神的召唤、第二章是理性之光、第三章是人性之歌,基本上是描述和分析费尔巴哈哲学思想的发展历程。该书阐述了费尔巴哈哲学在思想界中的举足轻重的地位和出类拔萃的贡献,作者着重于思想的阐发,不同于以往的传记风格,区别于板着面孔的批判,而重于客观和接近费尔巴哈思想本真面貌的分析,是国内学者研究费尔巴哈思想必不可少的文献资料,目前国内研究费尔巴哈的学者或多或少都对该书进行了分析、借鉴和使用。

进入21世纪以来,有关费尔巴哈哲学的研究又开始活跃起来。一批年富力强的中青年学者投入到费尔巴哈哲学思想研究中,使学界对费尔巴哈哲学思想的研究达到了新的高度，他们对费尔巴哈的哲学思想的理解也更加具体而深刻。比较有代表性的一部专著就是 2003 年华中师范大学出版社出版的舒永生老师的专著《重读费尔巴哈——论费尔巴哈的感性人学及其意义》。舒永生老师认为费尔巴哈是从本体意义来理解感性的，舒永生老师发现近代认识论哲学是——以人与自然的割裂为前提的——感性存在的遗忘。该书第一部分论述了费尔巴哈推翻了旧的传统形而上学原则。因为在费尔巴哈之前的哲学家，把感性等同于感受性，认为感性就是感觉经验，认为感受性就是认识论上的感性，费尔巴哈认为这是错误的论断；第二部分论述了费尔巴哈借助感性对理性形而上学进行了彻底的颠覆；第三部分在第二部分的基础之上论述了费尔巴哈对传统神学形而上学的颠覆，即从宗教神学上升到人本主义，揭露出宗教神学的人本学本质；第四部分论述了费尔巴哈感性人学的建构及其在构建上的困惑；第五部分论述了马克思对费尔巴哈的超越过程，因为只有马克思才真正完成了对传统形而上学彻底的颠覆，该书对费尔巴哈哲学思想的研究可以说是非常深刻的。

2005 年商务印书馆出版了李毓章、陈宇清老师合著的《人·自然·宗教——中国学者论费尔巴哈》一书，收录了 26 篇专家学者的论作，并附以费尔巴哈小传、《费尔巴哈全集》原著版本介绍、费尔巴哈著作及外国学者研究著作的中译本索引、中国学者研究费尔巴哈的著作论文索引等。内容涉及费尔巴哈生平著作传记、费尔巴哈对黑格尔哲学的批判、费尔巴哈的唯物主义、人本学、辩证因素、认识论、实践观、宗教观、伦理学、费尔巴哈与马克思、恩格斯思想发展的关系以及普列汉诺夫对费尔巴哈的评述等方面。该书对后来人研究费尔巴哈具有重要的指导和借鉴价值，是一部很见功夫和很具智慧的著作，这些对费尔巴哈哲学思想的传播和研究都是十分有益的。

2006 年人民出版社出版的吴晓明老师的专著《形而上学的没落——马克思与费尔巴哈关系的当代解读》，是对费尔巴哈哲学思想的再一次深度阐发。在书中，吴晓明老师用极具缜密的语言对费尔巴哈哲学思想进行了清晰梳理和分析,发现了马克思哲学与费尔巴哈哲学的深层关系、完整理路。这部专著的主要内容包括:第二国际理论家梅林、普列汉诺夫对费尔巴哈与马克思关系的阐释定向;西方马克思主义者对阐释定向的反驳——取消了费尔巴哈的优先地位;费尔巴哈的神学批判及变革意图;费尔巴哈在感性、对象性、现实的人、感性直观等方面的哲学贡献;马克思对费尔巴哈的批判五个方面的问题。

2006年武汉大学出版社出版发行了张云阁老师的专著《马克思思维方式论——马克思哲学与费尔巴哈哲学关系研究》,这部专著是专门研究马克思与费尔巴哈关系的著作。该书由五个章节构成,第一章对学界关于马克思哲学与费尔巴哈哲学关系的若干观点进行商榷,集中阐释了一个重要观点:思维方式的变革是哲学观的变革实质和根本;第二章阐述的是马克思哲学与费尔巴哈哲学的内在联系,核心是讲费尔巴哈哲学对马克思的影响,以及马克思哲学理论突破的起点就是费尔巴哈哲学;从第三章开始一直到第五章,张云阁老师从逻辑起点、研究视域、解释原则三个方向阐述了马克思对费尔巴哈哲学视域的全面超越。张云阁老师多次阐释的一种理念就是:哲学理论的意义实质上是思维方式的意义,马克思主义哲学作为区别于以往哲学的新世界观理论,其意义就在于为人们提供了一种与众不同的、观察世界的全新哲学视角,这就是马克思哲学超越费尔巴哈哲学的实质。

近几年来,也不断有新作问世。2011年人民出版社出版发行了张敏老师的专著《超越人本主义——马克思与费尔巴哈关系新论》。在这部著作中,张敏老师解释了马克思、恩格斯究竟从费尔巴哈那里借鉴了什么?以及他们如何超越费尔巴哈这两个我国马克思主义哲学界在费尔巴哈哲学研究中遇到的重大而困难的问题。在这部著作中,张敏老师首先从费尔巴哈的"唯物主义"和"人本主义"切入,对费尔巴哈哲学中的唯物主义和人本主义进行了系统剖析和考察,由此转向对马克思与费尔巴哈思想关系的研究;然后从人本主义着手分析费尔巴哈对马克思的影响;最后详细阐述了马克思超越费尔巴哈的原因及马克思人道主义思想的当代意义。张敏老师这部著作参考文献丰富,引用精准,是一部颇有见地的研究马克思与费尔巴哈关系的专著。

2014 年广东人民出版社出版发行了周峰老师的《形而上学的命运——恩格斯〈路德维希·费尔巴哈和德国古典哲学的终结〉如是读》,书中包含了对费尔巴哈哲学的当代解读的部分,视角新颖,深入浅出。虽然这是一部关于恩格斯《费尔巴哈论》的解读性的小册子,但是周峰老师从费尔巴哈的生活和学术背景展开介绍,论述了费尔巴哈的唯物主义、反宗教观、道德观,并就费尔巴哈对黑格尔哲学的扬弃、对思维和存在的关系问题的分析、对德国古典哲学的整体性和系统性方面进行了评说。

除了上述著作外,从 20 世纪 80 年代至今,也有相当数量的期刊文章。本人搜集整理了二百余篇。不过,总体来说,绝大多数的研究主要还是从费尔巴哈哲学与马克思主义哲学的关系出发研究费尔巴哈哲学,另外主要是关于对费尔巴哈的哲学批判、费尔巴哈的宗教神学批判和费尔巴哈人本主义哲学等内容,而关于费尔巴哈的政治哲学和道德哲学部分内容的分析和阐述,可谓少之又少,所以很难说是有对费尔巴哈哲学思想的全面阐释的著作问世。

就国外研究现状来说,笔者按照时间顺序系统地梳理了国内的多部译著,其中较早的一部译著是约特尔的《费尔巴哈的哲学》,这部译著由林伊文先生翻译,1937 年商务印书馆出版发行。该书主要介绍了费尔巴哈哲学的出发点、费尔巴哈哲学的认识论和本体论、费尔巴哈的宗教哲学,附录部分还有费尔巴哈传、重要论著情况等。该书作者约特尔生于 1848 年,卒于 1914 年,是德国著名的哲学家,他曾在布拉克和维也纳两个大学担任哲学教授,作为研究费尔巴哈的权威专家,他和波林两个人共同编辑了《费尔巴哈全集》。

新中国成立之初,国内出版了两本关于研究费尔巴哈哲学的译著,其中一本是伊·马·叶辛的著作《费尔巴哈的唯物主义哲学》,由蔡华五先生翻译,1956 年在上海人民出版社出版发行。这部译著是根据苏联知识出版社 1954

年出版的俄文版翻译而成的，较为一般地叙述了费尔巴哈如何在反对唯心主义的过程中，唯物主义地解决存在与意识的关系问题，并较为详细地阐述了费尔巴哈关于自然界的唯物主义学说和他的认识论，批判了费尔巴哈唯物主义在解释社会时具有一定的不彻底性。该书包括四个部分：费尔巴哈用唯物主义的方法进行反对唯心主义的斗争，这是解决哲学基本问题的一个鲜明路径；费尔巴哈关于自然的唯物主义哲学体系；费尔巴哈唯物主义认识论；对费尔巴哈唯物主义的局限性和不彻底性进行批判。该书认为费尔巴哈的伟大历史功绩在于：他是在复杂的历史环境中，在对更为强大的哲学敌人的斗争中，恢复了唯物主义应有的权威。

　　另外一本是马·彼·巴斯金编著的《费尔巴哈的哲学》，由涂纪亮先生翻译，上海人民出版社 1959 年出版发行。该书是根据莫斯科大学出版社 1957 年版本翻译而来，是一本专门评析费尔巴哈哲学的小书，该书内容主要包括：19 世纪上半期德国的历史发展条件、费尔巴哈哲学的思想渊源、费尔巴哈对唯心主义和宗教的批判、费尔巴哈唯物主义的特点、费尔巴哈在社会观点方面的唯心主义、马克思列宁主义经典作家论费尔巴哈六个方面的内容。

三、本书的基本内容、研究方法与理论创新

　　本书从费尔巴哈的哲学思想历程、对思辨哲学的批判、宗教神学批判、政治哲学思想、道德哲学思想、人本学思想、费尔巴哈"新哲学"与马克思主义哲学的关系等几个方面的问题着手梳理研究，充分吸收马克思主义哲学基本精神与政治哲学理论旨趣，梳理探讨费尔巴哈的宗教神学批判、思辨哲学批判、唯物主义、人道主义、道德哲学、政治哲学等一系列费尔巴哈"新哲学"相关问题，另外还包括费尔巴哈哲学思想对马克思主义哲学形成的作用及对当代政治哲学发展的理论意义和价值等问题的研究，尽量较为完整而清晰地勾画出费尔巴哈哲学体系的简要框架。当然，本书对费尔巴哈的研究

不可能做到面面俱到、无懈可击,一为研究水平所限,二为研究资料所限,三为研究时间和精力所限。但我尽量从以下八个方面的问题展开:

第一,面向经典文本:分析国内外学界关于费尔巴哈哲学研究现状和所面临的主要问题,进一步阐明研究费尔巴哈哲学的基本内容、研究方法及理论新意。

第二,探究理论渊源:阐释费尔巴哈哲学产生的社会历史背景、思想文化背景,费尔巴哈成长的生活背景,费尔巴哈思想的发展进路,费尔巴哈曾为自己作了高度的概括:"我的第一个思想是上帝,第二个是理性,第三个也是最后一个是人。"[①]上帝—理性—人是费尔巴哈哲学思想的三个具有代表性的发展阶段,这三个阶段具有非常清晰的脉络,也就是说,费尔巴哈的哲学思想发展理路由对神学的学习和研究转向并走近了黑格尔思辨哲学的研究,他发现宗教与黑格尔思辨哲学有着不可分割的联系,又进而通过批判思辨哲学、宗教神学和一般哲学恢复了唯物主义的地位,从而建立了人本唯物主义的"新哲学"。

第三,思辨哲学批判:较为全面剖析了费尔巴哈对黑格尔思辨哲学的批判。关于对思辨哲学的批判,费尔巴哈将批判集中于对黑格尔的绝对精神和思辨哲学,因为黑格尔思辨哲学在德国思辨哲学的发展过程中最具代表性,是德国思辨哲学的顶峰和集大成者,甚至学界有这样的结论:黑格尔哲学代表着近代哲学的完成。思辨哲学是自康德以来在德国思想界占据主导地位的哲学形态。思辨哲学的一个基本特征就是把自然的和人类社会的历史发展进程归结为思维的逻辑过程,用思维的辩证法来代替客观世界本身的辩证运动,从而是与18世纪法国唯物主义乃至整个唯物主义根本对立的。费尔巴哈认为黑格尔思辨哲学与其他唯心主义哲学之间其实并没有什么根本

---

① 《费尔巴哈哲学著作选集》(上卷),荣震华、李金山等译,商务印书馆,1984年,第247页。

的区别。在费尔巴哈看来,所有唯心主义哲学的共同特征就是从某种精神实体出发来引申出自己的哲学理论,不管这个精神实体被表述为"神""心灵""感觉"抑或是某种客观的精神,这些都是一样的。

费尔巴哈认为近代思辨哲学是由斯宾诺莎创始的,谢林使思辨哲学得以复兴,黑格尔使思辨哲学得以完成,并且成为思辨哲学的集大成者。费尔巴哈发现黑格尔的思辨哲学是所有思辨哲学体系中最为完善的体系,也可以说是整个唯心思辨哲学的整体性表现。所以费尔巴哈对思辨哲学的批判首先集中体现在他对黑格尔思辨哲学的批判上。然而我们发现费尔巴哈对黑格尔思辨哲学的深刻批判就是源于他对黑格尔哲学的走近,因为他本人就是黑格尔真正的学生,可以说他对黑格尔哲学的熟悉和理解程度在某种意义上说是超越后来者的,这与马克思走近费尔巴哈并超越费尔巴哈的路径是极其相似的,这两个走近和超越的过程存在着异曲同工之处。

第四,宗教神学批判:关于费尔巴哈对宗教神学的批判。在费尔巴哈的整个学术研究活动中,宗教问题可以说始终是他集中关注的问题之一,这可以说是费尔巴哈哲学体系的一大特色。费尔巴哈对黑格尔思辨哲学的批判总是同对宗教的批判紧密地联系在一起的。因为在费尔巴哈这里宗教不过是粗俗的唯心主义,而思辨哲学则是理性化、逻辑化的宗教神学,这就是费尔巴哈对二者关系的简要概括。同时,反对宗教的斗争就是反对封建压迫和专制制度最重要的精神堡垒的斗争,因此对宗教的批判必然构成对封建专制王权的强烈打击。费尔巴哈哲学的基本理论很大程度上要依靠他对宗教与神学的批判。理解费尔巴哈哲学基本理论以及他的宗教神学批判旨趣必须立足于他的哲学理论核心,亦即必须立足于费尔巴哈的"人本学"思想之上。

第五,政治哲学探析:关于费尔巴哈的政治哲学思想问题。在费尔巴哈的哲学体系之中,对宗教神学的批判、对思辨哲学的批判都必然涉及对政治生活的批判性研究。在他看来,现代社会的特征,就是把政治生活变身为宗教生活,也就是说,人对上帝的依赖正是对作为各种社会力量总和的国家的依赖的表现形式。所以从本质上来看费尔巴哈并不是一个不关心政治的思想家,相反,他正是从自己的人本学理念出发,对现代政治社会在发展过程中所出现的一些重大问题都提出了自己独到的见解。费尔巴哈这些关于政治问题的见解,不仅影响了马克思主义理论经典作家,而且对我们今天探讨政治生活中存在的一些问题,亦有重要的启发意义。

第六,道德哲学梳理:关于费尔巴哈的道德思想。费尔巴哈的道德哲学思想是其"新哲学"的重要组成部分,其中包括了他对宗教神学的道德批判,包括了他对道德与幸福、道德与良心、道德与信仰以及利己主义和利他主义等重要道德问题的具体分析和深刻评述,费尔巴哈的道德理念是走向人而远离神祇的道德理念。

第七,人本主义逻辑:关于费尔巴哈的人本学思想。人本主义是费尔巴哈"新哲学"的基本理论特征。贯穿在他整个哲学体系的始终,费尔巴哈的思辨哲学批判、宗教神学批判、政治哲学思想和道德哲学思想无不以人为其核心和立足点。费尔巴哈正是将其人本学作为整个理论体系的根基建立起全新的哲学范式,即人本主义的唯物主义"新哲学"。正如费尔巴哈所强调的那样:"三位一体的秘密,乃是团体生活,社会生活的秘密——'自我'之必须有'你'的秘密——乃是这样一个真理:没有一个实体,不管是人,是上帝,或者是精神,或是'自我',凡单独的本身都不是一个真正的,完善的,绝对的实体。真理和完善只是各个本质上相同的实体的结合和统一。哲学最高和最后的原则,就是人与人的统一。一切本质关系——各种不同的科学原则——都只是这个统一的各种不同的类型和方式。"①我们发现费尔巴哈哲学的最具特色之处就是秉承了人本学的思想,他对宗教神学和思辨哲学的批判也是建立在人本学唯物主义的基础之上的,这样的批判才是彻底的、有力的。

---

① 《费尔巴哈哲学著作选集》(上卷),荣震华、李金山等译,商务印书馆,1984 年,第 186 页。

第八,费马哲学对话:关于费尔巴哈"新哲学"与马克思主义哲学的关系问题。本书旨在通过对费尔巴哈整个理论体系的探讨、黑格尔哲学的批判、宗教神学的批判等问题的研究,为当代政治哲学的发展和理论建设提供些许启示。费尔巴哈哲学中仍有许多宝贵的理论精神有待后人挖掘。本书另一个研究目的就是想通过对费尔巴哈政治哲学和道德思想的研究唤起学界对费尔巴哈"新哲学"的关注。本书坚持认为,无论是对政治哲学理论发展抑或是对西方哲学理论演进来说,费尔巴哈哲学都是一个极为重要的理论宝藏。

总的说来,对费尔巴哈"新哲学"的研究,在我国学界是一个较少受到关注的课题。

第一, 由于国内外学界对费尔巴哈哲学理论的研究相对来说均比较薄弱,能够收集到的研究资料并不丰富,因而本书的研究较为缺乏系统的学术资源的支持,在理解和分析费尔巴哈哲学思想方面也难以获得更好的启发。

第二,费尔巴哈的作品很有自己的特色,思路宽阔,但观点及其论证的跳跃幅度较大,各方面思想内容相互交织,难以厘清要领,并且费尔巴哈的语言极具个人特色,有时又相当隐晦,这对后来者准确、深刻地梳理和分析其思想来说,显然增加了不少困难。

第三,就费尔巴哈哲学与马克思主义哲学的关系而言,虽然国内学界已形成了一些为多数人所普遍接受的看法,但对于这些看法还是需要重新审视的,这也是一个难度比较大的问题。

本书注重使用文献研究的方法, 即通过对费尔巴哈哲学思想发展历程的考证,厘清其思想发展的历史脉络;通过对费尔巴哈主要哲学著作的解读,把费尔巴哈哲学的理论内容概括为思辨哲学批判、宗教神学批判、政治哲学思想、道德哲学思想和人本学思想五个方面,并着力在思想内容的分析上体现这五个方面思想的内在联系。与国内学界目前有关费尔巴哈研究相比较,本书的创新之处主要有如下三个方面:

第一,填补研究空缺:比较详细地介绍了费尔巴哈哲学的思想发展历程,通过对费尔巴哈"新哲学"形成的思想阶段及其所处社会历史环境的细致研究,适当补充了国内学界在这方面研究的不足。

第二,全面理论梳理:比较全面地阐述了费尔巴哈"新哲学"的理论内容,特别是其中被国内学界所忽视的政治哲学思想和道德哲学思想,并揭示了费尔巴哈哲学各思想内容之间的内在理论关联,从而全面呈现了费尔巴哈的哲学体系。

第三,理论误解澄清:就费尔巴哈哲学与马克思主义哲学的关系问题,本书对某些为国内学界普遍接受的看法提出了自己的见解,从而更加深刻地梳理了马克思主义经典作家的思想脉络。

从总体上说,本书对费尔巴哈"新哲学"的研究还处于初步阶段,受本人研究能力所限,在研究视角和理论深度方面,尚存在一些不深刻的地方。因而本书所提供的研究内容,仅供学界参考,希望能有助于推进我国学界对费尔巴哈哲学的研究。

第一章
费尔巴哈的思想历程：上帝—理性—人

费尔巴哈曾说："我的第一个思想是上帝，第二个是理性，第三个也是最后一个是人。"①可以说，上帝—理性—人是费尔巴哈哲学思想发展历程的三个重要阶段，也就是说，费尔巴哈的哲学思想发展理路是：由对神学的学习和研究逐步转向对黑格尔思辨哲学的研究，他发现宗教神学与黑格尔思辨哲学有着千丝万缕的，甚或不可分割的联系。费尔巴哈进而通过批判宗教、思辨哲学、一般哲学恢复了唯物主义哲学的权威，从而建立了人本唯物主义的"新哲学"。

当然，经过艰难曲折的探索过程后，费尔巴哈的哲学思想得以确立，表明这位杰出的唯物主义者对哲学本身有着深厚的悟解力，也得益于他对前辈哲学家们的刻苦研究，并且自身有着追求真理、不断求索的高尚品格和崇高精神，这更源于他实质上对资产阶级人道主义、启蒙教育、自然科学和技术的关注。费尔巴哈的哲学思想内容表现出当时德国社会的公民要求和政治诉求，即便是费尔巴哈的主要活动范围其实并不在政治，或是费尔巴哈刻意与政治保持了些许距离。

---

① 《费尔巴哈哲学著作选集》(上卷)，荣震华、李金山等译，商务印书馆，1984年，第247页。

第一节　费尔巴哈由宗教走向思辨哲学

1804 年 7 月 28 日，路德维希·费尔巴哈出生在巴伐利亚兰得休特城一个具有反封建精神氛围的家庭，这个家庭非常注重子女的教养。费尔巴哈的父亲是德国当时著名的刑法学家安赛姆·费尔巴哈，他的家族中的其他成员也几乎都是各专业领域的天才式人物。费尔巴哈在少年时代就接受着与宗教神学紧密相关的教育，1823 年 19 岁的费尔巴哈来到海德堡大学的神学系学习。但对神学的迷惑和失望使他并没有持续很久就倾向于黑格尔的思辨哲学了。他在给父亲的信中写道："我要对您说的第一件事，您就一定感到意外，这就是，我不再去上保卢斯的课程了，那些课枯燥无味，尽是奇谈怪论，从他那里，我无论如何也找不到实实在在的东西……您从我对保卢斯讲座这种严格的评论里也会看出来，我决定今后不再听他的课了。"[①] 1825 年，费尔巴哈不顾父亲反对，写信给父亲说自己决意与神学分别，当年 4 月转入柏林大学哲学系，结束其思想发展的神学阶段而走上了哲学道路，决心献身于哲学事业的研究。他在信中说："亲爱的父亲！是的，那是千真万确的。"费尔巴哈对走向哲学的喜悦之情溢于言表，哲学在这一刻点燃了他的全部激情，给予了他不断向前的精神与力量，后人看到哲学确实伴随了费尔巴哈的一生。可见，哲学家走向哲学之路一定是源自于内心强烈的热爱和执着的追求。

转到柏林大学之后，费尔巴哈打算主修哲学，但是他也曾明确表示，虽然自己喜欢黑格尔所讲的哲学课程，但不想成为一个黑格尔主义者。[②] 然而随着他本人对哲学学习的不断深入，费尔巴哈又改变了上述想法，当时他声称自己俨然已经成为一名黑格尔主义者了。费尔巴哈真诚地表达了自己这

---

① 苗力田：《黑格尔通信百封》，中国人民大学出版社，2014 年，第 251~256 页。

② 同上，第 257 页。

样的想法:"说实在的,向神学,向那些历史的——批判的破烂,向那些教义学的小把戏告别,我一点也不伤心,而离开那些天主教的、理性主义的禽兽灵魂的阴暗国度,使我倍加高兴。"①可以说,那时的费尔巴哈因为自己摆脱了基督教神学而显得无比激动,当然,在这激动背后隐藏着他强大的自信心以及对世界真理的向往。1825年1月,费尔巴哈在写给卡尔·道布的信中再次表露了对黑格尔哲学的敬仰之情,并对黑格尔哲学给予了很高的评价:"不言而喻,一种哲学,例如黑格尔哲学,是不允许在其他哲学之下,在其他哲学之旁来研究的。对于一个认真研究哲学的人来说,它也难于在其他哲学之旁,取得一个新的、特殊的地位,与其他哲学比邻而居,并驾齐驱。"②足见当时费尔巴哈对黑格尔思辨哲学的敬仰之情至深,黑格尔在当时确确实实影响了一批有思想的热血青年。

　　1826年夏季,费尔巴哈跟随老师黑格尔学习美学和逻辑学,令人遗憾的是,这一年资助费尔巴哈兄弟们上学的巴伐利亚的老国王去世了,而巴伐利亚的新国王不愿意支付费尔巴哈在柏林求学的高昂费用,所以费尔巴哈被迫转学到爱尔兰根大学。这个时期的费尔巴哈也已经开始关注自然科学,并开始着手研究自然科学,开启了他对新哲学的探索,这意味着他决心同思辨哲学告别。费尔巴哈回忆了他自己同黑格尔告别时的话语:我听了您两年的课,两年来我把自己完全投身于对您的哲学的研究之中;现在呢,我体会到需要转向直接同思辨哲学对立的其他科学——自然科学。这样费尔巴哈从1828年起就以爱尔兰根大学讲师的身份开始讲授哲学史、逻辑学和形而上学等哲学课程。虽然在讲授这些课程时费尔巴哈给别人的印象仍然是一个黑格尔的追随者,但那时他却竭力地使逻辑学课程"不像黑格尔那样,把逻辑作为绝对的、最高的、最后的哲学",这个变化是他的哲学思想发生重大转变的表现。在黑格尔看来,逻辑范畴是站在自然和历史之上而独立存在的,

---

① 苗力田:《黑格尔通信百封》,中国人民大学出版社,2014年,第263~264页。
② 同上,第261~266页。

费尔巴哈则把逻辑学仅仅当作以认识的历史为基础的认识论来考察。可见，这时的费尔巴哈就准备悄悄地超越自己的老师黑格尔了，这为批判并超越黑格尔的思辨哲学埋下了伏笔。

1827—1828年，在《说明我的哲学思想发展过程的片段》中费尔巴哈提到了值得怀疑的三个问题：①思维与存在是什么关系？②哲学与宗教是什么关系？③黑格尔哲学对现代和将来会有哪些影响？他直接得出结论："假如没有自然，逻辑这个童真的处女永不能生出它来。"①由此我们发现费尔巴哈唯物主义哲学的特点之一就是把自然提升到了一定的高度，也恰恰是自然成为了费尔巴哈最终批判并超越黑格尔思辨哲学和批判并抛弃宗教神学的一个落脚点。

1828年6月，时年24岁的费尔巴哈用拉丁文完成了博士学位论文《论统一的普遍的和无限的理性》。在这篇论文中，费尔巴哈完全可以说是在黑格尔的思辨哲学理论基础之上立论的。费尔巴哈在文中提到一切人都一致同意的是每个人都在思考，所以可以这样说思想不是特别的东西，是共通的、普遍的东西；那时候费尔巴哈认为理性不仅仅是抽象的观念，也是人们身上真实的、现实的存在。这是非常容易理解的，比如人们思考的时候，人自己就构成了思想主体，在这种情况下人的本质和存在就是一个不可分离的统一体。费尔巴哈认为在思维行为之中，思维着的自我作为个体对构成自我这个本质的理性的关系与作为感性个体的自我对类的关系是完全不同的。费尔巴哈在博士论文中提道：

> 在思维中我是思维的纯粹本质，在思维当中普遍性和个别性的差别消灭了。理性是以其自身存在于个体中。假如是另外一种情形，那么理性便不再是理性；它便会落到感性本质的范畴中去。从理性中不能抽

---

① 《费尔巴哈哲学著作选集》(上卷)，荣震华、李金山等译，商务印书馆，1984年，第224~225页。

象出任何普遍的概念,它是自身的类,它的存在就是它的本质,它的本质就是它的存在;理性的本性不是感性的,作为超感性的本质存在于自身之中;作为绝对的同一的理性,其实就是关于一切人的统一;理性的无限统一性和普遍性的感性表现其实就是语言;语言不把思想转变为某种普遍的东西,它只表明,它只具体表现思想本身是什么:不是我的思想,而是一切人的思想,至少是有这样的可能性。①

费尔巴哈当时以学生的身份把这篇学位论文郑重地交寄给了自己的老师黑格尔。1828 年 11 月 22 日,费尔巴哈用十分谦卑的语气给他的老师黑格尔写了一封信,信中提道:

　　我没有得到您的允许就把论文寄给阁下仅仅由于我和您有一种直接的师生特殊关系……这些作品是要根据老师的精神写成的,要配得上称为是他的学生的作品……这篇文章就整体来说是富有思辨精神的,它尽管是由于外部原因写成的片段,但却是经过一番研究的成果,它生动地,也可以说本质而非形式地、把握了精神地、自由地体现了您的著作和讲演中所包含的思想和概念。现在是建立一个理念王国,一个显现于一切具体存在和意识着自身的思想王国的时候了。②

在这封信中,虽然费尔巴哈明确地表示博士论文是根据黑格尔哲学的精神写成的,但是在关于对基督教分析的理解方面,他又表现出自己的思想远远地偏离了他老师黑格尔的思想。费尔巴哈写道:"这样看来,基督教并不是完美无缺的、绝对的宗教,唯有理念现实性的王国和现存的理性王国才是

---

① 《费尔巴哈哲学著作选集》(上卷),荣震华、李金山等译,商务印书馆,1984 年,第 225~227 页。

② 苗力田:《黑格尔通信百封》,中国人民大学出版社,2014 年,第 270~275 页。

这样的宗教。基督教不过是纯自我的宗教，是一种作为精神的人格宗教，这种精神仅仅是旧世界的对立物。"①当时二十多岁的费尔巴哈对基督教已经有了反对的态度，并对其进行了批判，认为基督教的精神是旧世界所特有的，只有理念现实性的王国和现存的理性王国才是完美无缺的宗教。这样的论述展示出年轻的费尔巴哈已经具备进行独立哲学思考的能力，并且这是在思辨哲学的立场上对宗教神学的批判。

1830 年，时年 26 岁的费尔巴哈在纽伦堡匿名出版了著作《关于死和不死的思想》。但人们很快就知道了费尔巴哈就是这部著作的真正作者，因为这部著作在当时可算是大胆的思想著作了。所以意料之中的事情发生了，费尔巴哈这部著作马上被查收，而且德国政府开始了对费尔巴哈本人的种种迫害和干扰。他们这样做的目的和原因是显而易见的，那就是费尔巴哈这部著作的基本内容与正统的基督教教义是完全背道而驰的，特别是费尔巴哈在书中明确地否定了个人的不死这种提法。费尔巴哈对这个问题进行了详细剖析，他认为个别人物的生命可以说是短暂的，有的生命甚至是转瞬即逝的，所以在费尔巴哈看来人是必有一死的，这样一种理念也是为我们现在人所普遍接受的。

那宗教神学为什么要宣扬不死的理念呢？费尔巴哈给出了非常精彩的回答，他揭露那些所谓的天国生活的信仰里面其实包藏着巨大的祸害，事实上人们的这种所谓不死的信仰对人而言是贬低了属人的现实生活的价值。所以费尔巴哈极力主张必须使人类能全心全意地把注意力集中于人自己，把注意力集中于人类的现实社会，这才是人生一世的最大意义和最大价值。费尔巴哈认为只有将人置身于现实世界，才能真正产生伟大的思想、成就伟大的事业、享受诗意的生活。在宗教那里关于所谓天国生活的梦想是遥不可及的，这个梦想麻痹了现实的人，使人不知不觉地在其争取当前生活的斗争

---

① 苗力田：《黑格尔通信百封》，中国人民大学出版社，2014 年，第 274 页。

中放松了警惕甚至解除了武装，所以现实世界中的人自身的健康远比教会所宣扬的不死对人来说具有更大的价值。从费尔巴哈的观点看，所谓人的不死只不过是人的生命在人们记忆中的延续而已，都不是现实生活境遇所能干涉的。所以如果让费尔巴哈承认人类的不死和集体的不死那是不可能的，如果必须对不死进行更为准确的理解和描述，那就是"与个人不死的基督教教义相反，只有类的、普遍的、无所不包的理性，类的思维和类的意识才是永恒的、不死的、绝对的"①。

读到这里我们发现，这位曾热心追随黑格尔的费尔巴哈，这时候虽然在哲学上暂时还是一个黑格尔主义者，但他已发现了黑格尔的哲学思想体系中的严重缺陷，并且开始怀疑黑格尔解决思维与自然界关系等诸多问题的看法的合理性、现实性，甚至开始怀疑整个黑格尔思辨哲学体系的正确性、真理性。

这部著作是费尔巴哈走向唯物主义之前最为重要的著作之一，也是这部著作让费尔巴哈承受了巨大压力，甚至断送了他自己做大学教授的梦想。显然，他愿意为了心中的真理而抛弃一切世俗的存在，这种为真理的"奋不顾身"也在渐渐为他创立自己的"新哲学"积蓄着力量。费尔巴哈这种否认个人不灭的观点为当时的保守势力所不容。虽然这本书与学位论文是从同一见解和观点出发的，即反对个人不死的思想，否认宗教强调的无限的存在；人不是某种超自然的实体，而是处在一定的时间和空间之中的，时空使人成为了确定的实体，人自然肯定就是地球上的实体。费尔巴哈也否认所谓冥府和地域的生活，认为这种提法本身就是荒诞的、罪恶的，他提到"现在的主要问题是如何消除人类由来已久的彼岸和此岸的矛盾心理，以使人类能全心全意地把注意力集中于自己、现实和现在；因为只有这样专心致志于现实世

---

① 《费尔巴哈哲学著作选集》(上卷)，荣震华、李金山等译，商务印书馆，1984 年，第 5 页。

界才能产生新生活、伟人，产生伟大的思想和事业"①。对于那些热心于自己事业和热爱现实生活的活动家们来说，关于不死的思想可以说是不必要的，他们从来不会想到死，也不会想到不死，因为"世界只对那可怜的人是可怜的；世界只对那空虚的人是空虚的。心，至少一颗健康的心，在这里已经充分地得到满足。假如新宗教为人指定的目的依然是将来，依然是来世，那么它也就与基督教一样的虚妄。它便不是事业和思想的宗教——事业和思想只能在永恒的现在存在——而是感性和想象的宗教；因为只有想象是未来的器官"②。费尔巴哈认为这种宗教不是人类的进步而是人类的倒退。费尔巴哈为了争取并且充分证明自己能够胜任教授职务③，1832 年冬他把在爱尔兰根大学教授哲学史时的讲稿进行了认真详细的整理修改，在 1833 年安斯巴赫出版了《近代哲学史——从培根到斯宾诺莎》。在这本著作中费尔巴哈虽然仍没有摆脱黑格尔思辨哲学的条条框框，但却严格区分了宗教和理性、神学和哲学等诸多概念，同时费尔巴哈准确地把他自己的哲学史看作是把人类理性从宗教和神学的统治下解放出来的过程。所以在费尔巴哈的这本哲学史的论著中，自始至终都体现了费尔巴哈的反宗教思想，显示出了费尔巴哈与宗教神学分道扬镳的坚决态度，费尔巴哈本人也因这部哲学史而博得极大的名声，很快便受到人们的广泛关注。

由此可以看出，费尔巴哈最终从黑格尔思辨哲学的羁绊和束缚中挣脱而出，其实也并非偶然，确实是其思想发展的一个脉络和趋势。在这本哲学史中，费尔巴哈采取了"让哲学家自己说话，通过自己说明自己"的方法，大

---

① 《费尔巴哈哲学著作选集》（上卷），荣震华、李金山等译，商务印书馆，1984 年，第 227~228 页。

② 同上，第 228 页。

③ 费尔巴哈从事哲学史的著述源于黑格尔的鼓励，因为黑格尔自 1818 年受聘于柏林大学后，首次将哲学史列入教学大纲，赋予哲学史课程崇高的意义，通过用一种崭新的科学精神，用理性、用相对真理赋予哲学史研究以生命力。参见《费尔巴哈哲学史著作选》（第一卷），涂纪亮译，商务印书馆，1978 年，第 1 页。

量地引述哲学家们的论述,并作出了费尔巴哈自己的评述。但这个阶段,费尔巴哈还不是一个纯粹的、彻底的唯物主义者,他对黑格尔的哲学史观还抱有强烈的欣赏和敬仰之情,把他在这一阶段的哲学史论著与黑格尔《哲学史演讲录》进行对比即可发现端倪,但无论如何,这部哲学史著作还是清楚地表现出费尔巴哈在理论思想上是完全独立于黑格尔的。

1834 年,费尔巴哈出版了《阿贝拉和厄罗伊斯,或作家与人》(又译:《亚培拉和赫罗依斯》)(幽默哲学格言集)出版于安斯巴赫。在该著作中费尔巴哈论证了灵魂的幻影性,其实是说论证身体不灭是毫无意义的,其重点是将话题引到重新探讨个别与普遍的关系上来。他认为灵魂是普遍与个别的联系的具体体现,理性虽是真的本质,可是没有个别事物,理性便不能存在。费尔巴哈对该著作描述如下:"和我的抽象的科学著作一起,应当——如果力能从心——携手并肩出现另外一些文章:这些文章,应当——如果能这样说——把哲学投入人类的心房;这些文章从生活中汲取,又直接重新突入生活。我心目中的是一种独特的体裁。这篇文章便是这种体裁在某些方面不太成功的样品。"①在著作中,费尔巴哈也讨论了思维与存在的关系问题,思辨哲学认为二者的统一为理性,即本质是思维,但培根和霍布斯否定思维的独立存在,一切应该归于物质;而费尔巴哈则特别赞同莱布尼茨的观点,即存在之真正本质即是力;还提出实体的统一并非排除多样性,差别乃是实体的本质,没有差别就没有达到实体的本质。也是在这一年,费尔巴哈与安斯巴赫城的贝尔特·列夫相识,三年后两人结合在一起。这位年长费尔巴哈一岁的姑娘于 1822 年继承了她父亲的小瓷器厂,也正是这个坐落在家乡的布鲁克贝尔格的小瓷器厂成为了费尔巴哈一家人生活的重要经济来源。

1835—1837 年是费尔巴哈创作的高峰期,在这一时期他创作了很多颇有见地的作品。他于 1835 年开始在爱尔兰根大学讲授近代哲学史,其间他

---

① 《费尔巴哈哲学著作选集》(上卷),荣震华、李金山等译,商务印书馆,1984 年,第 228 页。

写了《评卡尔·罗森克朗兹论黑格尔,1834年致柯尼斯堡的巴赫曼先生》一
文,发表在老年黑格尔派机关报《科学评论年鉴》(以下简称《年鉴》)第1期。
费尔巴哈创作了《批判对于国家和法的基督教观点——评施塔尔所著〈论法
哲学〉一书》一文,发表于《年鉴》第2期卷首。此外还有《论黑格尔的〈哲学
史〉(第一、第二卷)》发表于《年鉴》第2期;《批评〈反黑格尔〉哲学研究导论》
出版于安斯巴赫,批判反黑格尔主义者巴赫曼所著的《评库恩所著〈论耶可
比〉(1834年)》发表于《年鉴》。在这期间,也就是1836年,费尔巴哈向爱尔兰
根大学申请了教授的职位,但是爱尔兰根大学副校长恩格尔加尔特教授礼
貌地回绝了他,原因很简单,就是因为社会上盛传他写了无神论著作《论死
与不死》,恩格尔加尔特教授建议费尔巴哈出面辟谣,以利于校方考虑他的
教授职位请求。费尔巴哈不愿意背弃自己的思想,他愤然拒绝出面辟谣,放
弃申请爱尔兰根大学教授职位,于次年迁居于安斯巴赫和拜罗伊特之间的
布鲁克堡村。

　　此后,费尔巴哈又相继发表了《斯宾诺莎和海尔巴特》《评爱德曼的〈近
代哲学史〉》《评霍克的〈笛卡尔及其反对者〉》等几篇文章。对自然的接近使
费尔巴哈更加靠近了唯物主义,同时他对自然本身的理解同样也更为深刻
了。在他看来:

　　　　一个哲学家,至少是我所理解的哲学家,应该把自然看成自己的女
　　友;他不只应该从书本上,而且应该面对面来认识她。我渴望亲自认识
　　自然由来已久了。我终于能够满足这个要求,该是何等幸福!诚然,这里的
　　大自然是狭小的、贫瘠的,但莱布尼茨说的不完全正确吗?他说:"当……
　　人们在一切中看到无限的时候,在最微末的事物中,看不出自然中最雄
　　壮的东西的相等的表现的时候,他们分别不清自然的富和美的界限。"
　　自然到处把最美丽的和最深刻的东西和在人类的意思下的最卑劣的东
　　西联系起来。所以,只有那能够把自然的最卑下的要求和表现同思维的

最高对象连结在一起的人,只有那甚至在动物的肚肠中还能找到"精神食粮"和思辨材料的人,才能和自然一同思维,才能遵循自然的方法。[1]

费尔巴哈坚持对自然的尊重和对自然的研究,这样他一步步走向自然的同时也走向了唯物主义的道路。

费尔巴哈对自然科学也是特别赞赏的,在他看来"一切抽象的科学都损坏人;只有自然科学把人还原于其本有的完整状态,吸住整个的人及其一切力量和感情"[2]。费尔巴哈主张在一切活动中,至少在批判活动中,人们必须不仅估计到自己的自我,而且还要估计到别人,因为在活动中人与人之间是在一种建立起来的联系中进行交流和实践的。如果只是认识到自我而忽视了和自己有联系的、一同的别人,那么自我得到的认识以及在这种认识上所进行的种种判断都是有失偏颇、不正当的。总之,要估计到自我之外的外界,这是费尔巴哈自然观的延续。

当然,人和外在于人的自然取得联系需要靠行动的作用,在他看来,任何行动首先必须是正当的才能确认事业有成功之望;而事业只有当内外的条件互相配合,意志和命运、意向和外部的必然性一致的时候,才能证明是正当的。费尔巴哈在1836年最后一次申请教授职位时就预料到这次申请将是徒劳无益的,因为对费尔巴哈而言这是对外在于我的世界的一个整体性的把握和判断,这个判断是十分准确的。费尔巴哈从这个时候起就开启了亲近自然生活的新的生活方式,费尔巴哈提到过这样一段话:"现在我有权利做我感到我有能力做的事,现在我最深湛的愿望对我是外部的必然性,现在我能够忠于自己的天才,现在我不抑制自己,我可以自由地,不考虑任何事

---

① 《费尔巴哈哲学著作选集》(上卷),荣震华、李金山等译,商务印书馆,1984年,第239页。
② 同上,第240页。

情,献身于'发展自己的本质'"①,和自然相处更加亲近,对自然的理解不断深化,使费尔巴哈最终能够从自然出发来思考人的问题,也正是在这个时候他的研究领域逐渐离开了黑格尔哲学体系,离开了从绝对精神出发的黑格尔思辨哲学。

1837 年,婚后的费尔巴哈在乡村一住就是 25 年,这段时间,费尔巴哈远离城市中心,越来越倾心于自然科学的研究,甚至说这样的研究才真正体现出费尔巴哈自身的理论特色。这些理论特色的形成是与费尔巴哈远离柏林的城市生活,选择亲近自然的乡间生活有着直接关系的,在大自然的源泉上费尔巴哈也思如泉涌,著作等身。当然,这时候的费尔巴哈其实并没有与他的时代脱节,他始终是站在德国知识运动的前锋的,并发表了许多极有价值的、超越前人的论著。也正是由于费尔巴哈的思想和当时德国的时代脉搏紧密结合,费尔巴哈将人本学和宗教神学批判发挥到了极致,并在此基础上恢复了唯物主义哲学的权威,极大地促进了当时思想界、理论界的前沿人物的思想解放。1837 年,费尔巴哈还收到了阿尔诺德·卢格请他为《哈雷年鉴》撰稿的邀请信,对费尔巴哈来说,这是他开启与青年黑格尔派的交往学术生涯的新阶段。自这一年开始,他与卢格的通信联系保持了 7 年之久,并在卢格主编的《哈雷年鉴》上发表了一系列评论文章,如《评杜古特〈唯心主义〉》《实证哲学批判,评森格勒尔》等。也是在这一年,费尔巴哈撰写的《近代哲学史——对莱布尼茨哲学的叙述、分析和批判》一书出版于安斯巴赫,并开始着手写作《基督教的本质》。

通过《近代哲学史——对莱布尼茨哲学的叙述、分析和批判》,费尔巴哈详尽分析了莱布尼茨哲学和斯宾诺莎哲学、笛卡尔哲学的区别与内在联系,对莱布尼茨单子论、先定和谐的神学观念、莱布尼茨的神正论学说、莱布尼茨的认识论观点等进行了剖析和批判。在这部著作中费尔巴哈还从斯宾诺

---

① 《费尔巴哈哲学著作选集》(上卷),荣震华、李金山等译,商务印书馆,1984 年,第 239 页。

莎的哲学观点出发对其进行了批判,并第一次提出了认识的根源、认识过程中思维和感觉的关系等认识论问题。费尔巴哈认为感知虽然提供给人的主要是关于事物的个别特性的知识,但我们能够从事物的质的规定性及该事物与其他事物的关系去认识事物。费尔巴哈这个观点是对莱布尼茨的直接反驳,因为费尔巴哈认为莱布尼茨的观点实际上是贬低了感觉在人们认识过程中的作用,认为感觉只是辅助手段,这是不完整的论说。由此可见,费尔巴哈不仅在理解思维与存在关系问题上,而且在认识论方面都十分接近唯物主义了,而且费尔巴哈愈来愈清楚地揭示出认识与存在的本源,从自身的哲学视角揭示了思维与存在的关系问题。尽管此时在很多地方费尔巴哈还是赞同莱布尼茨的唯心主义观点。

1838年,费尔巴哈的《比埃尔·培尔——对哲学史和人类史的贡献》出版于安斯巴赫,该书的一个主题是信仰与理性的矛盾。书中比埃尔·培尔本人也因为费尔巴哈的著作而广为人知并得到了正面评价。费尔巴哈说培尔本人其实就是处于天与地、神与世界、精神与肉体、信仰与理性等诸多矛盾中的人,这个人身处其中却不知道如何解决人与相关理念的关系。费尔巴哈站在理性与科学的立场,同宗教与信仰作出了坚决的斗争。在这里费尔巴哈发现,神学是紧密依靠信仰的,神学是与哲学相矛盾的,神学从固定的相关的书中来寻找真理,而哲学从整个自然界和历史中寻取真理,这个发现预示着费尔巴哈对宗教神学批判的开端。

从立志成为神学家到对黑格尔哲学的崇拜,从将博士论文献给黑格尔到《黑格尔哲学批判》,从与黑格尔的彻底决裂再到《基督教的本质》,费尔巴哈完成了从神学到理性哲学再到人本学的理论历程。

第二节　恢复唯物主义的权威

1839 年，费尔巴哈的《利奥同黑格尔主义者的论争》一文经过书报检查当局删减后发表在《哈雷年鉴》，后来取名为《就人们对黑格尔哲学的非基督教性质的责难论哲学和基督教》。同年发表的文章还有《论奇迹》(发表于《艺文杂志》第二期)、《致卡尔·里德尔函》(发表于纽伦堡的《科学、艺术和生活艺文杂志》第二期)和《黑格尔哲学批判》(发表于《哈勒年鉴》)。《黑格尔哲学批判》是费尔巴哈从唯心主义向唯物主义转变的标志，是费尔巴哈与黑格尔哲学彻底决裂和费尔巴哈创作新的唯物主义哲学的开始。费尔巴哈对黑格尔哲学的批判也确实为马克思进行黑格尔哲学的批判，特别是他对黑格尔客观精神的批判打下了一定的基础，作出了表率。在该文开始费尔巴哈明确指出："当我说德国思辨哲学的时候，专指的是现代占统治地位的哲学——黑格尔的哲学。黑格尔的精神是一种逻辑学上的精神。"①在费尔巴哈看来，黑格尔只重视和陈述各种宗教、哲学、各个时代和民族最突出的差异，并且只是就其处于逐步上升的过程中来加以陈述的；然而共同的、一致的、同一的、普遍性的东西完全退到了背后。费尔巴哈认为黑格尔的哲学体系只知道从属和继承这种线性联系，而不知道任何并列和共存。当然，黑格尔的方法在黑格尔这里也被自认为走的是自然的道路，费尔巴哈发现这其实只不过是对自然的模仿，被模仿的摹本缺少的是真正属于自然的本原的生命。"黑格尔的哲学——我说黑格尔的，是指一种一定的、特殊的、存在于经验中的哲学，我们暂且不去管它的内容，不去管它内容的性质——就被规定和宣布为绝对的哲学，亦即不折不扣的哲学本身；虽然并不是这位大师本人作出了

---

① 《费尔巴哈哲学著作选集》(上卷)，荣震华、李金山等译，商务印书馆，1984 年，第 45 页。

这样的规定,但却是他的门徒们,至少是他的正统门徒们贯彻始终地契合着老师的学说作出了这样的规定。"①

在费尔巴哈看来,把黑格尔哲学说成是绝对哲学、哲学本身或全部哲学真理,纯属无稽之谈,这是对黑格尔哲学的主观夸大,同时这是不切合实际的观点,因为哲学在一个哲学家身上得到绝对的实现那是不可能的,历史上也确实没有这种情况发生,正如一个人根本就不相信将会出现什么救世主,也就没有任何办法证明救世主真的出现了。费尔巴哈指出,黑格尔的逻辑学是以纯粹思维为开端的,"黑格尔的哲学事实上也是曾经存在过的体系中最完备的体系"②,但这不过是一种理性神秘论罢了,理性的神秘的东西与真实的合理的东西相结合必然产生不可弥合的鸿沟和不可避免的矛盾,但就是这种合理成分与神秘成分的结合,这种抵触和矛盾的结合恰恰是黑格尔哲学的特点和生动再现。黑格尔哲学的最本质特点就是把那些表示主观需要的表象视作客观真理,把那些极度可疑的东西当作真的东西,把那些第二性的东西当作第一性的东西。所以费尔巴哈在后来也并不认为黑格尔的门徒把黑格尔哲学称作绝对哲学是合理的事情,相反费尔巴哈认为这种称谓是令人无法接受的。

费尔巴哈于 1840 年 4 月在《哈雷年鉴》第 85 期至 87 期匿名发表《书评》,主要是评论唯心主义者卡尔·拜尔所著的《论道德精神概念和道德实质》;同年 9 月,费尔巴哈又匿名发表了《吕策贝格尔评论的〈圣经〉》一文。在这段时间,费尔巴哈的友人(卡普等)为他在海德堡大学和爱尔兰根大学争取教授职位没有成功。1841 年 1 月,费尔巴哈在给卡普的信中提出:"我把您的信读了三遍,使我失望的是,博士只是一个附带的理由。总之,如果您没有

---

① 《费尔巴哈哲学著作选集》(上卷),荣震华、李金山等译,商务印书馆,1984 年,第 45~47 页。

② 同上,第 53 页。

其他的理由像我这样的退隐，那么您就没有理由。我不会用吉祥的预言去骗人……据我判断，当前的形势下，我不能再留在这里，我必须离去。但我以什么为生活之资呢？我没有资格做哲学教授，正因为我是个哲学家，而且是一个无名的哲学家。作为自然科学家，我也许较容易找个地方。然而还想不出一个办法，给这样一种隐藏着的爱好，创造一个合法的权利。"①这段话体现了费尔巴哈当时的失落心情，同时也表达了他对时势和身处的境遇感到无奈和不满，但是费尔巴哈并没有放弃追求自己的哲学理想，他总是时刻为不断追求真理而贡献自己的热情。

　　1841年，费尔巴哈在《哈雷年鉴》上发表了《论"哲学的开端"》一文。在这篇文章中，费尔巴哈首先评论莱伊夫关于哲学的开端、哲学的第一个概念的规定性的观点，认为莱伊夫的定义"丝毫不像它在这里被毫无保留地假定的那样是绝对可信的、自由的、无前提的。如果说'现实科学'归根到底将归结于一定的存在，那么无论如何它们的对象和方法总是某种与定的东西，但并不是当它们还处于形成过程中时就与定了的。一般说来，科学的任务决不是'扬弃'对象，天晓得！而是把不是对象的东西变为对象。当然，不是对象的东西，也就不是与定的东西，因此任何科学的开端都是没有始期的、没有基础的。什么是非对象的东西呢？一切存在着的东西，——即使是感性的、最平常的事物，当它是切身利益或流行观点的客体时，就都不是科学的对象"②。费尔巴哈认为哲学的开端就是一般科学的开端，这个开端恰恰就是自然界，他说："甚至历史也证实了这一点。哲学是科学的母亲。不管是古代还是现代，头等的科学家都是哲学家。"③这是费尔巴哈唯物主义哲学观念的公开表述。

　　1841年，费尔巴哈开始写《法和国家》，1860年完成。在这部著作中费尔

---

① 苗力田：《黑格尔通信百封》，中国人民大学出版社，2014年，第287页。

② 《费尔巴哈哲学著作选集》（上卷），荣震华、李金山等译，商务印书馆，1984年，第85页。

③ 同上，第87~88页。

巴哈对法、国家、公民、自由、王权、政府、人民与庶民的区别等都有详细论述。费尔巴哈认为法是第二性的东西,他说:"我不是因为我有权利生活才活着,而是因为我活着我才有不可争辩的生活权力。法是某种第二性的东西;有不是法的东西,即超越于法而不是人的规定的东西,先于法而存在。"①费尔巴哈认为法的真实性和可靠性是完全依存于感觉的真实性和可靠性的,这也是我们社会所熟知的,法是上层建筑层面的内容,是人的现实社会生活的意识层面的呈现和反映,费尔巴哈提出:"签字的真实性、烙印的真实性、货币的真实性只有靠感觉来鉴定——公众的信用依存于感觉。个性的同一是意识! 能够设想没有身体(它是唯一在感觉上可信赖的物质)上的同一的个性的同一吗?"②费尔巴哈这里的法不是依存于法规的法,相反费尔巴哈认为法规依存于法。

费尔巴哈在这里还讨论了人的自由问题,"自由不是别的,而只是给人以无限活动的范围,这个范围适应于他的完整性,适应于他的一切力量和能力。如果国家与主观的精神不一样,而表现为客观真实的东西,那么人就会退化到与机器相等,缺乏人性,并作为抽象的数量成为国家的牺牲。一个人在意见中、在想象中所是的,总要高出于他实际上所是的"③。费尔巴哈强调人类是由自然界中产生出来的,认为人类的历史发展道路是注定的发展之路,人类应该顺从自然界的运动就像人顺从水流的运动一样别无二致,人是适应了并且顺从了自然界才逐渐生存下来,这样人们找到适宜于自己生存的地方繁衍生息才得以保存。人因为顺应自然而定居下来,并被他们所居住的地方规定着,最后费尔巴哈得出论断,适应于任何自然界的人类原来是从自然界中产生出来的,费尔巴哈这样的见解虽在当时是具有一定的历史进步意义的,但明显忽略了人的存在的主动性,貌似人类的存在是大自然的恩赐和对大自然逆来顺受就得以保存了的,这种看法明显有很大的欠缺。

---

①② 《费尔巴哈哲学著作选集》(上卷),荣震华、李金山等译,商务印书馆,1984 年,第 595 页。
③ 同上,第 596 页。

1841 年，费尔巴哈在莱比锡出版《基督教的本质》，这部著作在当时的德国引起了学界和思想界极大的轰动，也使他名垂哲学史册。当时，德国的神学家、神职人员、贵族阶级及自由主义的教授们咒骂费尔巴哈，相反，那些革命的知识分子和普通的劳动者们却十分支持他，那个时候的马克思、恩格斯也曾是费尔巴哈的忠实粉丝，深深受到了费尔巴哈思想的影响。在这本著作中，费尔巴哈站在与黑格尔哲学体系完全相反的立场说明宗教的起源问题，将思辨哲学论述为宗教的变种，费尔巴哈的这些思想在当时的德国是具有极强的思想革命的意义的。恩格斯也说过："当时，尤其 1840 年以后，对宗教的斗争直接就是政治斗争。"费尔巴哈的作品在那时已被视为革命理论的旗帜，所以现在有学者坚定地坚持费尔巴哈哲学是远离政治的哲学，从这个视角来看可以说如此评价费尔巴哈哲学不是十分恰当的。马克思曾明确指出宗教神学批判与政治批判的关系是：国家与社会产出宗教——对宗教的斗争，同时也是对视宗教为精神养料的现实世界的斗争。所以费尔巴哈对宗教的批判就是对德国法的批判，对神学的批判事实上就是对德国政治的批判，费尔巴哈巧妙地把批判从天国拉回大地。

这一时期，围绕宗教神学批判费尔巴哈撰写了很多哲学著作，可以说这是他学术生涯的黄金时期。1842 年出版的《关于哲学改造的临时提纲》是费尔巴哈对《基督教的本质》的进一步阐发和解释，为避免国内严格的书报检查制度，费尔巴哈将这篇文章发表于瑞士苏黎世和温特图尔两地的文学社出版的《德国现代哲学和政论界轶文集》第二卷。当然，费尔巴哈对青年黑格尔派卢格等人把他看作是黑格尔的解释者和追随者也明确表示了不满。在《关于哲学改造的临时提纲》一文中，费尔巴哈分析了思辨神学、思辨哲学的发展历程；发现了斯宾诺莎、谢林、黑格尔哲学的内在联系；提出了神学的秘密其实就是人本学；揭开了思辨哲学的秘密就是宗教神学等。费尔巴哈坚持认为斯宾诺莎是近代思辨哲学的创始人，谢林是思辨哲学的复兴者，而黑格尔是思辨哲学的完成者和集大成者。在这篇文章中费尔巴哈还揭示了黑格尔的绝对精神哲学和黑格尔哲学体系中的逻辑学的关系，费尔巴哈认为黑格尔的逻辑学是理性化和现代化的神学，是逻辑学的神学。黑格尔强调的绝对精神也只是抽象的、与人分离了的有限精神而已，是对主观精神和客观精神的超越，绝对精神显现或实现在艺术、宗教、哲学等领域中，而这些领域中显现的绝对精神无非是黑格尔哲学中死了的精神，可见费尔巴哈对黑格尔哲学的领悟、批判之深刻。费尔巴哈接下来在文中对诚实与公正、思辨哲学的进程、作为哲学开端的存在、空间和时间是一切实体的存在形式、空间和时间对历史和政治的重要性、人本主义和神学与宗教的关系、黑格尔哲学与谢林哲学的关系、黑格尔哲学与神学、思维与存在的关系、自然与人的关系、关于"新哲学"等诸多问题进行了批判。

1842 年，费尔巴哈撰写了书稿《改革哲学的必要性》，令人非常遗憾的是这部著作在费尔巴哈生前并没有公开发表。在这部著作中，费尔巴哈首先强调哲学变革是历史的需要，"只有那种适应时代要求，符合人类利益的哲学变革才可能是不可避免的、真正的变革。诚然，在世界历史见解低落的时代，各种需要是互相矛盾的：某一些人的需要是在保持旧的，驱逐新的，另一些人的需要则是使新的得以实现。时代的真正要求是在哪一方呢？是在那预示未来、包含进步、作为未来的需要的一方。保持旧的这种需要是人为的、勉强的需要，这是反动的。黑格尔的体系是各种不同的已有的体系的任意结合，是含糊暧昧的粘合，——没有肯定的力量，因为缺少绝对的否定。谁有勇气做绝对的否定，谁才有力量制造新的"①。费尔巴哈认为宗教革命已经成为人类的现实需要，因为人类各个历史时期的差异很大程度上源于宗教的变迁，只有那些深入到人心的历史运动，才到达了人类历史的深处。费尔巴哈并不认为心是宗教的某种形式，而应当说宗教在人的心中，说心是宗教的本质更为确切一些。费尔巴哈认为基督教被人们拒绝目前是一个不可否认的事实，

---

① 《费尔巴哈哲学著作选集》(上卷)，荣震华、李金山等译，商务印书馆，1984 年，第 94 页。

虽然表面上人们还信仰着基督教,虽然人们不愿公开宣布基督教已被他们无情拒绝。黑格尔哲学也是在肯定基督教的同时否定了基督教,只不过黑格尔哲学把对基督教的否定弄得暧昧不清,黑格尔哲学指出的是基督教在其原始的和完成的形态之间的矛盾问题。在这部著作之中,费尔巴哈认真分析了人的本质、哲学的本质、宗教政治与哲学三者关系、政治与宗教的关系、国家与人的关系、无神论与国家政治的关系、宗教改革与政治的关系、新教国王与政治教皇的关系等诸多问题。费尔巴哈认为,宗教改革破坏了宗教的天主教,可是又在原来基础上重构了政治的天主教。

宗教改革在宗教方面所追求的目的现在转向到政治方面。费尔巴哈揭露出把上帝转化为理性的这种改变,非但不会废除上帝,还会帮助上帝寻找到更加舒适的位置,新教也只是把国王与教皇的位置简单对调而已。费尔巴哈毫不留情地指出那种证明必须保留国王的理由,也正是那些证明宗教中必须有教皇的理由。费尔巴哈认为从前的所谓"最新的时代"只不过指的是新教徒的时代,其实这个时代的精神和未来无非都是属于现实主义的。接着费尔巴哈论说了现实的人与宗教、与宗教背景下的政治的秘密,他揭露教会的首领——教皇,是和我们一样的人,国王也是和我们一样的人;教皇、国王的干涉不能是无限的,他们并不在国家之上、社会之上。费尔巴哈认为新教徒只是宗教的共和主义者,随着新教的化为乌有,新教也就变成了政治的共和主义,随着消除新教在天堂(在这里人们是主人)和地狱(在这里人们是奴隶)之间的混乱,新教就会立刻引导人们走向共和国。如果说共和国在从前是和新教相联系的,那么这种联系是偶然的,虽然也是预兆性的,因为宗教只是给予宗教自由;这样就产生了新的矛盾,费尔巴哈始终认为只有当人们放弃基督教,才会得到共和国的权利,"因为在基督教中,你的共和国是在天上。在这里,你在这情况下不需要共和国。相反的:在这里,你应当是奴隶,否则天堂对你就是多余的了"①。这篇文章对宗教改革的分析也表达了很多费尔巴哈的政治见解和态度。

1843年,费尔巴哈为《基督教的本质》写再版序言,并为《未来哲学原理》写了引言,《未来哲学原理》出版于瑞士苏黎世。费尔巴哈自称《未来哲学原理》是《哲学改造纲要》一书的继续和进一步展开的论证,但很快这部书就被当时德国出版检查所蛮横地禁止了,关于禁止出版的细节费尔巴哈如此记载:"这些原理,就其最初草稿而言,是预备作为一部完备的书出版的。但是当我誊清这个草稿的时候,德国出版检查所的幽灵侵袭了我——连我自己也不知道是怎样一回事——而我就忍心地将好些地方涂抹了。余下的为那轻率的检查所能容许保留的这一部分,便缩小成为如下的一个简短的篇幅。"②对于德国出版检查所的严格禁止行为,费尔巴哈心怀抱怨,在当时那种处处充满妄想和卑鄙成见的时代,那些从简单真理中抽象出来的原理恐怕是不能被当时执政的政府当局理解和重视的。正是在这样的情况之下,费尔巴哈认为未来哲学的任务就是将哲学从"濒临死亡"的精神境界中引导到"活生生"的精神境界中来;使哲学真正走到多灾多难的现实的人间。所以费尔巴哈鞭辟入里地写道:"未来哲学应有的任务,就是将哲学从'僵死的精神'境界重新引导到有血有肉的、活生生的精神境界,使它从美满的神圣的虚幻的精神乐园下降到多灾多难的现实人间。为了达到这个目的,哲学不需要别的东西,只需要一种人的理智和人的语言。但是用一种纯粹而真实的人的态度去思想,去说话,去行动,则是下一代的人才能做到的事。因此目前的问题,还不在于将人之所以为人陈述出来,而是在于将人从他所沉陷的泥坑中拯救出来。这些原理,也就是从这种艰苦的工作中所获得的结果。"③

我们发现自此之后费尔巴哈为人本主义哲学的构建而不懈坚持,费尔

---

① 《费尔巴哈哲学著作选集》(上卷),荣震华、李金山等译,商务印书馆,1984年,第100页。
②③ 同上,第120页。

巴哈认为近代哲学的任务就是将神学转变并溶解为人本学。甚至费尔巴哈认为新教其实也只不过是宗教的人本学,因为在费尔巴哈这里新教实质上只是基督教义而已,新教不再是神学。"这些原理的任务,就是从绝对哲学中,亦即从神学中将人的哲学的必要性,亦即人类学的必要性推究出来,以及通过神的哲学的批判而建立人的哲学的批判。因此要想对于这些原理加以评价。必须以对近代哲学的明确认识为前提。"①因此,费尔巴哈的"新哲学"是人本学的哲学体系,是愉快的、光明正大的哲学,在费尔巴哈哲学体系之中无处不体现人的自觉能动性,费尔巴哈哲学确实是那种秉承感性的真理性的感性哲学。这就是说,费尔巴哈"新哲学"代替了宗教,而它本身也包含着宗教本质。

1843 年,费尔巴哈写作《谢林先生》一文,目的是答复马克思 1843 年 10 月 20 日来函,但实际并未寄出。文章对谢林给予了猛烈批判,费尔巴哈认为谢林的哲学一无是处,甚至认为人们连评论谢林都是毫无必要的,虽然谢林本人在年轻的时候就在哲学界获得了荣誉、声望、信任。费尔巴哈提及谢林自己也曾责难过自己,谢林自认为所获的荣誉也只不过是重复了别人的思想,谢林所做的无非是把思想的唯心主义变为幻想的唯心主义,赋予唯心主义以泛神论特质。费尔巴哈甚至认为,谢林的哲学思想引起了当时德国精神的堕落,因为他把无意义变成了最大的意义,让愚蠢变成精明,让无知变成智慧,让谎言变成真理。谢林恶化了波墨学说、毁坏了黑格尔学说,他"用精神解释精神,用专横解释自由。同时他玩弄文字,把文字用为各种意义:aseesse(自由存在),盲目存在不是盲目地存在着的、任意的、预知的、被期待的东西。最抽象的形而上学的规定和最平凡的东西结合在一起,譬如上帝就是存在的统治者,简直可笑。这是最荒唐的判断"②。从而"专横冒充自由,荒

---

①　《费尔巴哈哲学著作选集》(上卷),荣震华、李金山等译,商务印书馆,1984 年,第 120 页。

②　同上,第 190 页。

谬冒充智慧,诈伪之尤冒充绝顶真理,陈旧的神秘主义的秋华冒充未来和新生活的春花"①。

费尔巴哈通过对谢林哲学的批判,明确提出存在先于统治,存在是统治的基础的观点,他说:

> 上帝就是存在的统治者——这多么可笑,好像个别的东西可以是普遍的东西的统治者,因为没有存在便不是思维统治者;事实上,作统治者的第一个基本条件是他的存在。存在先于统治,是统治的基础。那么,统治怎样重新君临存在,仿佛可以跟存在划清界限。这是哪儿来的信口胡诌? 只要用自然来代替存在,便一切都了然了。就是说,自然先于作为精神的上帝,而然后精神才占据作为自然的统治者和主人的地位。肚子的活动同样先于脑袋的活动,生活中最重要的是饮食;但以后这些作用被贬低了,脑袋的活动占据了最高的统治地位,或者至少被赋予了最高监督的责任。最初是目的的东西逐渐成为手段。上帝和世界,精神和自然——这是对立性,统治的概念与之一致的特殊性。但存在是无条件的是普遍的。统治与存在有关,而且统治之为统治,只是因为它在一切其它的东西之前,先俯就存在,而且为自己存在和生存必须顺应存在。②

在这篇文章中费尔巴哈一针见血地批判了谢林的主张, 费尔巴哈认为谢林哲学只不过是作了主客体位置的简单调换而已。

费尔巴哈发现了谢林哲学与旧的神学的差别, 认为旧的神学认为万能的专横是上帝之外的客体;但对谢林说来这却是主体,费尔巴哈用调侃的语气说,谢林甚至可以成为上帝本人,因为费尔巴哈认为按照谢林的逻辑,他

---

① 《费尔巴哈哲学著作选集》(上卷),荣震华、李金山等译,商务印书馆,1984 年,第 192 页。
② 同上,第 190~191 页。

自己想变成什么就变成什么。"他是个人专横的杂种。本质,主体,基础是幻想的专横的无根据性、非本质性、不稳定性。谢林创造自己的上帝,他没有上帝,他是那自命为充满了敬神之念的时代的无神论。其根源在于:一切都是乌有和虚空。没有上帝,没有魔鬼,没有真理,没有虚伪,没有理性,没有无理性,没有任何严肃的东西,也没有诙谐,没有德行,没有淫荡,没有谐和,没有矛盾。他现在承认了、证实了,实际上用事实证明了他的反对者所责难他的一切,他用他的反对者的武器来反对自己;他自己在他的原理中得出了他的反对者的结论,而且他想利用那正是他用以反驳自己的东西来确定自己。"①足见费尔巴哈对谢林哲学的厌恶达到了极限。

对谢林哲学的批判是费尔巴哈哲学的一个重要方面和重要特点之一,对谢林哲学的批判让马克思发现了费尔巴哈哲学的重要性,马克思由此而走进费尔巴哈并与其深入交往,对谢林哲学的批判也为两位哲学家的交流提供了共同的话语平台,马克思还多次邀请费尔巴哈与其一起对谢林进行持续不断的批判。在费尔巴哈与马克思 1843 年 10 月 25 日的通信中,我们发现了诸多端倪,费尔巴哈有一次心怀愧疚地回答了马克思的来信:"我和您的意见完全一致,决不可忽视对谢林再一次有力揭发的外在的、政治的必要性。您的提议,使我出乎意料地和一个恶棍相遇,并且已经来不及了,所以现在赶紧给您写这封有负您的期望的信,而不是写您所要的文章。"②当然,费尔巴哈并不是有意躲避马克思对他的写作的期望,而似乎是还没有对马克思所要求的进一步对谢林进行政治批判作出足够的理论准备。马克思曾提出:"谢林不仅能把哲学和神学结合起来,而且能把哲学和外交结合起来。他把哲学变成一般的外交学,变成应付一切场合的外交手腕。因此,对谢林的批判就是间接地对我们全部政治的批判,特别是对普鲁士政治的批判。谢

---

① 《费尔巴哈哲学著作选集》(上卷),荣震华、李金山等译,商务印书馆,1984 年,第 191 页。

② 苗力田:《黑格尔通信百封》,中国人民大学出版社,2014 年,第 289~291 页。

林的哲学——这就是在哲学幌子下的普鲁士政治。"①马克思之所以对费尔巴哈发出批判谢林的邀请，就是源自于费尔巴哈对谢林哲学思想批判的深刻性是旁人无法企及和比拟的，马克思甚至多次强调费尔巴哈是谢林必然的、天然的对手，费尔巴哈才是谢林真正的天敌，马克思发现费尔巴哈与谢林的斗争才可谓是真哲学同假哲学的斗争。

1843—1844 年，费尔巴哈写作《哲学原理》并且在其中提出了自己思想的发展历程，即从上帝到理性再到人。费尔巴哈认为人是自然界最高级的生物，所以真正想要弄清楚自然的进程和起源，还必须以人的本质为基础，从人的本质出发来研究自然。人们要确认物质先于精神、感性先于理性，最为基本的研究方法无非就是借助人而把超自然的东西归为自然，进一步借助自然把一切超人的东西回归为人本身。费尔巴哈从人的自然本性出发，认为人在本质上是利己主义的，但他不主张把利己主义绝对化，而是力图将利己主义与利他主义相互协调起来，把利己主义同共产主义也融合在一起。费尔巴哈声称他的原则是在于利己主义和共产主义，利己主义和共产主义二者关系就如同头和心的关系，即没有利己主义就没有头，没有共产主义就没有心。费尔巴哈主张人的第一责任就是要有幸福感，同时能使别人感受到幸福。所以费尔巴哈坚持的爱便是希望并使别人幸福，进而承认别人的利己主义是合法的，这是他爱的宗教的核心内容。从 1843 年开始，费尔巴哈与马克思、恩格斯书信联系日渐增多，而且交往更加频繁和密切。

1844 年，费尔巴哈和鲍威尔、施蒂纳等共同编辑了青年黑格尔派杂志《维干德季刊》(1844—1845)，并在莱比锡出版了《路德了解下的信仰的本质〈基督教的本质〉补篇》。1846 年，《费尔巴哈全集》(十卷本)的第一、二卷出版。同年，费尔巴哈出版了《从人本学观点论不死问题》一书。这是一部批判不死信仰的专著。在该书中，费尔巴哈指出："真正意义的不死信仰，决不是人的本

性的一种直接的表现；它只是被反思投入人的本性中；它只是基于人的本性的误解。至于人的本性在这一方面(即关于不死)的真正见解，则我们已经用那几乎毫不例外地存在于一切民族间的对死人的深切悼念和尊崇来说明了。如果说，对另一种生命的信仰是人的本质的一个现实的组成部分，那么，在有人死亡的时候，人的本性的表现，就应当是喜欢，而不是悲哀。即使为了死人也掉下一些眼泪，那至多也不过与为了一个人出远门而掉下一些眼泪一般无二。"①费尔巴哈认为死人只是幻想和情绪领域内的本质，只是活着的人的本质，不是死人的本质，也不再是自为或自在的本质。对死人的追念之所以表现得非常神圣，是因为死人已经不存在了，死人已经无法感知活人在现实世界中的感受，只是活人赋予了死人某种特别的意义。只有追念才是死人唯一的存身之处，才是死人唯一的价值所在。

费尔巴哈并不认为活人需要宗教的保护；活人为了他自己的利益能够自己管住自己；同时无私的死人经常被说成是神圣的，因为在活人的心中，死人为了自己的生存做得越少，活人就越千方百计使死人存活。"这样，活人代表了死人；死人不会穿衣遮羞，活人就替他来穿；死人不会吃喝，活人就将吃的和喝的供奉在死人面前，甚至送进死人的嘴中。但是，归根到底，活人能够为死人做的以及通过供奉食料和饮料所希望向死人证明的，只是：他敬重并神圣地保持对死人的挂念，将死人提升为宗教尊崇的对象。活人企图通过让死人享有最高的荣誉来弥补死人因为丧失至高的珍品——生命所蒙受的损失。似乎活人对死人说道，你自己感到自己越是低微，我就应当感到你越是高贵；你的生命之光是熄灭了，但是，你的宝贵的影像却应当永远在回忆中发出比我更华美的光辉。你在肉体上是死了；但是，不死的荣誉，却因此而应当为你的名字所具有。你不再是个人了，但你因此就应当成为我的上帝。"②在费尔巴哈看来，不死那是绝对不可能的，不死信仰其实只不过是梦想家和

———————
① ② 《费尔巴哈哲学著作选集》(上卷)，荣震华、李金山等译，商务印书馆，1984年，第262页。

懒汉们的一厢情愿,不死信仰实质上是人的幻想的愿望,不死的幻想更谈不上是人的本质的愿望,但是死也并非是恶性的,所以也不必心生畏惧。现在人们发现与基督教所主张的上帝信仰一样,基督教的不死信仰也不是人类的原始信仰,而是一种思辨的、抽象的、否定的信仰。

费尔巴哈认为基督教信仰重视人,同时重视感性;但是费尔巴哈发现这种重视其实只是虚假的重视,这种虚假的重视是用抽象和否定来加以重视的。基督教中不死的、在天上的人们也不再有婚娶,这是因为肉和血并不进入天国。这样恐怕基督教的超自然主义简直让不死的人有了一个古怪的幽灵般的本质。"正因为基督教本身已是一种否定的和批判的信仰,所以,只要我们不但看到这一半,也看到另外的那一半,只要我们进一步研究它的否定和批判,那么,这就是这种否定的和批判的信仰的必然的、咎由自取的结局了。在天上,也就是说,在死里面,他们将不再婚娶,不再睡觉,不再吃喝了。我们不妨再添一句:他们不再生存了。可是,正是这样否定了基督教的两半分割以后,便使我们回复到无矛盾地、真正地、完全地肯定人,从而也就正是回复到人类的原始信仰。"[①]

费尔巴哈生动描述了唯理主义者的内心世界:"人在地上没有达到自己的目的,因而在不死上就有了对属天的彼世要求,即使在人的有可能错认的规定这一方面,在唯理主义基督教关于人的表象中,立刻又出现了二元论的幻想学。这就在于它认为,人只是自为地在不死问题中体现了求知欲、美学上的和道德上的意向,似乎只有有教养的先生们、道学家们和美学家们或艺术家们,才有着对于属天的彼世的要求,而农民、手工业者、工业家们就没有这种要求,似乎人所具有的改进手艺、日益有目的的经营农业、使工厂日益繁荣之意向,并不是本质重要的和值得敬重的意向。何等多的手工业者,为了改善他们自己的手艺而绞尽脑汁,而且,直到临死前还因为没有能够满足

---

① 《费尔巴哈哲学著作选集》(上卷),荣震华、李金山等译,商务印书馆,1984年,第297~299页。

自己的完善化意向而深感忧伤！"①费尔巴哈提到古代基督徒们用宗教摧毁了他们那个年代的人们创作的最具价值、最为华丽的艺术品，他们完完全全地抛弃了那些独立的、独创性的、没有堕落为宗教工具的艺术；费尔巴哈发现那些被摧毁的艺术事实上是那些人们宣扬尘世享乐的各种形式的艺术，是感性的艺术和无神的艺术；有一个再也不能更加简单的清晰表述，那就是凡是爱看画中美女的人，也一定爱看活生生的美女，这个道理不是不言自明的吗？

　　"但是，现代唯理主义基督徒们，却将对属天的彼世的那种属灵的希望，建筑在属肉体的艺术感、维纳斯上面！"对此，费尔巴哈认为，唯理主义者为了幻想的规定而牺牲现实的规定，为了宗教上的需要而牺牲人的现实的需要。这样一来，唯理主义者们就活生生地飘荡在天与地之间，飘荡在基督教与人道之间了。这样通过对不死观念的批判，费尔巴哈就得出结论：人应该追求现实的幸福而不是幻想中的福乐。费尔巴哈还在文章中提到了陪葬现象，声称陪葬的人为了彼世的幸福而浪费了肉体，浪费了灵魂与理性。费尔巴哈提醒人们不要再等到自己上了天堂才去吃烤鸽子，人们应该自己去捉鸽子，自己去烤鸽子，在自己活着的人间吃上香喷喷的烤鸽子，他告诫人们千万不要因为贪图属天的鸽子而丢掉属地的香喷喷的烤鸽子，而应该追求有限度的、现实的幸福，活生生的人不应该追求无限度的、幻想的福乐与快适，这是任何一个正常思维的人都应该具有的判断。由此，费尔巴哈再次强调：人应当放弃对不死的信仰，因为死对每一个人而言都是最为公平的，死亡是最坚决的、最真实的共产主义，死对于百万富翁与乞丐而言都是一律平等的，谁都难逃一死，所以不死信仰是一种幻想。既然人人都难逃一死，那就应该让生的生命和生活更加具有温度、更幸福。

　　1846年，费尔巴哈的《宗教的本质》一书发表于维干德编的《爱比格尼

---

① 《费尔巴哈哲学著作选集》(上卷)，荣震华、李金山等译，商务印书馆，1984年，第297~299页。

(后裔)》文集第三卷第一册。在这部著作里,费尔巴哈对宗教本质的认识又向前发展了一步。费尔巴哈认为,依赖感是宗教的基础,其实依赖感的对象就是自然,自然就是宗教的原始对象。费尔巴哈充分认识到显示于自然中的那个神圣实体,其实它无非就是自然本身,整个世界或自然的神就是自然的神性所创造的展示在人面前的种种表象而已。所以在这个意义上来讲,对神的存在的信仰无可争辩的都是以自然的存在为基础的那种信仰。然而人们之所以迫不得已把神想象成一个存在着的实体,那只是因为人被自然本身的力量所裹挟和影响,从而不得不把自然力量的存在当作人的存在和意识的前提,所以神的最根本概念和最根本属性不是别的,正是那种在人的存在之前就已经存在的,并且是作为人的存在的前提的那种自然的存在。所以费尔巴哈得出的结论是:神是一个超脱人的意愿、不为人的欲求所影响的自然,这个自然表现得始终如一、合乎规律、无情无私、毫不任性。

1846 年,费尔巴哈发表了《反对身体和灵魂、肉体和精神的二元论》一文。在这篇文章中费尔巴哈进一步阐明了他的人本学观点,费尔巴哈指出,身体和灵魂间的对立在逻辑上是无力的,这是无论如何都不能够言明的,因为人本身就是主体和客体的统一,这又怎么能分开呢? 历史上和现实中也确实没有发现谁的灵魂离开了自己的身体。因此,费尔巴哈坚持,只有人本学才是真理,只有那些感性的、直观的观点才可能是真理。费尔巴哈还专门论述了身体和灵魂属于本质的同一的类,并以逻辑学来举例说明,他认为从逻辑学角度来看身体和灵魂的对立属于本质的同一的类,正如善与恶对立是道德意志的类,吉与凶对立是感觉的类,男与女对立是人的类,无限与有限对立是量的类。费尔巴哈认为生命是真正的"绝对者",这又怎能简单区分为身体和灵魂呢? 在他看来任何科学、理论都是有限的,生命进行结合,科学进行分离,人处在主客同一之中,所以生命是一种昂扬状态,是创作的作者本身。在昂扬状态中,人能完成简直不可能完成的事。费尔巴哈认为只有感性的人本学才是真理,这是人有别于动物的地方,人是有生命的最高级呈现形式,而唯物主义、唯心主义、生理学、心理学都不是真理。他强调人之所以为人,就因为他的感性作用不像动物那样有局限。由此,费尔巴哈得出结论:感官是一切幸福的源泉,而感性是人的起源。当然,费尔巴哈有时也确实夸大了感性、感官、感觉的作用。

1847—1848 年,《费尔巴哈全集》的第三卷、第四卷、第五卷、第六卷陆续出版。1848 年,费尔巴哈在法兰克福会见卢格、福格特、吕宁格、弗里德里希·卡普、巴姆贝格尔。1848 年 12 月 1 日,费尔巴哈应学生邀请到海德堡做讲座,向海德堡的大学生讲授宗教本质。但由于学校行政当局不许费尔巴哈进校,学校的学生、教师、工人和市民就请费尔巴哈在市政厅演讲,费尔巴哈的讲演一直持续到 1849 年 3 月 2 日。

1848 年,德国革命爆发后,波澜壮阔的社会运动深深地感动了费尔巴哈。那时的费尔巴哈离开久住的家乡,投入到狂热的群众运动中来,从那时起,他开始研究社会主义理论,并写下了《对〈哲学原理〉的批判意见》一文。这篇文章虽然篇幅短小,但是主题鲜明,在文章的一开头,费尔巴哈便开宗明义地指出,只有感性的事物是直接的、具有现实性的,只有在那些感觉开始起作用的地方,一切不切实际的怀疑和喋喋不休的争论才能善罢甘休。但费尔巴哈这一次并未过分夸大感性本身,他认为这个感性事物并不是思辨哲学认为的直接的东西,单纯的自然人凭依感觉的真实性,不能得到事物的真实的本质,必须经过思想和理性才能达到真实的实体,感性的东西必须经过联系才能达到理性。同样,思维必须首先感知感性的现象,思维的直观把不同的感性事实联结成一个整体,进而联系所感知的事物,这就是思维的过程,所以费尔巴哈发现一切概念活动都以或多或少广阔的观察活动为其基础。"人不能也不应该否定感官;假如,他违反自己的本性,否定感官,那么,他必定重新肯定它,但这一次他已只能以一种消极的、自相矛盾的、荒谬的、离奇的方式来肯定他们。在宗教中,人的五官之乐为之而牺牲的无限本质不是别的,正是一种非现实的世界本质,一种作为非感性本质、作为空想或悟性的对象的感性本质。上帝是一切宝物、一切本质即感官实在的总和。"①费尔巴哈的努力就是要使人在各方面重新回归到以前的状态,归回到自然,但不是归回到作为野蛮人的对象的自然,而是归回到作为科学教育的对象的自然,这个回归过程本身同时也是一个超越过程。

第三节　对自身哲学立场的坚持

1849 年,德国革命的失败使得费尔巴哈遭受极大的打击,他再次回到与世隔绝、离群索居的旧生活中去了。政府对他的压制也更加凶狠,甚至让他感觉不到自由,然而这也让他的毅力更加坚定,坚持不懈地创作。费尔巴哈认为外部的压迫愈是凶恶,内部的反抗愈是有力,面对反动派的捉弄,他愈加勤勉,集中精神,不断抗争,坚持写作。1849 年,《费尔巴哈全集》第七卷出版,《基督教的本质》也增订了第三版。

1851 年,费尔巴哈为《宗教本质讲演录》出版写序言;同年《费尔巴哈全集》第八卷出版。1852 年,他开始写《神谱》,最终于 1856 年完成。1853 年,费尔巴哈在莱比锡编辑(从 1852 年初开始)出版了他父亲的传记和著作。1857 年,《费尔巴哈全集》第九卷出版。1858 年,他的《唯灵论和感觉论:评克纳普的法哲学体系》发表于《世纪》杂志第 26 号;《海登里希博士》发表于汉堡《世纪》杂志第 27 号。1861 年,费尔巴哈赖以生存的瓷器厂倒闭,夫妇迁居到纽伦堡附近的赖兴堡。1863 年,他开始着手创作专著《论唯灵主义和唯物主义,特别是从意志自由方面着眼》,1866 年写毕。在这本书中,费尔巴哈指出:"正如在我的论不死、论宗教的本质等著作中一样,我并没有向自己提出否定'神的存在和灵魂不死'的任务,因为人们可以反驳说,它们至少在书籍和神

---

① 《费尔巴哈哲学著作选集》(上卷),荣震华、李金山等译,商务印书馆,1984 年,第 214 页。

像中、在信仰和观念中是存在的,而只是想揭示神和灵魂不死的真正意义和根据,或者——这是一回事——揭示信仰神和灵魂不死的真正意义和根据,提出它们没有经过伪造的最初原本,从而促进对它们的认识,借助于这种认识,它们存在或不存在的问题也就自然得到了解答,同时我在这里的任务也不在于指出意志自由并不存在。本书特具的基本趋向仅仅在于:揭示意志自由假说和意志自由概念的真正意义和根据,帮助人们认识是什么东西迫使他们把自由意志归属于自己和别人,从而指出人们在怎样的范围内这样做是正确的。"①

在这部著作中费尔巴哈从人的自由意志出发,进而分析了关于自杀、关于法律、关于以追求幸福愿望为基础的自由、关于道德的原则是幸福、关于善和恶等问题,他还专门对唯灵主义进行了批判:"与唯物主义对立的学说——唯灵主义,至少,历史的、值得纪念的、所谓古典的唯灵主义,而不是与异己成分相混淆的(因为这是完全可能的)唯灵主义,例如现代的无定型的唯灵主义,是这样一种学说,它认为人的精神活动、思维和意志,而根据很多人的意见,还有感觉,是以某种与人的肉体根本不同并不以人的肉体为转移的本质作为自己的基础;而因为肉体是有广延性的和可见的,简言之,因为肉体是感性的和物质的,所以,本质便是非感性的和非物质的,于是便被称为精神或灵魂。"②

1866 年,《费尔巴哈全集》第十卷出版。1867 年,费尔巴哈开始写作《幸福论》。在《幸福论》一书中费尔巴哈认为意志就是对于幸福的追求,费尔巴哈认为凡是活着的东西就有爱,哪怕这些活着的东西只爱自己和自己的生命,这也是对幸福追求的表现形式。费尔巴哈认为人们希望健康和幸福地生活,活着、存在着、希望着也是幸福的表现,进而费尔巴哈发现,在有生命、有

---

① 《费尔巴哈哲学著作选集》(上卷),荣震华、李金山等译,商务印书馆,1984 年,第 410~411 页。
② 同上,第 480 页。

感觉、有愿望的生物这里,幸福的存在才是真正存在,才是存在的最高价值,正像费尔巴哈提到的那样,只有这种存在才是被渴望的和可爱的存在。费尔巴哈坚持认为凡是抱有希望的生物,都有趋利避害的特质,这些生物只希望保存它的生命和促进它的生命,而不是限制和破坏它的生命,只希望不与感觉相抵触,而与感觉相适应。所以费尔巴哈写道:"简言之,它只希望使它能够幸福,而不是使它不幸福,使它悲惨,自然,如果像就人而言,在意志和意志的对象之间没有幻想、欺骗、错误或歪曲的话。加之,淳朴的愿望和导致幸福的愿望即获得幸福的愿望是相互不可分离的,如果把意志的那种原始的、不受歪曲的、自然的规定及其自然的表现加以考虑,那么这两种愿望实质上是同一的。由此可知,意志就是对于幸福的追求。"①费尔巴哈认为人作为高级动物同其他一切有感觉的生物一样,人的任何一种追求都是对幸福的追求,以至于满足这种追求对于追求幸福的人来说是唯一的而且是最大的幸福。因为人所愿望的和所追求的任何对象无非都是使人幸福的东西,这才称得上追求,这被追求的对象可以满足这种追求和愿望,并且人们所追求和愿望的那种样子恰恰也就是对象本身。

因此,费尔巴哈强调感觉的重要性,他说:"意志最首要的条件是感觉。如果没有感觉,那就不会有苦恼、痛苦、疾病、不安乐,不会有贫困和悲哀,不会有不足和需要,不会有饥饿和口渴,简而言之,不会有不幸福,不会有祸害;而没有祸害的地方,也就不会有抵抗和对立,不会有追求,不会有排除祸害的努力和愿望,即不会有意志。"②费尔巴哈认为,相对贫困和悲哀而言,反感(Widerwille)——是最初的意志,借助于这种反感的意志,有感觉的生物开始了维护自己的生存的生命运动。在费尔巴哈接下来的论述中,他主张生命的意志是不自由的,但意志希望确实是自由的,也就是这样才产生了反感的

---

① 《费尔巴哈哲学著作选集》(上卷),荣震华、李金山等译,商务印书馆,1984年,第535页。
② 同上,第536页。

现象和意志。当然，费尔巴哈这里所说的自由也只是在追求幸福的意义上和为了追求幸福的意义上的自由，这种自由不是超自然主义的思辨的哲学家们所意味的，意志的那种不确定的"无限性"和"无穷性"的意义上的自由。

反感就是在这样的情况下产生的：对于追求幸福的意志所遭受到的每一个意想不到的祸害，对于每一个不能被满足的追求，对于那每一个令人失望的结果和烦恼，对于每一个不能得到满足和遭受的重大损失，可以说种种不幸遭遇都是带有兴奋性和刺激性的，这种种不幸遭遇是对每个有生命有感觉的生物追求幸福的否定。由此，我们发现费尔巴哈认为，对于追求幸福的肯定——有意识地反抗和反作用于以上提到的这种否定的肯定——就是意志本身。黑格尔认为，没有自由的意志，乃是无内容的空谈；费尔巴哈认为，没有幸福的自由，是毫无意义的空谈。费尔巴哈又提道："如果已经不把祸害感觉为祸害，不把专制政治的压迫（不问是哪一种的压迫）感觉为压迫，那么，摆脱这种祸害、摆脱这种压迫也就不被感觉为幸福，对这种自由的追求也就不被认为是对幸福的追求；生物停止希望幸福，那么生物也就会整个停止希望，它也就会陷于愚昧和白痴。"①最终又回到《幸福论》一开始就强调的那个理念：人的任何一种追求都是对幸福的追求，一切属生活的东西都属幸福，但生活幸福的价值不是固定不变的，不同国家的人民的幸福是不一样的，经过抗争而得到的自由才是幸福的自由。

在道德与幸福的关系问题上，费尔巴哈坚持一种"道德幸福论"的观点，认为幸福是道德的前提，没有幸福就没有德行。为此，他详细地分析了义务与幸福的关系、道德与法律的关系、自律与他律的关系、良心的种类及相互关系等。费尔巴哈认为法律也是一种道德，因为在他看来道德是人的真实的完全健康的本性的呈现，他强调的道德更加侧重于人与人之间的整体性的共同幸福，他也强调德行的根源常常不在于特殊的道德意志而在于人的普

---

① 《费尔巴哈哲学著作选集》(上卷)，荣震华、李金山等译，商务印书馆，1984年，第537页。

遍本性,这与康德的道德观有类似之处,因为康德的道德观就强调人的普遍性的善良意志。"每个不想与经验和历史相矛盾的人,纵然不是关于一般的德行而是关于个别的德行,也一致承认德行的根源常常不在于特殊的道德意志,而在于人的本性。这个人不知道什么是憎恨、嫉妒、复仇欲、傲慢、怠惰和贪食,但是摆脱这些缺点或恶德的能力,不是后来取得的,而是生来就有的,这种能力同没有一个有理性的人认为应该属于意志的他的其余的本质是同一的东西。"①

当然,费尔巴哈的道德哲学思想与康德有极大的不同之处,比如费尔巴哈强调一个人摆脱了诸如追逐享乐、不贞节、大吃大喝等恶德,或许只是因为他对于这些恶德不感兴趣而已,而并不是他的内心秉持了一种普遍的道德意志;再比如有的人之所以能守贞节、有节制,恰恰可能是由于他自己不为人知的或已知的生理上的原因所导致的,这个原因决定性的、压倒性地导致他不能够不贞节或不节制自己。另外,费尔巴哈道德哲学不同于康德义务论道德哲学的地方就是费尔巴哈提到了道德方面的超自然主义者,这些人有时也不得不承认,不是由于义务感,而是由于爱好,由于偏好,人们才成为道德的人,而且做出了不违背道德的事。"在存在和意志发生联系的地方,那么单纯的愿望和希望得到幸福的愿望是同一的。无意志的存在——这是漠不关心的存在;但借助于意志的存在、作为意志对象的存在——这就是健康。所谓健康不是别的,而只是适应于现有的那个东西的,适应于它的本质、它的器官和需要、它的爱好和意向的存在。"②

费尔巴哈的这部《幸福论》于 1869 年完成。在这期间,也就是 1867 年,马克思的《资本论》第一卷正式出版。费尔巴哈立刻就把这部虽很难懂,但却是光辉的著作列入自己马上要钻研的书籍之列。通过对《资本论》的研读,他

---

① 《费尔巴哈哲学著作选集》(上卷),荣震华、李金山等译,商务印书馆,1984 年,第 590 页。
② 同上,第 590~591 页。

认为现在最重要的问题是政治，其余一切都不过是私事。他在自己的《幸福论》中还引用了《资本论》中的材料。可以说，19世纪60年代以后的费尔巴哈，社会活动逐渐增多了起来。

　　1870年，66岁的费尔巴哈加入了社会民主党，他叹息自己年迈体衰，已没有精力从事革命活动了，但为了保持精神上的青春，费尔巴哈努力于社会主义文献的阅读，并且表达了愿意站在革命前锋的意愿。这一年，费尔巴哈一度出现了中风，他的身体也明显衰弱下来。据维尔茨堡的社会民主党机关报刊的消息报道，费尔巴哈病情恶化、经济困难，出现了贫病交加的情况，呼吁社会施予援手。一时间德国、比利时、英国、奥地利、美国等多地纷纷汇款接济费尔巴哈的生活。1872年9月13日，费尔巴哈逝世，安葬于纽伦堡约翰公墓。在费尔巴哈的安葬仪式上，社会民主党议会代表安敦·梅明格以党的名义为他送上花圈，并发表了墓前演说。安敦·梅明格提出，工人们要永远把路德维希·费尔巴哈的名字铭刻在记忆里，并把这名字世代相传。费尔巴哈的妻子于11年后去世。

第二章
费尔巴哈的思辨哲学批判

费尔巴哈把对思辨哲学的批判集中在对黑格尔绝对精神和思辨哲学的批判上面,是因为在他看来黑格尔是德国思辨哲学的顶峰和集大成者,黑格尔思辨哲学在德国思辨哲学的发展过程中是最具代表性的,甚至在当时的德国,黑格尔哲学普遍被看成是近代哲学的完成。因此费尔巴哈"新哲学"构建的历史必然性其中一个重要面向就是与黑格尔思辨哲学批判紧密相关的,在这里费尔巴哈与黑格尔哲学发生了彻底的决裂。

思辨哲学是自康德以来在德国思想界占据主导地位的哲学形态。思辨哲学的一个基本特征就是把自然的和人类社会的历史发展进程归结为思维的逻辑过程,用思维的辩证法来代替客观世界本身的辩证运动,从而与18世纪法国唯物主义乃至与整个唯物主义根本对立。费尔巴哈在《关于哲学改造的临时纲要》中明确指出,思辨哲学一向是一种从理想到实在、从抽象到具体的颠倒的进程,这样的反向运动将永远不能达到客观的实在,将永远不能完成从理想到实在的过程。他深刻地揭露了思辨哲学的唯心主义性质,认为思辨哲学本末倒置地歪曲了事物的真实本质,这使费尔巴哈成为马克思之前唯一一位敢于尖锐批判思辨唯心主义的德国哲学家。

关于黑格尔思辨哲学与其他唯心主义哲学之间的关系,在费尔巴哈看来二者其实并没有什么根本的区别。费尔巴哈认为所有唯心主义哲学的共同特征都是从某种精神实体出发所引申出来的哲学理论,不管这个精神实体被表述为"神""心灵""感觉"或某种客观的精神都是一样的。各个唯心主义体系之间有一定的逻辑联系和历史联系,彼此之间只是形式不同,而并无本质区别。为此,费尔巴哈试图通过对黑格尔思辨哲学的批判和唯心主义哲学决一死战,以此在德国思想界树立起唯物主义的权威,让哲学重回厚实的大地。

费尔巴哈认为斯宾诺莎是近代思辨哲学的创始人,谢林是思辨哲学的复兴者,黑格尔是思辨哲学的完成者。黑格尔的思辨哲学是所有思辨哲学体系中最为完善的体系,是整个唯心思辨哲学的完整表现。费尔巴哈哲学之中存在着一个思辨哲学阶段,他甚至将他的博士论文呈献给了黑格尔,费尔巴哈本人也是从思辨哲学中走出并创建异于思辨哲学的哲学体系的,早在1828年博士论文《论统一的普遍的和无限的理性》中,费尔巴哈的思想就显示出对黑格尔思辨哲学思想的偏离,这时的费尔巴哈不像黑格尔那样把基督教看成是完美无缺的、绝对的宗教。在1827—1828年间,他开始对思辨哲学中有关思维与存在的关系、哲学和宗教的关系等问题产生质疑。在1830年匿名发表的《论死与不死》中,他甚至说了这样的话:"黑格尔的聪明竟就那么伟大吗?它只不过像猎狗一样耍弄着白骨罢了。"[1] 1833年,费尔巴哈在《近代哲学史——从培根到斯宾诺莎》一书中严格区分了神学和哲学、宗教和理性,这对哲学发展意义非常,费尔巴哈把哲学史视为人类理性从宗教和神学的统治下解放出来的过程,并指出对唯心思辨哲学的批判和对宗教的批判应该是密不可分的过程,而且得出结论,那就是要消灭其中的一种就必须消灭另外一种。当然,费尔巴哈对以黑格尔为代表的思辨哲学的系统的、全面的批判集中在他的《黑格尔哲学批判》《关于哲学改造的临时纲要》和《未来哲学原理》三部著作中。

---

[1]　[波兰]路亨利克·杨科夫斯基:《路德维希·费尔巴哈的伦理学》,杨德友、程人乾等译,生活·读书·新知三联书店,1966年,第29页。

第一节 对黑格尔思辨哲学理性精神的质疑

一、黑格尔的绝对精神是抽象之有限精神

费尔巴哈对黑格尔思辨哲学的批判是从黑格尔哲学体系中的绝对精神着手的,费尔巴哈力图最终回归到自然中去,用自然的权威取代黑格尔的绝对精神的权威,用现实世界取代黑格尔的世界理性。费尔巴哈把在黑格尔哲学中的绝对精神当作是神学中的死了的精神,这种精神就像幽灵一样出现在人的世界之中,费尔巴哈认为这只不过是一种逻辑学上的精神或从自然的角度来看是昆虫学上的精神。黑格尔宣称自己的思辨哲学是哲学再不能向前发展的顶峰,绝对精神经过发展的各个阶段在黑格尔哲学那里达到了自我意识,从而是人类思想发展的最后阶段和最后环节,已经成为终结了的哲学。黑格尔的追随者们始终贯彻着老师的学说,他们继续将黑格尔哲学对外宣布为绝对哲学,他们认为黑格尔思辨哲学是哲学理念的绝对现实性,甚至认为应该把黑格尔哲学看作是哲学本身。

费尔巴哈对此反应强烈,并表示坚决反对,他强调黑格尔的绝对精神是抽象的、与人相分离了的有限精神。在《黑格尔哲学批判》中费尔巴哈更加明确地表明对黑格尔的态度:一般地,"类"在一个个体中得到绝对地实现,艺术在一个艺术家身上得到绝对地实现,哲学在一个哲学家身上得到绝对地实现都是不可能的。哲学并没有在黑格尔这里终结。假如我根本就不相信有什么救世主会出现、应出现、能出现,我也就没有任何办法证明这个人就是救世主。如果"类"可以在一个个体中得到完满无遗的体现,那么"黑格尔哲

学里的理性的静止就必然要以时间的静止为结果"①，很显然这是不可能的，这与痴人说梦无异；除此之外，黑格尔哲学理念的绝对现实性是不可能的，费尔巴哈反问道：

> 假如时间以后如果和以前一样继续它的可悲的进程，黑格尔哲学就不可避免地要失去绝对性这个宾词了。我们用几秒钟想一想最近几个世纪的未来吧：在那个时候，黑格尔的哲学从时间上说岂不已经是一种与我们疏远的哲学，一种流传下来的哲学了吗？我们难道能把另一个时代的哲学，把过去的哲学看成我们的哲学，看成当代的哲学吗？既然人物和时代都会成为过去，后人并不愿意靠先人的遗产度日，而愿意靠自己赚来的财产生活，那么为什么各种哲学就不会成为过去呢？我难道不会像过去的改革家们感觉中世纪的亚里士多德是一种压力、一种负担那样，感觉到黑格尔哲学是一种压力、一种负担吗？在旧哲学与新哲学之间，在由于继承而来因而不自由的哲学与由于自己获得因而自由的哲学之间，岂不是必然要形成一种对立，因而要把黑格尔的哲学从理念的绝对现实性这个高位拉回到一种一定的、特殊的现实性这个微末的地位上来吗？凭借着理性来预测时间的必然的、不可避免的后果，岂不是合理的，岂不是有思维能力的人的义务和任务吗？我们难道不应该从事物的本性中预先认识将来因时间的本性而自行产生的东西吗？②

这不仅意味着理念的绝对实现在终局上是反历史的，而且也间接地意味着把本质性的东西置放在理念中并安排在逻辑图式中从一开始就是反历

---

① 《费尔巴哈哲学著作选集》(上卷)，荣震华、李金山等译，商务印书馆，1984年，第48~49页。
② 同上，第49~50页。

史的,这从根本上批判了黑格尔绝对精神哲学的错误。

在《关于哲学改造的临时纲要》中我们可以看到费尔巴哈把思辨哲学当作一种无限的和抽象的理论,从历史视角来看这种绝对或无限其实也不过是那种陈旧过时、宗教神学或形而上学的,思辨哲学并不关涉有限的、人性的、物质的、确定的实体,因而从这个角度说费尔巴哈把思辨哲学当作是先于世界的一种虚无。费尔巴哈批判黑格尔所坚持的那些绝对、存在、实体、概念等充其量是被思想成存在的绝对,而不是什么别的东西,这些存在只是思想的存在而已。因为绝对概念如果仅仅是被放在这种或那种规定、范畴里面的思想,那它也就完全融化为这种范畴或规定,这个概念就仅仅是一个名称罢了。但是费尔巴哈认为作为主体的绝对必然是一种基础性的存在,这个存在必须有着真实的主体,这种真实的东西绝不是一个单纯的名称或概念。费尔巴哈所理解的思辨哲学的绝对或无限是十分深刻的,他批判思辨哲学的无限性和绝对性。从心理学方面看来,这个绝对只不过是不加规定的、不确定的东西,即抽去一切规定的抽象的东西,这个抽象和绝对被看成一种与这种抽象不同而又与这种抽象等同起来的实体。费尔巴哈说这本身就是自相矛盾的,从历史视角来看,这个绝对和抽象只不过是陈旧的、神学的、形而上学的、非有限的、非人性的、非物质的、非确定的、非创造出来的实体或虚构性实体而已,费尔巴哈说这个绝对和抽象被看成是行动的并且是先于世界的虚无,这样费尔巴哈一下子抓住了思辨哲学的根本问题。

费尔巴哈把黑格尔哲学视为理性化和现代化了的神学,他认为黑格尔哲学是神学的逻辑化了的化身。因为费尔巴哈发现黑格尔把神学的神圣实体解释为一切实在性、一切规定性、一切有限性的理想总体或抽象总体,这与黑格尔的逻辑学并无二致。费尔巴哈还专门将二者的一致性作了如下比较:"世界上的一切事物可以在神学的天国里再现,自然中的一切事物也可以在神圣的逻辑学的天国里再现:例如质、量、度量、本质、化学作用、机械精造、有机体。在神学中,我们对于一切事物都是作二次考察,一次是抽象的,另一次是具体的。在黑格尔哲学中,对一切事物也是作二次考察:先作为逻辑学的对象,然后又作为自然哲学和精神哲学的对象。"①这明显是对黑格尔哲学深刻的质疑和无情的揭穿,揭穿了黑格尔哲学神秘的神圣化外衣,揭穿了黑格尔哲学为统治者辩护的保守性本质,揭穿了黑格尔哲学与宗教神学的内在相似性,而后费尔巴哈揭露了神学的秘密在于人本学,他运用颠倒法将宗教神学颠倒的世界观又颠倒了回来。

费尔巴哈最为坚信的是从无限的东西中引申出有限、从不确定的东西中引申出确定的东西来的这种哲学,而这种哲学是永远不能实现对有限的、确定的东西作出一个真正的肯定。那他讲的从无限引申出有限,从不确定引申出确定的过程如何来理解呢? 从无限的东西引申出有限的东西,费尔巴哈作出了如下解释:"人性的东西就是神圣的东西, 有限的东西就是无限的东西:这个果断的、变成有血有肉的意识,乃是一种新的诗歌和艺术的源泉,这种新的诗歌和艺术在雄壮方面、深刻方面、热情方面都要超过以前的一切诗歌和艺术。对于彼岸事物的信仰,是一种绝对没有诗意的信仰。痛苦是诗歌的源泉。只有将一件有限事物的损失看成一种无限的损失的人,才具有抒情的热情的力量。只有回忆不复存在的事物时的惨痛激动,才是人类的第一个艺术家和第一个理想家。但是对于彼岸事物的信仰,却将各种痛苦变成幻象,变成虚构……把有限的和不确定的东西确定了和否定了。必须承认没有规定、亦即没有有限性的无限者,只不过是无限者的实在性,因而假定了有限者。但是虚构绝对的否定性仍然是基础,因此被假定的有限性经常又被扬弃了。有限者是无限者的否定,同时无限者又是有限者的否定。关于绝对的哲学乃是一种矛盾。"②对于有限与无限的分析,费尔巴哈让我们看到黑格尔

---

① 《费尔巴哈哲学著作选集》(上卷),荣震华、李金山等译,商务印书馆,1984 年,第 102~103 页。
② 同上,第 106 页。

哲学的内在矛盾性,让我们更加坚定了对费尔巴哈的立场支持,即回到唯物主义哲学视域本身——哲学的真正的任务不是将无限者当作有限,而是将有限者看作无限,这个观点对后来的唯物主义哲学发展起到了重要作用,毫无疑问马克思继承了这一立场,马克思"在思辨终止的地方,在现实生活面前"开创了自己的理论体系。

黑格尔把绝对同一性或一般绝对的理念看成是客观真理,并且不仅仅是一个客观真理,而且是绝对真理、绝对理念本身,也就是再也不能怀疑的、超出一切批判和怀疑之上的理念。对此,费尔巴哈提出反驳,他认为不能把艺术和宗教与人的感觉和直观分离开来,艺术和宗教观念一定是与人的感觉和直观分不开的,幻想也来自于人的直观和感觉,不能简单把哲学和思维分离开来,不能把所谓绝对精神与人的主观精神或人的本质完全割裂,更不能将绝对精神当作一种区别于人的本质的精神。黑格尔的绝对同一理念是脱离人的感觉和直观的狂妄的想象而已。

黑格尔力图建立一套科学性的哲学体系以让他的哲学无懈可击。黑格尔从纯粹的存在开始,从纯粹未规定的东西、抽象的概念或抽象的存在开始,这是黑格尔哲学的前提,这就意味着,黑格尔思辨哲学的前提或起点是一种没有规定的纯的理念,这样的存在范畴实际上就是无。可以说,黑格尔思辨哲学的开端起初只是纯粹不确定的东西,经过有规定的进展过程,最终又回到开端,这就像一个封闭的圆圈。但在黑格尔这里,回到最初的东西已经不是原始的、不确定的、未经证明的那个最初的东西了,这样的循环是黑格尔哲学的重要特征,但无论是循环本身还是结论本身都只不过是黑格尔思想的内部自身和意识的内在性。费尔巴哈指责黑格尔逻辑学中的存在是旧形而上学中的存在,但这个无区别的存在乃是一种抽象的、没有实在性的思想;他强调只有哲学把经验的活动也看作是哲学的活动,并且承认视觉与思维的关系,承认感官也是哲学的工具,这才是哲学特别是近代哲学的价值之所在。近代哲学与经院哲学所不同的地方,也正是在于近代哲学使经验活动与思维活动重新结合,这也是近代哲学的一个重要特点。正是由于近代哲学与脱离实在事物的思维相对立,才提出了哲学研究必须依靠感觉的论题,从感觉出发的哲学才真正配得上近代哲学的美名。

因此,费尔巴哈强调要回归近代哲学的开端,就要面临一个真正的哲学开端,这个哲学不是在穷途末路的终端达到实在,而是从实在开始的真正的近代哲学的开端,只有这条路才是近代哲学合理的、正确的、自然而然的道路,费尔巴哈指出:"精神后于感觉,而不是感觉后于精神:精神是事物的终端而不是开端,从经验到哲学是必然的,而从哲学到经验则是任意的造作。以经验为开端的哲学永远是青春的,以经验为终端的哲学则终将衰老、疲蹋、自己成为自己的累赘。事实上,当我们从实在开始并忠实于实在的时候,哲学对我们说来就总是一种需要:经验在每一步上都背叛我们,从而迫使我们求助于思维。因此,以经验为终端的哲学会趋于衰朽,而以经验为开端的哲学则会无限地发展。后者永远有着思维的材料,前者则灵智终将趋于枯竭。以没有实在性的思想为出发点的哲学,必然以异于思想的实在性告终。如果有人责备写这段话的人,说他所表述的这个思想是经验主义,他也根本不会反对。从他这方面来说,从非哲学开始而以哲学告终,无论如何要更加光荣和合理,而不是相反地,像某些'伟大的'德国哲学家——我对他们的含蓄的称呼——那样,从哲学开始而以非哲学告终。"①

费尔巴哈主张以经验为开端的哲学是真正的哲学,是活的哲学,是充满青春活力的哲学,以经验为终端的哲学则都意味着衰落和灭亡,这样的哲学没有活生生的感觉。事实也确实如此,当我们从实在开始并忠实于实在的时候,哲学对我们来说就总是一种真正的需要,工作机制就是:经验在每一步上都背叛我们,从而迫使我们求助于思维。因此,以经验为终端的哲学会趋于灭失,而以经验为开端的哲学会无限发展,后者永远有着取之不竭的思维

---

① 《费尔巴哈哲学著作选集》(上卷),荣震华、李金山等译,商务印书馆,1984 年,第 87 页。

材料,前者则因思维材料终将趋于枯竭而必然面临灭亡。

费尔巴哈进而指出,对于思辨哲学来说存在就等于非存在,就等于无,它不可能构成思维的对象。作为思辨思维的对象的存在,是绝对直接的东西,亦即不定的东西,所以存在之中是没有什么可以区别和可以思想的。但是思辨思维本身却是全部实在的尺度,它只认为它自己可以进行活动的并且可以作为思维材料的那种东西是实有的。因此,在抽象思维看来,因为存在是思想的无有,亦即没有任何思想,所以存在是绝对的虚无。正因为如此,"存在既然被思辨哲学拉进他的范围而概念化了,所以存在也就只是一个纯粹的幽灵,这种幽灵与实际的存在和人们所了解的存在,是绝对矛盾的。人们所了解的存在,就是合乎事实和理性的存在、自为的存在。实在、存在、实际、客观性,这一切特性或名词,只是从不同的观点上来表达同一的事物。思维中的存在,没有客观性,没有现实性,没有独立性的存在,当然就是无,而在这个无之中,我只是表达我的抽象活动的虚无性而已"①。没有抗拒意志的东西,就不可能有意志。把毫无规定的"纯存在"设定为哲学的开端,就是把一种没有思想对象的抽象思想设定为开端,这个思想的一切规定性的展开就只是在思想范围内形成。根据费尔巴哈的观点,尽管黑格尔一再否定抽象的思维且强调思维的具体性和现实性,但黑格尔思维的具体性和现实性依然是在思维范围内完成的,这是黑格尔思辨哲学的内在矛盾之所在。

由此,费尔巴哈认为哲学的开端是有限的、确定的和实际的东西,哲学的开端绝不是上帝和绝对,更不是作为绝对理念的存在。原因非常简单:如没有有限者,那无限者又是如何被设想出来的呢?所以最初的东西一定是一种确定的东西,确定性一定是它存在的本质性,这种存在的本质性也一定是先于思想中的性质的,所以我们必须作出一种正确的选择,那就是必须用感性存在来否定逻辑上的存在。作为概念的存在从一开始就远离并且扼杀了存

---

① 《费尔巴哈哲学著作选集》(上卷),荣震华、李金山等译,商务印书馆,1984年,第156页。

在本身,因而只是一个虚假的开端,作为哲学真实的开端的存在本身,就只能在概念立场的对方开始出现。如果说整个哲学一般地说来都始终只是站在概念立场上并以这一立场来把握存在的话,那么很显然,哲学真实的开端一般说来就不可能在哲学之中,而只能在哲学的对方。因此,在费尔巴哈看来真正的哲学是真实的和普遍的经验,费尔巴哈力求构建一种初始时就无所假定的哲学,亦即一种从自己的对方中产生出来的哲学。

二、费尔巴哈眼中的思维与存在

黑格尔是从"存在的概念"或"抽象的存在"开始,就像真正的最初者不是存在而是理念一样,整个中介过程所完成并且所实现的东西也不是"存在本身",而只可能是"理念本身"。费尔巴哈针锋相对地指出:"逻辑学说:我是从一定的存在进行抽象;我并不把存在与无有的统一归属于一定的存在。如果理智觉得这个统一是荒唐可笑的, 那它就用一个一定的存在暗中替换掉纯粹的存在,因为说存在是无有,这当然是一个矛盾。可是理智又回答了这一点:只有一定的存在才是存在;在存在的概念里,就有着绝对确定性的概念。"①费尔巴哈从存在本身进而得到了存在的概念,费尔巴哈发现一切存在又都是一定的存在,他认为无有与存在是相对立的,在这里无有的意思无非就是非某物的意思。因为人们总是经常把存在与某物不作任何区分,这两个词语是相提并论,可以互相替代的。因此,费尔巴哈认为如果不承认存在的确定性,人们也就不会发现任何存在了。因此,费尔巴哈坚持认为,如果人们指着某种存在说这就是无有,这是自明的,且不必大惊小怪的话,那人们从人身上除去他赖以成为人的东西后, 就可以毫无困难地向我证明他不是人了,显而易见这种证明是不可能的。

---

① 《费尔巴哈哲学著作选集》(上卷),荣震华、李金山等译,商务印书馆,1984 年,第 62 页。

费尔巴哈认为人的概念的论述与存在概念的论述具有一致性,"如果你从人的概念中除去人的特有的差别性,这个概念就不再是人的概念,而是一个杜撰出来的东西,就像第欧根尼所说的柏拉图派的人一样。人的概念是这样,存在的概念也是这样,如果你从存在的概念中除去存在的内容,这个概念就不再是存在的概念了。有多少种不同的事物,就有多少种不同的存在。存在与存在着的事物是同一的,如果你去掉了一物的存在,你就去掉了它的一切,因此不能把存在孤立起来当作独立的东西。存在并不是什么特殊的概念:至少对于理智来说,存在就是一切"①。费尔巴哈嘲笑思辨哲学,为了深刻而深刻,为了晦涩而晦涩,评论深刻和肤浅是如此的草率,费尔巴哈提道:"把存在的东西说成它所是的那样,是真实的宣说了真实的东西,看起来却好像是肤浅的;把存在的东西说成它所不是的那样,是不真实地、歪曲地宣说了真实的东西,看起来却好像是深刻的。"②

事实上,在康德哲学中就早已发现了思维和存在的矛盾,而黑格尔哲学竟然将思维与存在的矛盾简单而草率地在思维的范围内进行所谓的扬弃,这样显而易见的,黑格尔把存在归结为纯粹抽象的思想了,在这里思维神奇地成为了主体,存在退却成为宾词。这样不言自明的事情发生了,那就是黑格尔所谓纯粹的存在只是一个完全抽象的东西,根本不是真正"实在的存在",因为只有具体的、实在的存在才是现实的,这里所说的具体性根本不是黑格尔在思辨的思维中所构造起来、发展起来的那种思维的具体性,而是一种感性的具体性,所以只有一定的存在才是存在。换言之,一切存在又都是一定的存在而已,真正的存在一定是"不以潜在方式存在"而"以现实方式存在"的实在质料。

---

① 《费尔巴哈哲学著作选集》(上卷),荣震华、李金山等译,商务印书馆,1984年,第63页。
② 同上,第108页。

基于上述分析,从思辨哲学或绝对哲学的思维视角来看,存在与思维绝对是有区别的,因为思维自身是需要媒介的,思维将存在看作是无须媒介的。所以思辨哲学认为,在思维本身之内的思维与存在是相对立的关系,在这里思维直接毫无困难地将思维与存在的对立扬弃了,这样思维与存在瞬间达到了统一,所以我们发现思辨哲学之中、思维之中作为存在的对立物的就是思维自身。这样一来,绝对思维不能脱离自身而成为存在,在这里存在是一个彼岸的东西,这里的存在与现实的存在或真实的存在无涉。费尔巴哈对思维与存在的关系的看法与思辨哲学相比是截然不同的,他认为思维与存在的真正的关系应该被这样描述:存在是主体,思维是宾词,思维是从存在而来的,是存在产生出思维。费尔巴哈主张的是存在并非来自于思维,那存在从哪里来呢?费尔巴哈强调存在来自于自身,就是从自身而来,换言之,存在只能为存在所产生。费尔巴哈认为,这个结论也是唯物主义与唯心主义的一个根本分歧。到这里,费尔巴哈对存在与思维的描述可谓是再清楚不过了,这个思想对马克思主义者的影响确实非常之重要。

费尔巴哈强调人是思维与存在的基础之所在,他强调脱离人的思维与存在的关系是完全不可理解的,因为思维与存在的统一,只有在将人理解为这个统一的基础和主体的时候才有意义,事实不正是如此吗?这才是真理性的论说。因为只有实在的实体才能认识实在的事物,只有当思维不是自为的主体,而是一个现实实体的属性的时候,思维才不脱离存在。因此,思维与存在的统一并不是那种形式的统一,这个统一是以对象、以思想的内容为依据的。费尔巴哈强调哲学家不要想做与人不同的哲学家,只要做一个思维的人就足够了;哲学家不要以思想家的身份来思想,更不要以自为的、孤立起来的身份来思想,当然以一种从人的实在本质的整体中脱离出来的身份来思想就愈发的不应该了;费尔巴哈强调人要以活生生的、现实的、真实的实体身份来思想,因为这才是真实的人,这才是作为一种实体而置身于宇宙之海的汹涌波涛之中的现实的哲学家,这样的哲学家才能称之为哲学家。费尔巴哈关注的哲学家是这样的人,他们要在生活中、要在世界中作为世界的一分子来进行思想活动,不要在抽象的真空中作为一个孤独的单子来思想,更不要作为置身事外的上帝或者作为一个专制君主来思想,这样才能够、才有资格断言哲学家、思想者的思想是思维和存在的统一。只有作为活生生的、现实的人才能成为洞穿现实的思想者,那些蛰居在抽象概念之中的思辨者看到的只能是弥漫在大地上的云雾。

费尔巴哈还为哲学家寻找了一条便捷的路径:"作为一个现实实体的活动的思维,怎样能不去掌握现实的实体和事物呢? 只有将思维与人分离开来,固定为其自身,才会产生出这个困难的,无结果的,为这个观点所不能解决的问题:思维是怎样达到客体,达到存在的? 因为思维既然固定为其自身,亦即置身于人以外,那就脱离与世界的一切结合和联系了。你只有将自己降低为客体,降低为别人的客体,才能将自己提高为客体。你在思想,那只是因为你的思想本身能够被思想。你的思想只有通过客观的考验,为作为你的客体的别人承认的时候,才是真实的。你只是作为一个本身可以被看见的实体来观看,作为一个本身可以被感觉到的实体来感觉。世界只对于开放的头脑才是开放的,而头脑的门户是感官。"①为此,费尔巴哈大声疾呼,新的哲学就是要回到自然,回到人本身。人只有作为这样一种回到人本身的实体,才能完成费尔巴哈所坚持的那种思维与存在的真实的统一。

三、黑格尔思辨哲学自我矛盾之发现

费尔巴哈认为黑格尔思辨哲学充满矛盾, 他认为黑格尔哲学在它的开端和出发点上其实就是一个矛盾,这个矛盾的集中体现为真理性与科学性、本质性与形式性、思维与写作之间的矛盾。黑格尔把预先提出来当作中介和

---

① 《费尔巴哈哲学著作选集》(上卷),荣震华、李金山等译,商务印书馆,1984 年,第 181 页。

环节的东西设想为绝对理念所规定的东西，绝对理念在得到形式上的证明之前已经被实质的证明了。所以这里的证明恐怕只是一种形式的证明，这表明在黑格尔哲学中，观念是从不真实的现实中产生的，这样又使得观念和存在的关系变得模糊了，而存在本身就是以自身为对象的自为的观念，它不以现实为对象，这就产生了开端或出发点上的矛盾。

黑格尔对绝对的证明原则上只具有形式上的意义，中介也只是一种形式的中介。在费尔巴哈看来，被思辨哲学从绝对那里剥离出去、排除出去的有限事物，或经验事物领域内的一切规定、形式、范畴，或用其他名称所表称的东西等，恰好包含着有限事物的真正本质，包含着哲学的真正的秘密。而当黑格尔哲学的开端——"存在"——一开始就被设定为理念时，当理念的整个展开过程——辩证的中介过程——从根本上来说不过是纯粹抽象的思维形式或逻辑范畴的运动时，黑格尔哲学的实质便最终地且充分地表现为思想的"内部自身"，而这种内部自身也就是意识的内在性。这样看来，黑格尔的绝对理念终于取消了它的中介过程，并且把整个广大的"存在"总括为一个理念。这同样意味着在全部思辨推理中，黑格尔的逻辑把我们引回到自身，引回到人的内在的认识活动之中。

在费尔巴哈看来，虽然黑格尔批判主观意识，但实际上思辨的思维也只不过是一个完全无内容的抽象形式，就像黑格尔在其逻辑学中反复强调的，黑格尔的思辨哲学就是一个与之相适应的概念的、反思的世界。在黑格尔那里，虽说绝对理念要求得到证明，但它在得到形式上的证明以前，实质上已经是被设定的了。黑格尔的哲学不只是绝对理念的哲学，同时也是绝对方法的哲学，这二者实际上只是同一件事的两种不同说法罢了。"形而上学或逻辑学只有在不脱离所谓主观精神的时候，才是一种真实的、内在的科学。形而上学是秘传的心理学。只从性质本身考察性质，只从感觉本身考察感觉，将它们分裂成为两种特殊的科学，好像性质是脱离感觉的东西，感觉是脱离性质的东西,这是多么任意,多么粗暴。"①所以费尔巴哈多次强调黑格尔的绝对精神也只是抽象的、与自己相分离了的所谓有限精神,黑格尔所坚持的,就如同神学所坚持的无限本质只是抽象的有限本质一样。所以费尔巴哈对绝对精神的批判与对宗教神学的批判是同样入木三分的,在对二者的批判方法上也别无二致。

黑格尔所主张的绝对精神是借助于艺术、宗教、哲学来显现或实现的。费尔巴哈更加直率地评论黑格尔的绝对精神:艺术、宗教、哲学的精神就是绝对精神。但是费尔巴哈强调不能简单把艺术和宗教与人的感觉、幻想和直观分离开来,更不能把哲学与思维分离开来,这就如同绝对精神与主观精神或人的本质不能被简单分离开来一样。过于强调绝对精神,黑格尔必然既不能重返旧的宗教神学观点,又不能将绝对精神当作一种与人的本质有本质区别的精神,黑格尔只能将绝对精神当作一种在我们以外存在着的幽灵而使自己迷惑的精神。绝对理念自己证明自己,而这种证明就是辩证法,亦即中介过程。虽然黑格尔的哲学博大精深,但是其核心、本质和基础却仍然是完全抽象的和形式主义的形而上学。

黑格尔哲学中的绝对理念就是强调作为绝对真理的无可怀疑的明确性,这个绝对理念是一种直接的真理,所以证明只是一种形式的证明。其实这就是一个矛盾,即绝对理念必须得到证明,但对于真理的内在明确性而言,证明又是多余的,因为存在已经是理念的明确性,就是具有直接性的理念,开端无非就是终结,终结无非就是开端,这还需要证明什么呢? 所以绝对理念对自己开端的无知是不可能的,是具有讽刺意味的,更是自相矛盾的。而当黑格尔哲学将理性绝对化为上帝之际,这种绝对化的理性便展开为逻辑图式主义,亦即构成一个神圣的逻辑学的天国,所以费尔巴哈对黑格尔这多此一举的做法是鄙夷不屑的,对其思想的批判也是一针见血毫不留情的。

---

① 《费尔巴哈哲学著作选集》(上卷),荣震华、李金山等译,商务印书馆,1984年,第104页。

在这个理性化的逻辑图示中，黑格尔的辩证法同样是歪曲自然秩序的辩证法，是非自然的方法，是概念的辩证法。费尔巴哈并不否认黑格尔哲学方法所具有的逻辑的和辩证的意义，但他指出："抽象就是假定自然以外的自然本质，人以外的人的本质，思维活动以外的思维本质。黑格尔哲学使人与自己异化，从而在这种抽象活动的基础上建立起它的整个体系。它承认将它分离开的东西重新等同起来，但是用的只是一种本身又可以分离的间接方式。黑格尔哲学缺少直接的统一性，直接的确定性，直接的真理。"①黑格尔的绝对精神是从人抽出来的精神，这种精神抛弃了人的本质，绝对精神是与人的地位同等的关系。所以一切事物貌似都包含于黑格尔哲学体系之中，但是这些事物经常都带着它的否定，它的对立物，这就是恩格斯所理解的黑格尔哲学体系和哲学方法的不同的关键所在。

尽管黑格尔确实力图深入于内容并且要求把握本质，因而他反对康德和费希特的主观主义，但当他把思想先行地规定为"事物的自身"时，事物便仅仅具有思想或思想物的意义。因为黑格尔也反对谢林的直接知识，即"理智直观"，思想或思想物在黑格尔那里虽然确实被辩证的过程所中介，但这一中介过程本身最终又仅仅是理性的规定、思辩的反思、逻辑的范畴，一句话，仅仅是抽象的思维形式。恰恰正是在这个意义上，费尔巴哈指出黑格尔的方法基本上或者至少在大体上就是费希特的方法，一种抽象思辩的形式主义。这种抽象思辩，因其脱离了真正的实在，脱离了自然，脱离了人，其辩证法充其量不过是"寂寞思想家的思辩独白"，因此费尔巴哈哲学基本上完全否定了黑格尔的辩证法，否定了黑格尔用以表述本质的矛盾观。在费尔巴哈看来，客观事物本身是没有矛盾的，无所谓对立统一。所谓矛盾、对立统一，也只不过是思维抽象的产物。比如，费尔巴哈认为对立物是借助于一个中间概念而出现的，这个中间概念就是对象，就是对立物的主体。如果我们

---

① 《费尔巴哈哲学著作选集》(上卷)，荣震华、李金山等译，商务印书馆，1984年，第104~105页。

将对立属性所依存的对象(主体)抽象掉,对立属性之间的界限恐怕就自然消失了,达到了统一。又比如相反例证,如果我们将存在只看成存在本身,将存在的一切特性都抽出去,那么所得到的只有存在本身,除了存在一无所有,这样存在便与非存在(无有)统一了。因此,费尔巴哈说:"对立范畴的直接统一,只有在抽象之中才是可能的和有效用的。实际上对立物总是通过一个中间概念而联系起来的。这个中间概念就是对象,就是对立物的主体。"①

费尔巴哈认为没有比指出对立属性的统一更轻而易举的事了,只须抽去这些对立属性的对象或主体就达到了。随着对象(主体)的消灭,对立物之间也就消灭了彼此的界限,所谓的对立物便成了无根据、无依靠、无对比性的东西了,主体和对象的消失导致对立物也立刻烟消云散了。费尔巴哈认为存在和无有之间的界限存在于其特性之中,如果抛弃了存在事物的特性,就如同将存在的东西同时抛弃了,恐怕这个单纯的存在也什么都不是了。所以以存在与无有为例,以及分析这种对立及其同一的情况,也同样普遍适用于思辨哲学中其余各种对立的同一的。所以如果简单地将存在只看成存在本身,并且将它的一切特性、一切属性都抽出去,那么所得到的自然只有那等于一无所有的存在,这不是自相矛盾吗? 费尔巴哈不赞同黑格尔关于矛盾双方互为前提的思想,即肯定中包含着否定,否定中包含着肯定的思想。他说:"将对立的或矛盾的特性以一种适合实际的方式统一于同一实体中的中介,只是时间。"②费尔巴哈发现了在人中间表现出来这样一种矛盾:现在这一种特性充满了一个人,支配了一个人,然而现在又有一种正好相反的特性也充满了这个人,支配了这个人。这个时刻、这个人正在经历着矛盾的痛苦,这两个特性俨然就是两个对立物,每一个都以它的全部特质和锋芒来刺激他,每一个都不断地排斥着另一个,此时此刻的人是多么的矛盾和无助、分裂和痛苦。如何摆脱呢? 恐怕只有当一个观念排斥另一个观念,一种感觉排斥另一

---

①② 《费尔巴哈哲学著作选集》(上卷),荣震华、李金山等译,商务印书馆,1984 年,第 177 页。

种感觉,最终得到一个决定,即得到一个恒久的特性的时候,这个人才真正摆脱了精神处在对立状态的折磨,这个对立状态是不断交替的、矛盾的、极端痛苦的状态。当然,伴随着这些对立特性同时在这个人体内统一起来,这些特性就中立化、迟钝化了,这是一个神奇的过程,这个过程就如同化学过程中的对立物,伴随着一个中立物的诞生,对立物的特性差别很快在一个中立物中消失了。

按照费尔巴哈的理解,一个事物可能有不同的,甚至是相反的属性,但是这些不同的或相反的属性之间并没有内在的联系,而是在各不相同的时间里出现的。比如下面这个例子,如果一个人是一个音乐家,又是一个著作家,并且还是一个医生,这种情况是可能的。但是这个人绝不可能在同一时间内既演奏,又写书,还治病。因此,费尔巴哈说:"在同一个本质中统一对立面、矛盾的手段,不是黑格尔的辩证法,而是时间。但是,与上帝之概念相结合、而与人之本质区别和分离开来的无限多的各不相同的宾词,乃是一种没有现实性的表象。一种单纯的幻想,它是感性之表象,不过缺乏基本条件,缺乏感性之真理性,——这种表象是直接跟属神的本质——作为精神的、也即抽象的、单纯的、唯一的本质——相矛盾的;因为,上帝之宾词,其特性正在于:我有了其中一个就也同时有了其他的一切,因为它们中间并没有实在的区别。所以,如果我不能在现在的宾词中得到未来的宾词,不能在现在的上帝中得到未来的上帝,那么我也不能在未来的上帝中得到现在的上帝;它是两个不同的存在者。但是,这种差异性,却正是跟上帝之唯一性、统一性和单纯性相矛盾的。"[①]

这种撇开时间过程的抽象思辩的形式主义必然导致逻辑学的神秘虚构性。费尔巴哈认为黑格尔的逻辑学本身就是一种无中生有的逻辑结构,这可以说是对黑格尔最为无情和彻底的批判,因为我们都知道,黑格尔的哲学体

---

① 《费尔巴哈哲学著作选集》(下卷),荣震华,王太庆等译,商务印书馆,1984年,第49页。

系就是包含了逻辑学、自然哲学和精神哲学三个主要部分,而自然哲学和精神哲学无非又是逻辑学方法体系在自然和精神两个具体范畴的应用,二者是自成体系的。在某种意义上来看,逻辑学包含了这两个自成体系的范畴,所以费尔巴哈对黑格尔逻辑学的批判,无异于是对黑格尔哲学的彻底否定。费尔巴哈认为逻辑学本身便是"无中不能生有"的原理罢了,而且费尔巴哈进一步揭露出无中生有只不过是奇迹发生的第一个条件而已,现实中发生的每一个奇迹哪个又不是无中生有的呢? 可见,费尔巴哈对思辨哲学中的自我的批判是非常深刻的。费尔巴哈质疑了黑格尔的哲学前提,黑格尔的逻辑学以毫无规定性的纯"存在"为开端,这样的哲学起点是虚幻且无意义的。

哲学的根本研究对象是客观存在物,而绝非纯粹的经验意识,这是我们普遍接受的一个现实性问题。其实人们不能够从理性经验中得到一切真理,相反,这些真理可能而且一定来源于真实的客观存在。根据费尔巴哈的观点,真正的哲学应该是对这些经验事实的否定,主观的经验意识可能为我们提供相应的例证,但是它们不可能成为哲学真正的理论依据。如果存在必须附加在思维的客体上,那么思维本身也必须附加上一种与思维不同的事物。

四、绝对理念必然导致存在的时间性的丧失

费尔巴哈认为,黑格尔哲学的绝对性必然要以丧失时间性为代价。他提出我们必须要坚持时间的静止原则,因为在黑格尔那里,他的绝对理念是一种对理性的合理把握。我们所说的客观存在物是建立在空间与时间的基础之上的,我们在一定程度上否认时间与空间,但并不是对二者的完全否定,我们只不过是对其加以限制而已。空间的存在是最初的存在,没有时间的发展,也就等于不发展的发展;只有一种发展的、在时间中展开的实体,才是一种绝对的实体。黑格尔强调,空间与时间使我们的哲学变得更加合理,人不

应该将历史绝对化,历史是处在变化中的,限制时间与空间并非力求将历史理解为一种固化的存在,他认为那样的理论是僵化可笑的。

但在费尔巴哈看来,黑格尔的历史发展观由于其时间性的丧失本身就是对历史发展的消解,黑格尔认为发展的最后阶段包含着以前的发展阶段,否定了先前这些阶段的对立性和自由,先前的阶段就像影子一样存在于时间中和绝对阶段中,没有任何的空间规定性。但事实上在自然界中每种东西都有空间的规定性,每个发展阶段都有其空间上的独立性和自由,都具有历史意义,同时是宇宙总和的一个环节。然而当黑格尔断言自己的哲学是绝对的时候,理性和时间也就随之终止了。费尔巴哈的历史方法所采取的形式本身其实只不过是"排他的时间",他忽略了"宽容的空间",也就是说,黑格尔的历史原则只有"时间"的"专制主义",而缺少"空间"的"自由主义"。这就如同把上帝设想为一个在一定的时间内,以一定的形象显现,时间和空间本身也就被消灭了,一切都是那最初设定的自我展开而已,人类只是在等待世界的灭亡。这样看来上帝的化身与历史是彼此绝对不相容的,只要上帝走进历史,历史就终结了。黑格尔哲学把历史归结为绝对理念的逻辑延展,从一个最初设定(纯存在)出发用排他的时间性排除了理性思维在空间上的独立性和自由性,这本身同样是一种貌似历史的非历史观,费尔巴哈对黑格尔的历史观持批判观点。因为如若像黑格尔所主张的,历史被先行地预设、压缩、安排在一种逻辑图式中时,那历史也就不再是真正的历史,而只是被神圣化在天国里的"历史",亦即真正说来是非历史的和反历史的"历史"——天国和历史是绝对自相矛盾的:只要天国是历史的,那它就不再是天国了。

对于黑格尔的这种历史观,费尔巴哈针锋相对地指出:只有一种发展的、在空间和时间中展开的实体才是绝对的实体,这个实体就是人本身。因为假如一个地方没有限制、没有时间、没有痛苦,那么这个地方也就没有性质、没有力量、没有精神、没有热情、没有爱,人本身离不开空间和时间。费尔巴哈坚信只有感到痛苦的实体才是必然的实体,因为没有痛苦的实体是一种没有根据的实体,这种实体是一种无感觉、无物质的实体。同理没有需要的存在必然也是多余的存在,什么需要都没有的东西,那恐怕也就没有存在的价值和意义了。所以只有能感觉到痛苦的东西才值得存在,费尔巴哈充分认识到只有经历着丰富的痛苦经验的实体才是神圣的实体。如果实体是没有痛苦的实体,那么这个实体就必然是一种没有实体的实体。"一种哲学如果不包含被动的原则,一种哲学如果对无时间的存在、无期间的生存、无感觉的性质、无实体的实体、无生命无血肉的生命进行思辨——这样一种哲学,就与一切关于绝对的哲学一样,是一种绝对片面的哲学,必然要与经验相对立。"①黑格尔逻辑学的本质是人和自然的本质,但是这里却没有本质、自然和人。因此,在费尔巴哈的眼里,黑格尔的绝对哲学、绝对精神只不过是哲学发展历程中的一个特殊环节和特殊阶段而已,就像自然界在时间和空间中的一个发展环节。这一个环节不能代表类的存在,特殊性不能代表普遍性。

费尔巴哈认为使教徒们和最初的基督徒们相信世界行将毁灭,显然这是与教徒们相信上帝化身为人是有最密切的联系的。上帝一显现,时空就没有意义了,因为在这里时间和空间本身也就已经被消灭了,随着上帝在某个特定的时间内以某个特定的形式显现,教徒们除了等待世界的真正终结外还有什么意义呢? 在这样的前提下恐怕历史是再也无法设想的,上帝化身和历史是彼此绝对不能相容的,只要上帝本身走进了历史,只要上帝显现,历史必然就结束了。费尔巴哈强调,然而历史仍在继续进行,历史没有终结,那么上帝化身的理论就被历史本身所消灭掉了。所以若有人还坚持认为上帝的显现在另外某个时代的话,显而易见的,上帝的显现是一种传说和故事罢了,那时候的上帝只是一个表象和回忆的对象而已,上帝显然就失去了明显的神性特征,费尔巴哈主张恐怕在以后的时代,上帝也就只是一个传说、一

---

① 《费尔巴哈哲学著作选集》(上卷),荣震华、李金山等译,商务印书馆,1984年,第110页。

个故事而已。这样神的奇迹演变就流传成了一件往事和一个美好的生动故事,恐怕神的奇迹也不能称之为奇迹了。

正如世人所说,时间泄露一切秘密,时间让神明体无完肤地存在着。因此,费尔巴哈强调:"一种历史现象如果是上帝的实际显现和化身,这种现象——只有这种后果才能证明这种现象——就应当像太阳扑灭星光、白昼扑灭我们夜间的灯火一样,把一切历史的灯火熄灭,特别是把教堂里的烛火熄灭,而以自己迷人的天上的光辉照耀整个大地,成为一个绝对的、无所不在的、对一切时代的一切的人直接显现的现象。"①因为凡是超自然的具有神性的东西,都必须具有超越时间的特性,超越一切时间的界限而独立地产生作用和影响,但凡是毫无惭色地依靠自然的途径流传的或者依靠口头或文字的传统为途径保存和流传的,必然其本身只具有间接的来源,永远达不到神的高度,永远只能属于自然的等级罢了。

五、黑格尔思辨哲学的宗教神学性质

在费尔巴哈看来,黑格尔的思辨理性从一开始就把自身理解为并在整个发展过程中把自身建立成一个抽象的精神世界。说它是精神世界,是因为它只是思维的自我运动;说它是抽象的,是因为尽管它构成具体的思维规定或具体的思辨环节,但这些规定或环节却始终只是纯粹思维的形式——逻辑图式。费尔巴哈认为黑格尔的这个逻辑图式既是理性的,同时也是神学性质的,确切来说是神学的理性表达和证明。在 1842 年《关于哲学改造的临时纲要》一书中,费尔巴哈明确指出,黑格尔的逻辑学是理性化、现代化的神学,是化为逻辑学的神学,黑格尔这个神学的秘密其实就是人本学,思辨哲学的秘密则是思辨神学。在神学中作为上帝的上帝,作为抽象实体的上帝是

---

① 《费尔巴哈哲学著作选集》(上卷),荣震华、李金山等译,商务印书馆,1984 年,第 48~49 页。

非人性、非感性的,这个上帝只能为理性、理智所接受,只是理性的本质自身。但是这个本质被普遍神学或有神论凭着想象力设想成为一种与理性不同的独立实体,由此就产生了一种内在的、神圣的必然性,这就是把与理性不同的实体与理性等同起来,事实上两者是同一的,因而上帝的本质必须被作为理性的本质而被认识。在《关于哲学改造的临时纲要》一开始,费尔巴哈就提到了近代哲学的任务就是将上帝现实化和人化,就是将神学转变为人本学,这个过程就是神学溶解为人本学的过程。费尔巴哈这个主张在学界一直是被普遍接受的观点。

费尔巴哈将新教高度凝缩为上帝人化的宗教方式,这确实是对新教的浓缩化表达。费尔巴哈强调新教里的基督是作为人的上帝、人性的上帝或新教的上帝。新教的关注点不像旧教那样在上帝自身这个问题上面,新教脱离了宗教的视角,它的视角恰恰是人的视角,即新教所关心的仅仅是对于人来说上帝是什么的问题,因此新教是宗教的人本学,并不是像旧教那样的神学。所以在实践方面新教是否定上帝自身或作为上帝的上帝之思辨的、冥想的趋向,但是在理论方面新教也不是因否定上帝自身而存在的。新教仍然承认上帝自身是存在的,但是费尔巴哈强调这个存在不是赋予宗教信仰的人而存在,这个存在是一种彼岸的、天国的实体,而且只有在天国里这种实体才能成为人的对象。

费尔巴哈发现在宗教彼岸的事物,乃是在哲学此岸的事物,由此不是宗教的对象的东西,就正是哲学的对象:"用理性或理论去论证和溶解那对宗教是彼岸的、不是宗教的对象的上帝,是思辨哲学系的任务。"①费尔巴哈认为思辨哲学的重大历史意义就建立在这个必然性上面。黑格尔哲学和神学一样都使人的本质和人相分离,如果说后者把人的本质变成绝对的神的实体,那么前者就是把人的本质变成绝对的世界观念。因此,黑格尔哲学不过

---

① 《费尔巴哈哲学著作选集》(上卷),荣震华、李金山等译,商务印书馆,1984年,第122页。

是以思维形式表现出来的神学。

　　关于黑格尔哲学中的宗教神学特征，费尔巴哈是这样分析的：神学的神圣实体是一切实在性的抽象总体，这样自然中的一切事物也可以在神圣的逻辑学天国里再现。费尔巴哈侧重于从心理学观点批判黑格尔思辨哲学的绝对或无限，他认为思辨哲学只不过是不加规定的、不确定的、抽象的东西，这样思辨哲学被看成一种与这种抽象相异而同时又与这种抽象等同起来的实体。从历史视角看来，黑格尔哲学可以被视为陈旧的、非确定的、非物质的、先于世界的虚无，因此黑格尔思辨哲学与神学具有逻辑的一致性。黑格尔的逻辑学与神学对事物的考察方法也具有惊人的一致性，所以费尔巴哈将黑格尔哲学视同具有理性化、现代化和逻辑学性质的神学。因为神学的神圣实体是一切实在性、一切规定性、一切有限性的抽象总体，逻辑学也是这样的理想总体。根据费尔巴哈的观点，思辨哲学的绝对观念、绝对精神的本质就是实在化和理性化了的上帝的本质，思辨哲学本身其实就是倒立的神学，是真实和理性的神学。费尔巴哈认为上帝的主要特质或属性就是思辨哲学的主要特质或属性。我们认为在黑格尔哲学中，上帝的本质事实上不是别的，就是思维的本质，只不过黑格尔哲学将思维当成了神圣的、绝对的本质。

　　费尔巴哈将黑格尔哲学抽象为绝对哲学，并且鞭辟入里地揭露了黑格尔绝对哲学的秘密就是神学的秘密：神学就是从人的特性中剥去人的特性，这个特性就是人之成为人的特性，从而又将人的特性毫无遮掩地当成了上帝的特性，黑格尔绝对哲学也像神学一样，如法炮制了这一套。黑格尔绝对哲学提倡的理性思维是对每个人所要求的；黑格尔从思维中将理性抽象出来，从而将理性思想塑造成绝对的。在黑格尔眼中，此时此刻的理性就不再是一个主观的东西，甚至理性也不再是一个客观的东西，理性通过那种抽象便变成了真正的自在之物，完全从那个能思想的东西里抽象出来，在对这一点的理解上，黑格尔与谢林是一致的。"那种被剥去了自己的特性的思维——主观性的活动即存在于这个特性之中——就是黑格尔逻辑学的本质。"①不过,费尔巴哈认为就思辨哲学作为上帝的现实化而言,既是对上帝的肯定,同时又是对上帝的扬弃或否定,如此它既是有神论,同时又是无神论,因为上帝只有在被设想成一种不同于人和自然的独立实体的时候,它才是神学意义上的上帝。

费尔巴哈进一步指出,思辨哲学的"创造"与神学的"创世"从根本上来说也是完全相同的。神学的本质是被排除于人之外的那种超越的本质,黑格尔的逻辑学的本质则是超越的、把人排除在外的人的思维。很明显,二者的立足点都是绝对的无限制的主观性,从而二者的所有工作便在于尽可能地证实这种主观性乃是完全超越于世界或外在于世界的本质性。所以费尔巴哈强调将思辨哲学颠倒过来就能得到纯粹的真理了。费尔巴哈将宗教神学颠倒的世界观颠倒回来,阐述了人的本质异化为上帝的过程,指出神学的秘密就在于人本身。

其实思辨神学与普通神学也是不同的,思辨哲学将普通神学由于畏惧、无知等而放在彼岸世界的神圣实体移置到了此岸世界,并使彼岸世界的神圣化的实体现实化和确定化。费尔巴哈强调,有神论认为是客体的,在思辨哲学这里却被认为是主体了;在有神论中被思想的,在思辨哲学这里无非就是理性实体自身。思辨神学或思辨哲学从思想上思想上帝,而有神论从感觉上思想上帝。费尔巴哈认为,思辨哲学与上帝之间并没有一种感性实体的观念存在,因为它们都可以毫无障碍地将被思想的、客观的实体与能思想的、主观的实体结合在一起。费尔巴哈分析了上帝从人的客体转变为人的主体,上帝转变为人的能动思维的自我过程。在他看来上帝是人的对象,而不是动物的对象,由此上帝也必须仅仅是人的对象。重要的是一个实体只有从这个实体的对象中认识,也就是说一个实体必须关涉对象,这个对象是这个实体

---

① 《费尔巴哈哲学著作选集》(上卷),荣震华、李金山等译,商务印书馆,1984年,第152页。

自己最明显的本质性表现。"草食动物的对象是植物，而由于这样的对象，这种动物的本质，就与其他肉食动物有所不同。又如眼的对象是光而不是声音，不是气味，而眼的本质就在眼的对象中向我显现出来。说某一个人是否看得见，和说某一个人是否有眼睛，是同样的意思。因此我在生活中也只是按照事物和实体的对象来称呼事物和实体。'眼是光的器官'。谁耕种土地，谁就是农夫；谁以打猎为生，谁就是猎人；谁捕鱼，谁就是渔夫，诸如此类。因此如果上帝是——其实必然地并且主要地是——人的对象，那么在这个对象的本质中所表示出来的，只是人自己的本质。"①费尔巴哈通过以上举例，生动说明了实体和对象的关系。

只不过普通神学将人的立场当作上帝的立场，思辩哲学则正好相反，是将上帝的立场当作人的立场，甚至于当作思想家的立场。费尔巴哈认为思辩哲学的上帝对于普通神学来说就是客体，这个客体与任何一种其他的感性客体相比较都是一样的。"人是将自己的思想和热情当作上帝的思想和热情，将自己的本质和立场当作上帝的本质和立场。思辩神学却将这种情况倒转过来。因此在普通神学中上帝是一种自相矛盾的东西，因此应当是一种非人的、超人的实体，然而按照他所有的定义看来，事实上他却是一种人的实体。在思辩神学或思辩哲学中则正好相反，上帝是一种与人矛盾的东西，上帝应当是一种人的实体——至少是一种理性的实体——然而事实上却是一种非人的、超人的亦即抽象的实体。"②费尔巴哈调侃道，超人一般的上帝在普通神学中只是具有说教性的花言巧语，这个上帝是一种可以被想象和幻想的"玩意儿"；可是在黑格尔思辩哲学中，这里的上帝则是无可辩驳的真理，是极其严肃的、崇高的实在。费尔巴哈由此揭示出思辩哲学之所以遇到激烈的矛盾，是由于思辩哲学将有神论中认为只是一种虚幻的、渺茫的、不

---

① 《费尔巴哈哲学著作选集》(上卷)，荣震华、李金山等译，商务印书馆，1984 年，第 126 页。
② 同上，第 128 页。

定的、遥远的实体——上帝,当作一种真实的、现实的,确定的、具体的实体。据此,费尔巴哈旗帜鲜明地指出,既然黑格尔哲学只是用"理性的说法"来表达神学学说,那么谁不扬弃黑格尔哲学,谁就没有扬弃神学,足见费尔巴哈对黑格尔思辨哲学与宗教神学的定位是没有本质差异的。

费尔巴哈之所以把否定黑格尔的唯心主义哲学看成是否定宗教神学的前提,是因为他看到了神学和唯心主义哲学相互转化的可能性。古代哲学转化为新柏拉图哲学(神学),就是这种转化的例证。在新柏拉图哲学中,物质失去独立性而变成观念和幻想的东西,思想是具有实在性的,理性是唯一的本质,人是虚无的存在。黑格尔将新柏拉图学派看作是观念的东西变为概念,表现出黑格尔哲学和新柏拉图学派存在某种血缘关系,由此可以证明黑格尔哲学是一部转化为逻辑过程的神学史而已。这样,费尔巴哈道出了黑格尔辩证法的秘密:用哲学否定了神学,又用神学否定了哲学,最终是企图借助哲学复兴业已衰亡的基督教。只有具体的存在才是真实的本原,存在的规定性是真实的规定性。一切想超出自然和人类的思辨都是浮夸,费尔巴哈认为,哲学的基础应该是自然存在,这一点是基本原则,是肯定的和毋庸置疑的。哲学当然是关乎整个现实世界的讨论,它应该是对自然总体性的一种科学把握。我们把自然当作思辨的对象是对自然的一种合理把握。如果我们错误地将自然理解为与道德相矛盾的一类事物,那么这种哲学自然是无意义的。

第二节　建立新哲学的努力

一、回归自然，回归人本身

费尔巴哈通过对自然的赞美与回归将哲学的基础建立在了现实之上，自然成为哲学与艺术的基础，自然造就了人及人的精神。费尔巴哈认为，克服思辨哲学和宗教神学的唯一途径就是回到自然中去，因为最深奥的秘密隐藏在最简单的自然物中，而思辨哲学与宗教神学与自然界离得都很远。唯心主义思辨哲学的认识论根源就在于它对哲学关于思维与存在、普遍和单一、抽象和具体、类和种的关系问题的不正确解决，即借助抽象活动将自然界和具体事物中抽象出共有的东西，再将这种抽象化的东西与具体事物分割开来，用普遍概念将其确定下来，作为独立的实体置于对象之先。因此，唯心主义者之所以将一般概念作为独立的本质置于具体事物之先，其根本原因就是他们的立足点是思维而不是感性，从而走向抽象化，再加上语言的本质和思维本身的特点，让我们感觉每一个词不是单一的东西而是某种普遍的东西。

回归自然是走出这种神秘主义的唯一途径，因为"自然界是精神的基础——不是因为自然界是黑暗而精神是光明，像神秘理论所说的那样光明只产生自黑暗，毋宁是因为自然界本身就是光明——那么自然界是有客观根据的开端，是哲学真正的开端，也就毫无疑问了。哲学必须从自己的反题，从自己的'他我'开始，否则开端将总是主观的，将总为自我所吞没"[1]。"自己

---

[1]　《费尔巴哈哲学著作选集》(上卷)，荣震华、李金山等译，商务印书馆，1984年，第87~88页。

的他我"就是作为人的认识对象的自然界,所谓"存在的存在"就是自然的本质,时间上的变化只能改变自然的外形,而不能改变自然的本质,因此只有把自然作为哲学的对象,才能使哲学走出自身的思维圈层。这意味着,一切科学必须要以自然为基础,一种学说如果在没有找到其自然基础前只不过是一种假设而已。费尔巴哈主张,哲学必须与自然科学结合起来,这样才能实现人的持久幸福。

回到自然,同时也意味着回到人本身,其实自然就是存在本身,自然与存在无区别,而人与存在是有区别的,因为没有区别的实体是有区别的实体的根据,所以自然是人的根据。然而正是由于人是与自然有别的实体,人能作为主体而位于思维与存在之间,才能真正使思维和存在达到统一。费尔巴哈认为一切关于法律、意志、自由、在人以外、在人之上人格性质的思辨,都是缺乏实在性的思辨。人是自由的存在、人格的存在、法律的存在,但只有具体的存在才是真实的本原,存在的规定性是真实的规定性。一切想超出自然和人类的思辨都是浮夸的,他认为:"哲学是关于真实的、整个的现实界的科学;而现实的总和就是自然。最深奥的秘密就在最简单的自然物里面,这些自然物,渴望彼岸的幻想的思辨者是踏在脚下的,只有回到自然,才是幸福的源泉。把自然了解成与道德上的自由相矛盾,是错误的。"①所以在费尔巴哈这里,自然不仅是人的根据,同时也是哲学的根据,费尔巴哈通过回归自然使得哲学思维的唯心主义空论回到了现实,从精神世界回到了人间。

二、"新哲学"的任务是从精神世界走向人间

基于对黑格尔哲学的上述批判,费尔巴哈致力于探索建立一种能够从黑格尔的僵死之精神中解脱出来回到有血有肉的精神中的"新哲学",使哲

---

① 《费尔巴哈哲学著作选集》(上卷),荣震华、李金山等译,商务印书馆,1984 年,第 47~48 页。

学从虚幻的精神世界降落到温暖的人间世界。他认为这种"新哲学"可以说就是黑格尔哲学的实现，或者说是以往哲学的实现，这就是一种超越的精神在费尔巴哈这里的体现。这个"新哲学"同时也是一种无任何矛盾的否定，这个"新哲学"的关键问题是对"存在"的理解，费尔巴哈认为"新哲学"将我们所了解的存在看作实际存在的实体，不只是看作思维的实体。费尔巴哈所创建的"新哲学"中作为存在对象的那个存在是一种感性的、直观的、感觉的、爱的存在。因此，费尔巴哈认为，存在事实上是一个直观的、感觉的和爱的秘密。

费尔巴哈构建的"新哲学"的任务就是从精神世界走到现实中来，因而这种"新哲学"是基于感觉的，建立在爱和感觉的真理之上，所以其基础只是提高了的感觉实体，因此"新哲学"就是用理性来肯定每一个现实的人在自己心中所承认的东西。这就是说，费尔巴哈的"新哲学"完全地将神学融为了人本学："新哲学"将神学融化于人的本质中、人的理性之中，只有成为有血有肉的真理才能被称之为真理。费尔巴哈认为："具有现实性和总体性的实际事物，新哲学的对象，也只是一种现实的和完整的实体的对象。因此新哲学的认识原则和主题并不是'自我'，并不是绝对的亦即抽象的精神，简言之，并不是自为的理性，而是实在的和完整的人的实体。"[①]如果按照黑格尔的逻辑体系，自在自为的统一在费尔巴哈这里就是有血有肉有情有爱的人，费尔巴哈强调理性的主体只是人，因此他特别强调思想的主体不是我，也不是理性，思想的主体是人。费尔巴哈的新哲学并不是以理性亦即自为的理性的神圣性为基础的，而是以真理性为基础的，亦即以整个人的神圣性为基础，新哲学强调的是从神圣性的理性回归于人，这样的人才是完满的人，有血有肉充满爱的人，这样的人才配称之为是具有神圣性的。

换言之，新哲学并不是以无本质、无色彩、无名称的抽象的理性为基础，

---

① 《费尔巴哈哲学著作选集》(上卷)，荣震华、李金山等译，商务印书馆，1984年，第180~181页。

而是以人的本质的立足点,这个本质是以饱饮人血的理性为基础的。因此,费尔巴哈揭露了旧哲学主张的只有理性的东西才是真实的和实在的东西这个观点的错误所在,倡导人本学新哲学的立场观点。费尔巴哈的人本学新哲学强调只有人性的东西才是真实的、实在的,因为这是符合人类理性的东西;归根结底费尔巴哈所坚守的核心理念就是人乃是理性的尺度。"新哲学完全地、绝对地、无矛盾地将神学溶化为人本学,因为新哲学不仅像旧哲学那样将神学溶化于理性之中,而且将它溶化于心情之中,简言之:溶化于完整的、现实的、人的本质之中。"①费尔巴哈充分认识到新哲学只是旧哲学的必然结果而已,他充分理解新哲学诞生的必然性,因为只有新哲学才是旧哲学新的、独立的、有血有肉的真理,最终导致旧哲学重新退回到了神学之中。费尔巴哈所构建的新哲学的真理性是融化于人的理智之中,融化于人的生活之中,融化于人的心情之中,融化于人的血液之中的真理。

　　"新哲学"不需要任何抽象的、形而上学的、神学的对象和实体,它需要的只是实在的、感性的实体。费尔巴哈认为最现实的本质、最实在的存在其实就是人本身,作为自身的现实原则,费尔巴哈"新哲学"的基本立场就是唯物主义的人本学立场,这个立场是与德国唯心主义传统相对立的。费尔巴哈宣称,这种"新哲学"是对理性主义和泛神论的坚决否定,"新哲学"是纯粹的真理——它没有暗号,没有特殊的语言,没有特殊的名称和特殊的原则;"新哲学"只不过是思维的人自己而已。费尔巴哈强调的人是存在的自然本质、历史的本质、国家的本质和宗教的本质。其实这个人是存在的,是一个综合而且复杂的存在,每个人都深知自己是一切对立和矛盾、一切主动和被动的东西,是精神和感性的东西,是政治的和社会的东西,是一种现实的绝对同一。费尔巴哈强调,那些被思辨哲学家、神学家从人分离开来的成为一种抽象本质的泛神论,其实也只不过是人自己的、可以被规定的、不确定的本质。

---

① 《费尔巴哈哲学著作选集》(上卷),荣震华、李金山等译,商务印书馆,1984年,第182页。

费尔巴哈"新哲学"的对象是具有现实性和总体性的实际事物,因此"新哲学"的认识原则和主题并不是自我,更不是绝对的、抽象的精神,而是实在的、现实的、完整的人的实体。费尔巴哈强调,是有血有肉有感情的"人"在思想,并不是"我"在思想,也不是"理性"在思想。如果自然可以被理解为一种客观的理性,那么哲学就可以被理解为一种最高的人的本质。这样就不难发现,在费尔巴哈这里人不再是一个特殊的或主观的实体,而是一个普遍的实体,一切想超出自然和人类的思辩在费尔巴哈看来都是浮夸,马克思主义哲学也是在这个基础上超越前人的,特别是马克思的人本主义哲学思想深受费尔巴哈的影响和启发。在这个意义上费尔巴哈的"新哲学"不以自为理性的真理性作基础,而是以人的真理性作基础的。它强化了只有人性的东西才是真实的、实在的东西,因为只有人性的东西才是具有理性的,而人就是理性的尺度。

第三章
费尔巴哈的宗教神学批判

　　在费尔巴哈的整个哲学体系构建中，宗教问题是他所关注的一个重要问题。费尔巴哈提道："在我的一切著作中，我无论如何也不放过宗教问题和神学问题；它们永远是我的思考和我的生活的主要对象。"①在费尔巴哈那里，对黑格尔思辨哲学的批判总是同对宗教的批判紧密地联系在一起的。因为在他看来，宗教不过是一种粗俗的唯心主义，而思辨哲学则是理性化、逻辑化的宗教神学，后者显然是对前者的一种理性的超越，但同时二者又具有内在的同一性。反对宗教的斗争就是反对封建压迫和专制制度最重要的精神堡垒的斗争，这个斗争应该具有一种彻底性，对宗教和思辨哲学都要无情斗争，这样才能真正构成对封建专制王权的彻底打击，马克思在其早期著作中也都集中对黑格尔哲学体系进行了深刻批判，这些思想上的批判其实也是政治的批判。费尔巴哈哲学的基本理论很大程度上要依靠他对宗教与神学的批判，我们一定要深刻把握这一点，这样也为我们深入进行马克思主义哲学的研究打下了坚实基础。同时，我们对于费尔巴哈哲学基本框架与价值维度的理解也要诉求于他对宗教的批判和对神学的批判。从根本上来说，理解费尔巴哈的哲学基本理论以及他的宗教神学旨趣必须立足于他的哲学理论核心，亦即"人本学"思想，其人本学思想本身就是构建在对宗教神学批判

---

① 《费尔巴哈哲学著作选集》（下卷），荣震华、李金山等译，商务印书馆，1984年，第498页。

的基础上的，也就是在对宗教神学和思辨哲学的过程中完成其人本学唯物主义的构建。

第一节　费尔巴哈宗教神学批判的宗旨和特征

对宗教神学的全方位批判构成了费尔巴哈新哲学的重要理论生长点，费尔巴哈揭露的宗教神学的秘密，将哲学拉回到此岸世界。我们知道，费尔巴哈在进行宗教神学批判论述时无论是对于唯心主义，抑或是君主专制的政治制度都是持批判态度的，特别是通过宗教的批判进而批判君主专制制度，因为政治和宗教本来是相互利用的，在欧洲也不例外，对宗教的批判必然涉及政治批判。费尔巴哈认为，宗教和专制政治有很多相似之处，比如：君主专制制度类似宗教制度，国王类似上帝，他们都有森严的等级。当时，德国的社会政治情况是非常复杂的，所以宗教斗争在当时就是政治斗争，在费尔巴哈所处的时代，宗教神学批判始终是德国思想界理论活动的主要内容之一。这主要是因为基督教神学与德国普鲁士王朝的封建专制制度相契合，前者表现为封建专制制度的精神特征，后者表现为封建专制制度的政治特征。因此，对封建专制制度的政治批判就离不开对宗教神学的精神批判。青年黑格尔派的思想家，如施特劳斯、鲍威尔、施蒂纳等都从不同角度对宗教神学展开了批判。费尔巴哈以极高的理论热情投入到这个思想运动中，他给自己提出的任务是："用理性的火炬照亮宗教黑暗的本质，最后使人得以不再成为宗教曾经利用来压迫人民的幻想力量的玩物。"[1]

费尔巴哈深刻认识到要想对宗教神学进行批判，首先要否定人身体中那种天赋的宗教感情，他认为这是对各种宗教批判的必要条件。因为神学家

---

[1] 《费尔巴哈哲学著作选集》(上卷)，荣震华、李金山等译，商务印书馆，1984年，第28页。

一直惯用似乎与生俱来的宗教感情的方法来证明宗教基础是永恒的。费尔巴哈反驳这种宗教情感天赋论，他强调如果宗教感情天赋论的观点是成立的，那就不得不承认人的身体中确实应该存在着迷信、愚昧、懒惰这些特殊器官，但人并没有这些特殊器官，所以人并不是先天的具有宗教感情的动物。可见，宗教是在一定的历史条件下产生的，是人类历史的产物。有些人认为宗教是偶然的，显然这种意见是不正确的，宗教的产生有着深厚的社会历史基础，对宗教进行斗争决不能掉以轻心。所以人们必须承认对宗教的幻想和迷惑有着深厚的人类生活基础，准确而深刻地挖掘宗教产生和发展的原因是对宗教进行深刻、严肃、科学批判的必要条件和手段。准确而深刻地挖掘宗教观念的根源离不开人们的生产生活条件，更离不开人类历史发展进程，要依据这些条件深入到人的意识的折射中去探求宗教的根源与线索，这就是费尔巴哈对于宗教根源问题的一般的、唯物主义的立场观点方法。

一、指向宗教感情

费尔巴哈对宗教神学的批判首先指向普遍存在于欧洲民众心理中的宗教感情。他把宗教分为两类：一类是异教或自然宗教（多神教），是人在发展的早先阶段就有的；另一类是正教或基督教（一神教），虽然出现时间较晚，但是根据费尔巴哈的意见，这两类宗教有着共同的本质，虽然它们具有各自特点和产生原因。神是它们的共同本质，它们彼此相异只在于对神本身到底是什么的观念不同。这表明，人们的宗教感情是由来已久的，神学家也总想利用这种似乎与生俱来的宗教感情来证明宗教的基础是永恒的、不可动摇的。因此，批判这种让常人看来似乎是某种天赋的宗教感情乃是批判宗教的必要条件。

费尔巴哈认为，任何宗教都是把人自身的本质放到人以外，并将人的本质设定为另一存在者。人的目的不应该在自然之后，这样的实践是不自由的。费尔巴哈指出,宗教生活中一切人都以自己的私欲作为行为准则。这样与原始状态下一切人反对一切人的状态并没有什么不同。现代社会应该去除这种愚昧的生存方式。费尔巴哈认为宗教永远不了解思想家的欢乐,不了解自然科学家的欢乐,更不了解艺术家的欢乐,因为宗教是缺乏宇宙观的,缺乏对类的意识,更缺乏对实实在在无限的东西的意识,宗教有的只是所谓的宗教意识且以信仰的方式来观照世界。所以宗教只在上帝那里才貌似补偿了在生活方面的种种缺陷,补偿了由现实生活提供给理性直观的无限丰富的本质内容。根据费尔巴哈的宗教观念,上帝是失去了的世界之补偿,是纯粹的直观,是理论之生命。

为何费尔巴哈得出这样的结论呢? 费尔巴哈认为实践的直观是不洁的直观、是被利己主义所玷污的直观,在这样的直观中,作为主体的我是完全以自私的态度来对待外在于我的世界的;这个实践的直观是一种不能在自身之中得到满足的直观,我并不把实践的对象看作是跟我自己相互平等的。费尔巴哈认为理论的直观与实践的直观是不同的,理论的直观是一种充满喜悦的直观,是一种在自身之中得到满足的福乐的直观;因为理论直观热爱和赞美着自己的对象;理论直观秉持着一种不言自明的喜悦感,这种喜悦感在自由知性之中,理论直观的对象则显得清澈透明、高贵典雅。由此,可以将直观二分为理论直观和实践直观,理论直观属于美学直观,而实践直观却属于非美学直观。"宗教因为缺乏美学的直观,故而需要在上帝里面得到补偿。在宗教看来,世界原本就是虚无的,一切对世界的赞美、直观,尽都是偶像膜拜;因为,在它看来,世界只不过是一件被造出来的成品而已。因而,上帝是纯粹的、无瑕疵的,亦即理论的或美学的直观……上帝是虔诚者客观地对待的对象;在上帝里面,他为了他自己而把对象看作是对象。在宗教看来,理论之普遍本质成了特殊本质。"①这样,费尔巴哈就把对宗教的心理学分析作为

---

① 《费尔巴哈哲学著作选集》(下卷),荣震华、王太庆、刘磊等译,商务印书馆,1984年,第236页。

自己理解宗教问题的出发点和基本方法,他还提示说,不应当把他的方法同主观主义者的方法混同起来,主观主义者并不是从现实的事物和现实的现象对我们的影响中引导出我们的心理内容。他所要求的是必须同对象相结合的心理学,这种心理学不把人的心理的、主观的感受同周围环境割裂开来,而是要在独立于人之外的客观世界中及在这个世界对人的影响中寻找宗教的形象、观念和意识的原因。

二、指向宗教与唯心主义的关系

在费尔巴哈看来,任何唯心主义理论与任何宗教神学都有着共同的逻辑根源,即把思维同感觉的、具体的存在割裂开来。二者的共同特征就是认为抽象的、非感觉的、非物质性的本源对具体的、感觉的、物质性的本源来说是第一性的。唯心主义把人类思想转化为独立的实体,于是这个实体就从思想中,即从神性的、万能的思想实体中抽引出整个具体的经验世界;宗教神学则是把人的本质转化为高于一切人的神圣实体,并从这个神圣实体中抽引出整个经验世界。由此可见,宗教神学和唯心主义是互相保护和互相支持的两个密不可分的同盟。宗教为唯心主义辩护,因为神学家对上帝存在的信仰也就是对唯心主义的神学论证环节;唯心主义者用来证明精神独立于物质的那个论据同时也就是上帝存在的论据,是对上帝的思辨性、哲学性的论证。

当然,费尔巴哈并不否认宗教神学与唯心主义哲学之间的重大差别。而且二者是必然存在重大差别的,基督教神学把上帝设想成居留于人和人的理性以外的有个性的精神实体。费尔巴哈在反对唯心主义和宗教的斗争中,彻底坚持了唯物主义原则,但他也非常清晰地证明了唯心主义和宗教神学的共同性。费尔巴哈发现唯心主义和宗教的逻辑根源都在于思维同那种感觉的、具体的、现实的存在的分离。唯心主义注重一般概念的抽象过程,这个抽象过程一般是从概念上升到理念的过程，虽然理念本身也包含着一定的主体的实践成分和内容，但总体上讲唯心主义还是严格分割了一般概念及其物质基础，并把概念转化上升为独立的实体，可见唯心主义所倡导的实体是脱离人的感觉的、具体的、现实的实践活动的实体。费尔巴哈发现唯心主义和宗教的特征就是它们认为抽象的、非感觉的、非物质的本原对具体的、感觉的、物质的本原说来是第一性的，这可以说是对费尔巴哈之前的德国古典哲学的颠覆性解释。而且费尔巴哈特别强调唯心主义正如宗教一样，将自然界与抽象观念本末倒置，这里人类思想转化为独立的实体并高高在上，但这抽象观念本身并不是真正的实体，但是思辨哲学家和宗教神学家们却仍然坚持具体的经验世界是从神性的、万能的思想根源中抽引出来的。宗教替唯心主义辩护，唯心主义也替宗教辩护，费尔巴哈揭示出宗教和唯心主义是互相保护和彼此支持的天然同盟者。这两个同盟者惺惺相惜：神学家对上帝存在的信仰和论证也是唯心主义的神学论证；唯心主义者用来证明精神独立于物质的那个论据同时也就是有利于上帝的论据，其论证过程也是宗教的思辨的、哲学的论证过程，这样费尔巴哈强调并说明了宗教神学与唯心主义具有共同的思想特性和二者起源的高度一致性。

　　费尔巴哈还提到了宗教和唯心主义的思想之间存在着巨大的差别，虽然由于种种条件限制，费尔巴哈揭示出的这种差别没有触及宗教和唯心主义的本质，却让人达成这样一个共识：唯心主义哲学同基督教比较起来毕竟是朝一种前进方向迈近了一步。"基督教神学家把上帝设想成居留于人和人的理性以外的有个性的精神实体。费尔巴哈认为近世唯心主义哲学的意义就在于它用理性、思维代替了抽象的、超世俗的上帝、使理性和思维接近于对人类的'我'的理解。"①这表明近代唯心主义哲学同基督教比较起来的确是前进了一步。但是这个差别并没有触及宗教和唯心主义的本质，由于唯心

---

① 《费尔巴哈哲学著作选集》(上卷)，荣震华、李金山等译，商务印书馆，1984年，第24~25页。

主义哲学和宗教具有共同的逻辑根源,所以唯心主义哲学没有克服,也不可能克服宗教,想要消灭宗教就必须消灭唯心主义。费尔巴哈以康德哲学的唯心主义为例进行了分析。根据康德的观点,外在于人的事物是受理智的支配,不是理智受外在于人的事物的支配,因此康德唯心主义不是别的,就是上帝理智这一观念的现实化表现;康德坚信上帝的理智并不是由事物所决定的,相反事物是由上帝的理智所决定的,这就是康德唯心主义学说的特点之一。费尔巴哈进一步分析,假如人们否定唯心主义,那么也就同时否定了上帝,因为上帝是唯心主义最初的那个"创始人"。

费尔巴哈认为康德的唯心主义不是别的,康德的唯心主义就是理性的有神论。同时,康德的唯心主义还是一种有限制的唯心主义,是一种建立在经验论基础上的唯心主义。在经验论看来,上帝就只是一种存在于观念中和理论中的实体,而不是一种事实上的实体。在康德哲学这里,上帝是一种先验的自在之物,而不是一种经验论的事物,因为经验论的事物是那些经验的、实际的事物。经验论主张物质是经验论思维的唯一材料,所以在经验论这里上帝如果是存在的,也只不过是一块白板,一种思想,一个空虚的实体,而不是上帝自身。当然,康德的唯心主义还是一种具有有神论标识、受有神论支配的唯心主义。费尔巴哈作出这样的分析:"我们事实上早已从一种事物,一种学说,一种观念中解放了出来,但是在头脑中我们还没有得到这种解放;这种东西在我们的实质里已经不是真理了——也许从来就不是——但是它仍然是一种理论上的真理,就是说:是我们头脑的一重限制。因为头脑以事物为最后基础,头脑最后也要得到解放。理论上的自由,才是最后的自由,至少对于许多事物来说,是如此的。"[1]可见,有神论在康德唯心主义哲学中是非常重要的一个特点,也正是由于这个密切的联系,有神论成为康德哲学的一个内在性的束缚。足见费尔巴哈对康德哲学之深刻的理解和把握

---

[1] 《费尔巴哈哲学著作选集》(上卷),荣震华、李金山等译,商务印书馆,1984年,第144页。

也是深刻的、清晰的。

可以说以往的哲学属于基督教衰败时期，但是以肯定的形式保存基督教的愿望并未消失殆尽。如黑格尔哲学就是以表象和思想之间的矛盾为借口，掩盖了人们对基督教的否定。黑格尔哲学用指出基督教在其原始的和完成的两种形态之间的矛盾的方法，把对基督教的否定弄得暧昧不清，这也不可能真正否定基督教本身。在费尔巴哈看来，原始的基督教是不可避免的，是没有什么纠缠不清的，宗教在它保存着自己原始的本原的意义时仍继续存在。最初的宗教是火、毅力和真理，但这样的最初的宗教逐渐疲惫了、削弱了、荒芜了，也更加被冷漠了。为了调和脱离宗教的实际情况与化解宗教自身的矛盾，进而改变宗教的命运，唯一可以做到的就是要改变古老的圣书。基督徒采取这样一种办法，他们在自己的神圣文献中，把和这些文献绝对抵触的思想加进来。这种方法当然是漏洞百出和粗糙不堪的，于是唯心主义哲学在这时就挺身而出，让宗教神学在人的理论思辨中复活，黑格尔的思辨哲学其实就是这样做的。

三、回归哲学本身

通过对宗教神学的批判使费尔巴哈回归到哲学本身。显然，在他看来，宗教神学的秘密就在哲学之中，因而要彻底揭穿宗教神学的奥秘，就必须回到哲学中，当然不是回到用思辨理性来复活宗教精神的思辨哲学，而是要突破思辨哲学的思维框架，创立一种能够以自然为基础的、以人本身为核心的"新哲学"。

费尔巴哈很早就有从宗教神学回归哲学的热切愿望。我们在他给哥哥和父亲的书信中可以发现一些线索。他充满激情地说道："亲爱的哥哥！我心里有千言万语，都应该写给你；但既无时间，也没有写信的兴致。只告诉你一件事：我已从神学转到哲学。哲学之外没有幸福！人只有在使自己满足的地方,才能满足别人,只有在他自信能有所成就的地方,才能有所成就。"①费尔巴哈认为自己的哲学嗜好保证了自己的哲学才能。费尔巴哈自从到达柏林之后就感觉自己的哲学修养取得了极大进步,他为自己成为有思想的人而感到愉悦和满足。在费尔巴哈看来思想一旦解除了藩篱的束缚,很快就会成为一股势不可挡的洪流,这股洪流让我们勇往无前。他在与父亲的信中也说道:

> 亲爱的父亲! 是的,那是千真万确的:我放弃了神学;但我放弃神学不是由于莽撞或者轻率;不是因为它不合我的脾胃,而是因为它不能满足我的要求,不能满足我所需要的必不可少的东西。我的精神到底还是不能就范于圣地,那蕞尔小国的褊狭疆界以内;我的心灵向往着辽阔的大世界;我的又饥渴又好胜的灵魂想要吞下一切。我的欲求简直是无边无岸的:我要把大自然,——那懦怯的神学家对它的幽邃到惊惶失措的大自然——我要把人,就是说把完整无缺的人——不是神学家、解剖学家或法学家而只是哲学家的对象的人——拥抱在我的怀里。——你应当和我一同高兴了,因为在我内心里开始了一种新的生活、新的时代;应该高兴,因为我从神学家这一帮人中逃脱了出来,并且又交了像亚里士多德、斯宾诺莎、康德、黑格尔这样有天赋的朋友。——如果想使我再回到神学去,不啻想抓住精神再放到它的已经死了的躯壳中去,使蝴蝶再回到蛹里去。②

费尔巴哈放弃宗教神学,转向对宗教的批判并非由于他从根本上反对宗教。而是因为宗教不能提供给他更大的理论视野与理论追求。在宗教神学

---

① 《费尔巴哈哲学著作选集》(上卷),荣震华、李金山等译,商务印书馆,1984 年,第 223 页。
② 同上,第 223~224 页。

中,自然的地位是极低的,这与费尔巴哈"新哲学"的理论基础是相违背、相抵触的。他认为神学在一定程度上使其视野受到了遮蔽,只有回归自然将重心拉回到现实存在,才可以获得更大的理论突破,而非拘泥于神学的小小的王国之中。可以说费尔巴哈的确是放弃了神学的,但这并不意味着他对神学的全部否定,当然更不是由于他对宗教神学的蔑视或不屑,而是神学不能够满足费尔巴哈渴望世界的更大愿望。他力求在自己的哲学体系建构中找到人的真正本质是什么,因为他知道这个本质并不在神学中,这就是费尔巴哈离开宗教神学走向自然和人的真实写照。

在《基督教的本质》一书中,费尔巴哈声称自己是作为一个精神上的自然科学家来写作的,因而他的"新哲学"是关乎人本质的哲学。他认为新的哲学范式转型应该充分考虑到人的生存境遇问题,新的哲学要求与人的生存相适应。在费尔巴哈看来人们不应该寻求一个超乎人存在意义的哲学,人类具体的生存环境和生存原则应该成为"新哲学"考虑的对象。以往那种超验的哲学其终极追求的初衷并没有什么不妥,只是那些过于抽象的理论建构并不是哲学最应该追求的东西。因而,费尔巴哈构建的这个"新哲学"说着属人的语言,费尔巴哈声明只有有血有肉的、人化了的哲学才是真正的哲学,言外之意,在此以前的哲学都不是真正的哲学。当然对于费尔巴哈的论断,我们自然不能一概而论地称其完全正确或完全错误,而应该用一个更为客观的评价标准或为人类普遍接受的标准对哲学和哲学史本身作以评价。

费尔巴哈确信自己是宗教神学批判的最佳人选,因为他确信自己的"新哲学"找到了批判宗教神学的武器。他在给自己朋友的一封信中说道:"亲爱的朋友! 我对你说:假若谁有责任,有权利判决宗教,那便是我;因为我不但是从书本上,而且也在生活中研究过宗教,也不仅是从别人——他们把宗教的根源和影响在好的和坏的一方面都给我具体地教示过——的生活,而且也是在自己的个人生活中认识的。当宗教还没有成为我在理论上的对象之前,它已是我自己实践过的对象了。"①费尔巴哈自认为是最有资格批判宗教神学的人,其实这个评价是非常中肯、准确的,这与费尔巴哈思想进路是有着不可分割的关系的。费尔巴哈批判残存在人们头脑中苟延残喘的成见是最让人难以摆脱的。但那些毕竟是没有生命力的成见而已,实际上融入自己血肉的东西并不涉及这些成见,仍然被保存的也不过是其内容而已。费尔巴哈认为就像人的血液不断地变换更新,所以不可能存在着任何永久不变的东西,因此旧有的神学思想及固有的唯心主义思想都会被抛掷在一旁。费尔巴哈以当时在学者的头脑里的箭石、菊石和无数其他的怪物为例,其实这些东西早已从人们的生产生活中消失殆尽,早已退化为较高级的动物的"血和肉"了。

费尔巴哈批判人们用"在上帝面前万人平等"这句话来阻碍人本学唯物主义的建立以及宗教神学的批判进程。他批判在宗教里,开化的民族无异于蛮族,贤者无异于愚人,有学识的无异于庶民,这些都是正反颠倒的。费尔巴哈反讽道:"因之,假如你不愿让卑微的、显赫的、有学识的和无学识的粗汉们都群起而侮辱你的话,那就对于揭露宗教秘密这一桩事还是守口如瓶的好。"②

当然,费尔巴哈对自己哲学体系建立的宗教批判意义是充满自豪与自信的。他批评那些所谓的机智的批评家们连费尔巴哈的作品形式都不了解,却想判断它们的内容了。其实在当今学界对费尔巴哈哲学的评价同样存在这个问题,这是令人感到非常懊恼的事情,对一个思想家只知其一不知其二,只知只言片语不知树木森林,这些人无异于费尔巴哈时代可笑的批评家们。费尔巴哈揭露这些批评家:"他们没看到,当我照料自己的患者时,我遵循着顺势疗法,而我当作指南所采用的基本原理,我并不用语言,而是用行

---

①② 《费尔巴哈哲学著作选集》(上卷),荣震华、李金山等译,商务印书馆,1984 年,第 241 页。

动,即只在事实上应用它们;他们看不见,我常常用否定的方法表现肯定的东西,又一般用间接的、暗示的、讥讽的笔调表示自己的意见,而且我自以为我最大的胜利正在于:我常把必然性的严肃改制成偶然性的巧妙轻装,把许多大开本书的内容轻妙地提炼到警句的馥郁里去,以致使一切哲学迂儒和有学问的庸夫非常不高兴。"①可以说这些批评家既没有走近费尔巴哈的思想深处,也没有走近费尔巴哈的生活世界,既不懂得现实社会,又不懂得历史背景,只是借助于他人的只言片语来继续自己肤浅的批评事业,这种类型的批评家是极其可笑的。

第二节　费尔巴哈宗教神学批判的内容

如前文所述,我们知道费尔巴哈对宗教的批判首先源于一种基于唯物主义立场对宗教神学的批判,是一种以批判宗教神学为基础的对哲学及政治哲学的一种决心。费尔巴哈是基于一种自然主义和人本主义的哲学立场展开对宗教神学的批判的,其目的就是要从人本学的意义上解释宗教的秘密,特别是基督教的本质,从而把人的宗教情感和宗教意识从神学精神的束缚中解放出来。我们理解费尔巴哈宗教神学批判的理论框架以及哲学意义、现实价值,首先要根植于费尔巴哈哲学的基本理论结构。因此,可以这样说,理解费尔巴哈宗教神学批判的基本内容与结构必然要从他的哲学本身"人本学"入手,只有将费尔巴哈的宗教神学批判与其人本学说联系起来进行分析研究才能真正理解费尔巴哈宗教神学批判的理论内容。

---

① 《费尔巴哈哲学著作选集》(上卷),荣震华、李金山等译,商务印书馆,1984年,第241~242页。

一、宗教产生于人的依赖感

费尔巴哈把宗教区分为原始的自然宗教和盛行于欧洲的正教或基督教。人们普遍认为自然宗教是人类最初的宗教,自然宗教的特点是强调实体的理念,当然这个实体是不依靠人的那些本质的实体,其实这实体真正说来就是自然本身,这也就是说,自然宗教所崇拜的就是自然。基督教则不同,基督教崇拜的不是自然,因为它把自然看成是由神造就出来的东西。也就是说,基督徒不再把自然当作神来崇拜,而是崇拜一个异于自然的东西,并把它当成自己的生命和存在的创造者与维持者,当成神圣的、最高的实体。而这个最高实体其实就是人本身,因为如果说基督教不是依靠对自然的崇拜来建立自己的信仰的,那么它所能依赖的必然是对人的自我崇拜,实质上是人的自我崇拜的一种表现。也就是说,上帝是人通过自身的思维能力构造出来的,是人的思维能力发展到极致的表现,然而在现实中,宗教却让上帝与人自身对立起来,人的价值被贬低,上帝却被无限地抬高,而费尔巴哈要做的就是重估这一切价值。

宗教的基础和源泉事实上就是源于人的依赖感,而宗教的目的却是摆脱依赖感。自然宗教其实就产生于人对自然的那种依赖感,并且人也感觉到自己所依赖的无非是自然本身。因此,可以说自然宗教没有什么其他的任务和目的,无非是要把一个不近人情的自然实体转化成一个平易近人的实体,或者说,为了方便达到人的目的而把自身冥顽的自然放在人的心中软化,这一点类似于教育和文化所抱的目的。教育抑或是文化是要在理论方面把自然变成一个可以了解的东西,在实践方面把自然弄成一个适合人、满足人的需要的东西;所不同的是文化借用从自然里面借鉴来的自然手段来达到目的,而宗教则不需要使用手段,即使是使用手段,也基本上是用祈祷、虔信、圣礼、巫术等超自然的手段来达到目的。这样,按照费尔巴哈的理解,人首先是自然的存在,人具有自然属性,总体来说,人是由意志、理性与自身的自然本质组成的统一体,神不过是人的一种理想化的存在。人首先应该根植于自然,人脱离不了自然属性,同时人又是自然与社会存在的统一体。因此,人脱离了自然环境之后就想要超越自然,而人又不可能从根本上完全超越自然。那么神就是人的一种外化的寄托,人企图通过神去超越自然。

从根本上来讲,人和自然在本质上是统一的。我们应该明白神是人的创造物,神的属性与形象是根据人的本性建立的。只不过在自然宗教中,神被人们赋予了更多的超出人类属性的美好愿望。人的幻想、人对幸福的追求以及人企图接受自然并且改造自然的理想被神的特点所展现出来了。但是费尔巴哈指出,在自然宗教中人的本质是异化了的本质。人类的追求与愿望被附着在一定的自然实体上,从而通过这些自然实体帮助人们实现自己不可能完成的一些任务。当然,可以明确的是在自然宗教中人本质的异化只是人本质的部分异化,并非是全部异化。因为即便在自然宗教中人的本质已经完全不同于现实世界中人的本质了,但是这些异化的本质毕竟是以人的原有本质创造出来的。因此,即使异化了的人的本质与人的真正本质有很大的区别,我们也不能完全否定其存在的合理性,费尔巴哈仍然主张辩证地批判与接受这种本质。

对于基督教来说,上帝的本质就是理性的或理智的本质。“上帝的特性或属性——当然是就这些特性之为理性的或精神的特性而言的——并不是感性或想象力的特性,而是理性的特性。”[①]费尔巴哈否认“上帝是无穷无尽的实体,是不受任何限制的实体”的说法,如果上帝是无限的,那么恐怕理性也是无限的,如果上帝是超出感觉范围的实体,那么理性也是超出感觉范围的实体。费尔巴哈强调如果除了感性的存在之外不能想象有其他的存在的人,则这个人只具有一个被感觉所限制的理性,这个人只具有一个被感觉所

---

① 《费尔巴哈哲学著作选集》(上卷),荣震华、李金山等译,商务印书馆,1984年,第123页。

限制的上帝。现实中的人们用理性将上帝作为一种无限的实体去思考,那也只是理性用它自己的无限性来思考上帝罢了。所以理性与上帝具有一致性的一面——凡是在理性看来符合上帝的实体,对于理性来说也就是真正的完全满足、完全适合理性的实体,根据费尔巴哈的理解,如果一种实体对于某种事物感到满足,则这种事物就是那种实体的对象。他举例说明:"如果一个人对于一个诗人感到满足,则他自己就具有诗人的天性;如果一个人对于一个哲学家感到满足,则他自己就具有哲学家的天性。一个人具有怎样的性质,则这种性质才能成为满足自己和别人的对象。"①不过,现实现象成为宗教的对象,并非由于这些现象在人的心里得到了相应正确的反映;相反只是在这些现象被人的意识所歪曲、曲解的限度内才为人所尊敬。自然、实在仅仅给予上帝观念以素材或材料,而把这些原始材料改造成神性实体的形式则是幻想和想象力的产物,所以幻想和想象力是宗教的理论根源,宗教想象力的特点在于它同诸多感情在内的依赖感紧密联系着。

费尔巴哈发现宗教赖以产生的依赖感是以人的利己主义为"最后的主观基础"。何为利己主义呢? 利己主义就是指人的那种想满足自己要求的愿望或那种实现自己的愿望、捍卫自己的意向。这样就不难发现,其实依赖感的背后无非就是利己主义,无非就是人们对满足自己需要的追求,无非就是人对幸福的追求而已。所以普遍的是,只有穷人才有富裕的上帝,只有不幸的人才最需要宗教。因为处境贫困的人和不幸的人渴望得到帮助、拯救,对他来说上帝正是他的愿望的实现。费尔巴哈认为:"在宗教里,人一面离开自己,倾向于上帝,一面却经常回到自身来;他一面规避现实生活,一面却终归要走向现实生活。"②费尔巴哈指出,自然界在人的生活中的作用是特别大的,更是不可替代的,因为人生存的原因、基础、根源就是自然界。人有什么

---

① 《费尔巴哈哲学著作选集》(上卷),荣震华、李金山等译,商务印书馆,1984 年,第 123 页。
② 同上,第 31 页。

理由不满怀虔诚之心地将自己的诞生和存在归功于自然界呢？所以费尔巴哈强烈主张人是自然界的一部分，人只能在自然界中生存着，人的存在离不开自然界，人的存在依靠自然界。由此费尔巴哈将自然界视同为哺育人的母亲，自然界对于人的这个作用正是自然界成为人最原初的上帝的根源和基础，假若有人相信上帝的力量，那么这个力量一定来源于自然界。

众所周知，人最古老、最传统的宗教无非就是崇拜自然界的宗教，表现形式就是自然宗教、偶像崇拜等。所以从根本上来说，人类社会恐怕只有自然界才能成为宗教崇拜的对象，原始宗教反映出人自己同自然界相统一，更多的是人自己对自然界的依赖。既然人永远存在于特定的条件中，所以也就不是依赖于一般的自然界。

当然，费尔巴哈没有意识到使人的依赖感得以产生的社会历史根源，而是倾向于把人依赖宗教的这种情感理解为人的自然的本性，把宗教的发展看成是与人性的依赖感的不同表现。人们不自觉其本身的力量，而崇拜自然，将自然物人化、神化，或者将思维与精神的作用看作是异己的力量，崇拜异己的精神即无所不在、无所不能的上帝，使自己从依赖自然转而依赖上帝。这就使费尔巴哈对宗教根源的分析着眼于自然根源和心理根源，这样的分析没有超出 18 世纪法国唯物主义者的视域，没有透过依赖感这种宗教感情去探究宗教产生的社会历史根源。依赖感的产生是一种情绪的反映，是人对于客观矛盾无能为力的情绪上的反映，这样的反映可以说是幻想上的满足。人的依赖感是在一定历史条件下，人们对自己的命运缺乏自觉、缺乏信心的一种心理状态。因此，依赖感成为一种宗教感情，其本身就是社会的产物，有其产生、存在和发展的社会历史原因。费尔巴哈仅从心理状态的视角看待并说明宗教情感，目的是要揭露宗教的虚伪性和虚幻性，但他没有看到，宗教作为一种社会意识形态是与社会的经济过程、政治过程、文化过程、人和人的交往过程紧密联系在一起的，因此要克服宗教现象就不能仅从宗教情感中寻找其根源，而应该是从宗教情感赖以产生的更为复杂的社会关系中探究宗教神学的社会基础。

二、上帝是人的本质的自我异化

费尔巴哈对自然宗教的分析为他对基督教的批判奠定了基础。他认为，多神教逐渐消失后，正教——基督教便占据了它的地位。基督教不仅把人和自然分隔开，而且把人和人也分隔开，把自己说成是神圣的、永恒的和全能的实体。像多神教徒赋予自己的神的那些特性乃是自然界的特性一样，基督教徒赋予自己上帝的宾词包括：无限性、绝对性、普遍性、不变性、永恒性、超越时间性、非依赖性、万能性和独立性，也不外是人的理性的本质属性，但神学却把他们想象为和理性不同的独立的实体。

费尔巴哈首先强调基督教与异教的本质区别，基督就是"主观性之全能，是从自然之一切束缚与法则中救赎出来的心，是弃绝世界、唯以自己为念的心情，是心愿之成全，是幻想之升天，是心之复活节"①，在费尔巴哈这里基督就是基督教与异教的区别。基督教只是过度地强调主观精神实体，而在异教徒心里并不是只有自己，异教徒并不逃避自然，这样就直接导致异教徒借助于对世界的直观来限制他们的主观性。其实古人对知性和理性也是极为推崇和赞美的，所以古人就非常宽容而客观地，允许异于精神的物质或自然存活着并且永远存活下去。然而基督徒们却走向了另一个极端，无论从实践层面还是在理论层面上都是极其专横的，他们排斥自然的存在，以确保他们永恒的主观生命永续存活下去。

费尔巴哈发现古人并不受自己束缚，或者对自己都漠不关心、超然脱俗，这是古人对自由的表现方式和诉求方式；基督徒自主地排斥自然，不受自然束缚，这也是基督徒对自由的诉求方式，基督徒的自由是心情与幻想之

———————

① 《费尔巴哈哲学著作选集》(下卷)，荣震华、王太庆、刘磊等译，商务印书馆，1984年，第184页。

自由,是奇迹之自由——不是理性之自由、真正的自由。费尔巴哈强调的真正的自由观念只是那通过世界观、通过自然来限制自己的自由。由此可见古人的自由与基督徒的自由走向了两个极端。所以如费尔巴哈所说:"古人如此地醉心于宇宙,他们甚至因宇宙而忽视了自己,完全看不到自己,而基督徒却蔑视世界;跟创造者相比,被造物算得了什么呢? 跟属人的灵魂相比,太阳、月亮和地球又算得了什么呢? 世界正在消逝,唯独人是永恒的。基督徒使人与自然毫无共通之处,因而陷于鹤立鸡群式的极端,反对把人与动物作任何细小的比较,认为这样的比较是对人的尊严的亵渎。与此相反,异教徒陷于另一个极端,强调共通,抛弃动物与人之间的区别,例如像反基督教的凯尔苏斯那样,还把人看得连动物都不如。"①所以在基督教中,人崇拜上帝,其实只不过是以自己为念,把自己设想成脱离世界的、自给自足的整体,设想成一个绝对的、外在于世界的、超于世界的存在者。而自然宗教仅仅把个体设想和理解为有别于类之整体的部分。其次,基督教将个体看作是直接的、天意的对象,而自然宗教所信仰的只是间接的、属自然的、非奇迹般的天意。费尔巴哈认为,人的无限本质存在于人们之间的相互补足的多样性中,表现出人与人之间的相互区别;而基督教却抹杀了这种质上的区别,基督教认为人是千篇一律的,一切人都毫无区别地拥有着同一个得救手段,同样的,一切人里面都有着同一个基罪与原罪,显然这是一种简单化的臆想,这个臆想确实也抹杀了人的本质的无限性。

据此,费尔巴哈认为,人们在理解人与基督教关系的时候应该看到这里的本质性问题,即神与人的本质是同一的。费尔巴哈在对基督教与自然宗教有了区分后,对上帝的概念进行了论证。他认为上帝就是一种基督教的行为规范标准。人应该将对上帝的信仰转化为对法律的信仰,将宗教神学转变为唯物主义的人本学。关于"上帝是无穷无尽的实体,是不受任何限制的实体"

---

① 《费尔巴哈哲学著作选集》(下卷),荣震华、王太庆、刘磊等译,商务印书馆,1984年,第184~195页。

的说法,费尔巴哈认为上帝的无限也就是理性的无限。凡是在理性方面看来属于上帝的东西,对于理性来说也就是真正的、完全适合理性的,因而是满足理性的理性实体。关于"上帝是必然的实体"的说法,费尔巴哈认为上帝这个必然性的基础在于上帝是一个理性的、理智的实体。关于"上帝是绝对的,普遍的——上帝不是这个和那个——上帝是不变的、永恒的、无时间性的实体"的说法,费尔巴哈分析认为依照理性原则与真理的特性来说,上帝那种绝对的、超自然的、永恒的性质是理性本身的性质。关于"上帝是独立自存的实体,这个实体无需其他的实体而存在的,因而是依赖自己而存在"的说法,费尔巴哈认为这个抽象的形而上学的定义,也只有作为理智实体的定义,才有意义和实在性,这个定义所表示的只不过是:上帝是一个能思想的、有理智的实体,或者反过来说:只有能思想的实体,才是上帝;因为只有感性的实体需要有在它以外的其他事物才能存在。

费尔巴哈还对上帝进行了具体的理论批判,这些批判分别是:作为理智本质上帝的批判;作为道德本质上帝的批判;作为法律上帝的批判;作为心之本质上帝的批判。另外,费尔巴哈还具体揭示了关于上帝的秘密:受难上帝之秘密;三位一体与圣像之秘密;创世原则之秘密;神秘主义之秘密;无意和无中创有之秘密;心情之全能或祈祷之秘密;复活与超自然的诞生之秘密等。当然还有关于上帝学说的相关矛盾:三位一体中的矛盾;上帝的启示中的矛盾;上帝一般本质的矛盾;思辨的上帝学说中的矛盾等。据此,针对基督教称上帝创造了人的观点,费尔巴哈针锋相对地指出是人按照自身的形象创造了神,"并非神按照他的形象造人,像《圣经》所说的那样,而是人按照他的形象造神,像我在我的《基督教的本质》中所指出来的。唯理主义者,所谓思维信仰者或理性信仰者,他们所崇拜的神也是他们按照自己的形象创造出来的;唯理主义的神,其活的原体,正是唯理主义的人。每个神都是想象的实体,都是一个影像,而且是人的影像,但它被人移置于自己身外并想象为独立的实体。人幻想一个神出来既然不是为着作诗之用,人的宗教诗或幻想既然不是毫无所为的,那么也就不是没有尺度和不受限制的东西,却是以人为其法则和尺度。想象力本来是适应于各人的主要本性的,忧郁、畏葸和恐惧的人就幻想出可怕的神,欢乐和快意的人也就幻想出乐观而和气的神。人不同,他的幻想物、他的神就不同;人们当然可以接着翻转过来说:神不同,人也就不同"①。

说"上帝是无穷无尽的实体,是不受任何限制的实体",其实就是说,上帝的无限就是理性的无限,凡是在理性看来属于上帝的东西,对于理性本身来说也就是真正的、完全适合理性的,因而满足理性的理性实体;说"上帝是必然的实体",其实不过是把人的理性或理智实体化为上帝;说"上帝是绝对的,普遍的——上帝不是这个和那个——上帝是不变的,永恒的,无时间性的实体",其实说得也是理性真理或理性规律的性质,因而也就是理性本身的性质;说"上帝是独立自存的实体,这个实体无需其他的实体而存在的,因而是依赖自己而存在",这个抽象的形而上学定义,也只有作为理智实体的定义,才有意义和实在性,这个定义所表示的只不过是,上帝是一个能思想的、有理智的实体,或者反过来说,只有能思想的实体,才是上帝。总之,根据费尔巴哈的观点,凡是能归之于上帝的种种规定性都不过是人的理性。因此,宗教本身不具备独立性,宗教是人的创造物;宗教不可能具有自身的独立内容与独立本质;宗教不过是人通过大脑想象的一种异化罢了。

教徒们把人的内心活动和具体行动当作上帝的对象这本身就是一种误解,这难道不是源自于一种无根据的想象吗? 教徒们在行动中把人当作上帝的目的,虽然在思想中人是上帝的对象,教徒们虔诚地把属神的活动生动地当作人得救的手段;教徒们认为上帝是喜爱活动的,这些活动本身在他们看来是为了使人为善,使人福乐,这样的观念难道不是来自于教徒们自己的头脑吗? 由此上帝的目的只不过是在道德上永远拯救人,最后我们发现人的最

---

① 《费尔巴哈哲学著作选集》(下卷),荣震华、李金山等译,商务印书馆,1984 年,第 691 页。

终目的是人自己。所以费尔巴哈认为"属神的活动,并不有别于属人的活动"①,属神的活动本身就是属人的活动,这样的理解非常透彻地道出了属神的活动的本质是属人的活动,离开人的属神的活动毫无意义,所以费尔巴哈提出:"如果属神的活动是一种另外的、本质上另外的活动,那它怎么能够对作为其对象的我起作用,甚至就在我自身之中起作用呢? 如果它本身并不是属人的活动,那它怎么能够具有属人的目的,具有意欲使人改善、使人幸福的目的呢? 目的不是决定行动的吗? 如果人以自己的道德上的改善作为自己的目的,那他就是怀有属神的决心和企望了;但是,如果上帝以人的得救为目的,那上帝也就具有属人的目的以及与此相适应的属人的活动了。所以,在上帝之中,人只是以他自己的活动为对象。"②

正是人把自己的活动仅仅看作是有别于自己的客观活动,同时人把善看作是对象,故而人会在追求善的冲动和动力之下来做一些貌似身不由己的活动。这样教徒们将他们自己的本质看成是外在于他们自己的善;可是回过头来看,教徒们的伟大而神圣的善的意向仅仅来自他们自己置放善的地方,与其说是上帝给予人善的价值,不如说是人给予人自己善的价值。谁让上帝像人那样地行动着,谁就等于将属人的活动恰恰解释成为属神的活动了,从而使神性的概念依赖于活动的概念,依赖于属人的活动概念。人使自己的本质对象化了,而后又使自己成为这个对象化了的、转化成为主体的、人格的本质的对象,这就是宗教的秘密所在,但这正是宗教的作用方式,恰恰是在这样的逻辑下宗教得以神秘地展开。费尔巴哈认为,在这里人把自己看作对象;不过是看作作为一个对象的对象,即另一个存在者的对象而已,视同自己为人的对象难道不是人的迷茫状态吗? 这样状态中的人严重背离了属人的本质的存在状态。在这里人成了上帝的对象,但人在上帝中和通过

---

①② 《费尔巴哈哲学著作选集》(下卷),荣震华、王太庆、刘磊等译,商务印书馆,1984年,第57页。

上帝，都只是以自己为目的的，上帝始终也不能与人分离，人以上帝为目的只不过期望人自身能够获得道德上的永久拯救，归根到底还是以自己为目的，信仰上帝就是人聊以自利的手段，这就是对上帝依赖感背后的利己主义。然而宗教使得人和上帝之间的关系异化了，上帝本应该是在人的精神世界中的最高存在，但在现实中，却成了人必须进行自我牺牲的原因。因此，对这种异化的批判就必须高扬人的本质，而非上帝的存在，人类不用为了上帝的富有将自己变得赤贫，上帝才应该是那个"无"，而人应该是"一切"。

正是在上述意义上，费尔巴哈把有神论和无神论作了鲜明的对比，高度赞扬了无神论的高贵精神。费尔巴哈认为有神论是为了一个纯粹思想上和幻想上的东西而无辜牺牲了人和事物应有的实在生命和本质；与之相反的另一个极端的情况是无神论为了人和事物应有的实在生命和本质而牺牲了思想上和幻想上的东西。所以从这个意义上来讲无神论比有神论更加积极、肯定，无神论将有神论无情夺去的那种属生命界的重要的、温暖的和尊贵的东西交还给人类世界和自然界，并使它们得以真正地、高贵地重生。费尔巴哈发现从这一点上看，神是嫉妒自然界和人类的；自私的神要独一无二地、单方面地受人崇拜、服侍和敬爱，那么神的存在可能意味着其他一切都应被消灭，显然这是非常可笑的。换言之，任何有神论都是妒忌人类和世界的，甚至是反人类的，有神论利用嫉妒和妒忌这种破坏的、否定的感情阻止人类和自然界得到一丝一毫的好处；与此截然相反的是，无神论则是慷慨的、宽仁的，无神论尊重每个人的意志和才能，鼓励着、肯定着、欣赏着并爱抚着自然界的美和人类的德行。

费尔巴哈如此深刻地批判有神论："有些人占有一切，其他的人则一无所有，有些人浪费着生命、艺术和科学上一切的享乐品，其他的人则连最必需的东西也得不到，这当然是万分不公平的事情。但若是由此推论说：必须另外有个生命，人在地球上所缺乏的东西和所遭受的痛苦将在那里得到补偿,——那便是愚蠢的念头了。"①事实上无神论无非是对有神论彼世的否定,费尔巴哈认为倘若这个否定只限于一种空洞无物的否定和毫无效果的否定,那么让彼世存在着也是无所谓的,所以要彻底地否定彼世,这个想法是一针见血的,是对有神论种种论调的深刻批判和揭露。费尔巴哈否定彼世就意味着肯定今生今世;费尔巴哈否认天上的生活,就意味着人们将拥有一个更好的地上的生活;这样人们为了明确地、现实地改善地上的生活,必然会把对更好的未来生活的憧憬,从无力的信仰对象转变为现实义务的对象,从束手静待转变为人类积极面对、奋力拼搏,可见确立无神论的根基是意义非常的。这就是作为一位唯物主义哲学家的费尔巴哈的深刻之处,请问以往的哲学论断可敢如此揭露和批判宗教神学的种种论说? 这恐怕是前无古人的一种开创性的系统论说。

三、上帝是人的"类本质"的客观化

费尔巴哈不仅将宗教的本质归结为人的本质的自我异化,而且比较深刻地揭示了这种自我异化的认识论根源。我们对于任何具体理论与理论价值倾向的研究必须要根植于某一学者或流派的基本理论框架与理论诉求。当然对于费尔巴哈宗教神学批判的理论也要根植于他哲学理论的核心,即要根植于对人本学的具体把握, 关于人本学的论述在后面的章节中会专门涉及。

在费尔巴哈这里,类概念的客观化涉及的就是哲学上的"一般"和"个别"的关系问题,这个问题是澄清神创说的理论前提。费尔巴哈认为对于人的抽象力来说是最初的东西,对于自然界来说就是最后的东西;但是人能够把主观的东西当作客观的东西, 把他自己认为最初的东西也当作本性上是

---

① 《费尔巴哈哲学著作选集》(下卷),荣震华、李金山等译,商务印书馆,1984 年,第 784 页。

最初的东西,如此人就把空间和时间这种抽象的东西,当作自然界这种具体的东西的最初的基本本质。这个最初的、一切本质的根据和原因的本质不仅居于一切其他本质之上,更是居于一切其他本质之先,这样其他一切本质都是由它创造出来的。"神是否创造世界,即神对世界的关系如何,这个问题其实就是关于精神对感性、一般或抽象对实在、类对个体的关系如何的问题,没有解决后一问题,前一问题也是不能解决的;因为神不是别的,正是类概念的总和。"①因此,只有唯物地解决"个别"和"一般"的关系问题,才能为否定宗教神学扫清道路。

　　关于宗教的本质,费尔巴哈是这样评价的,他认为宗教最重要的特性是人与自己本身的分裂。因为人是有限的存在,人的认识能力与知识水平也是有限的。但是在宗教中,上帝却是无限、永恒、完满的存在。其原因在于上帝是人根据自己的形态与意愿创造出的一种神化的人,人们信仰上帝实际上就是信仰人本质。只不过在这里人把自己与自己的对立面分割开来了,人用上帝的完满代替了人的有限性,这实际上表达了人的一种无奈的期望。上帝实则代表了人的全部表现形式,即积极与消极的形式。因为人既是有限的存在又是无限的存在,上帝是人在宗教中完满的存在形式。因此,上帝也是有限与无限存在的共同体,即上帝是一种完全积极与完全消极存在的共同体。

　　除了一般和个别的关系外,人们的想象力在宗教异化过程中也发挥了重要作用。多神教将人的感性的、实在的和个别的本质作为模型借助想象力来神化和人化自然事物,这是广为人知的秘密,是多神教对想象力的出神入化地使用。一神教借助于想象力则直接将人的幻想和精神进行神化,这个神化的过程和效用确实是令人震惊的,费尔巴哈强调说:"想象力乃是宗教的主要工具,神乃是幻想的、寓意的东西,而且是人的一种影像,自然对象,倘若宗教地看起来,也是人类的东西,因之也是人的影像,甚至基督教徒的精

---

①　《费尔巴哈哲学著作选集》(下卷),荣震华、李金山等译,商务印书馆,1984 年,第 621 页。

神的神,也只是一个人性影像,为人的想象力所造成又被移置于人以外而成为一个独立的实在的东西的。"①费尔巴哈认为能够成为宗教对象的宗教对象与信仰者的想象力有着密切关系。信仰者和神学家们坚信被信仰的这些对象的实在性和真理性,因为这些对象使几百万人得到安慰,甚至使几百万人不惜牺牲生命,这些对象如果仅仅是人的想象力的幻想,那神学家和信仰者会惊诧万分。费尔巴哈以异教徒为例调侃基督教神学家和信仰者的愚昧:"异教徒也是将他们的神看作实在的东西,对他们的神举行'百牛祭',甚至以自己或别人的生命作为牺牲祭品;但现在基督教承认:这些神只是异教徒自己造出的幻想的东西。现在以为是实在的,将来就以为是幻想的。以后将到的一个时代,那时大家也要公认基督教的对象只是幻想的东西,像现时大家对于异教的神的认识一般。"②费尔巴哈认为人的利己主义导致他只将自己的神当作真神,视其他民族的神为充满想象力的幻想的东西。人的想象力的本质就是宗教神学的虚幻性的本质,唯有依靠感性直观和理性与想象力相对抗,才能破除想象力的幻想。

四、建立"爱"的宗教:将对上帝的爱变为对人的爱

费尔巴哈认为随着人把自身同自然区别开来, 人自身就越来越变成一个政治实体, 而他的上帝则从纯粹的物理实体变成一个同自然界有别的实体。按照费尔巴哈的意见,当人和其他的人们联合成一个集体的时候,他也就把自身,随后又把自己的上帝同自然界区别开来了。当然,偶像崇拜者同样是社会实体,但具有精神宗教的各个民族的社会生活是以较为复杂的方式建立的。和自然界的力量并列,特殊的社会力量在人们生活中具有越来越

---

① 《费尔巴哈哲学著作选集》(下卷),荣震华、李金山等译,商务印书馆,1984 年,第 697 页。

② 同上,第 698 页。

大的意义。人的兴衰存亡依赖于这些新的、不同于自然界的法律、舆论、荣誉、道德的力量。自然界对人的权力逐渐退居次要的地位,让位于道德的、政治的和公民的权力,这是人的价值的回归,也是费尔巴哈哲学的人本学特质的彰显。假如偶像崇拜者经常感到自己对自然界的依赖性,那么站在精神宗教观点上的人则会经常意识到自己对社会力量的依赖性。

如果在理论上基督教徒深信国王是上帝的代理人,那么在现实中,作为世界唯一统治者的上帝的思想,就只有在地上的国王使人顺从到这种地步,以致把国王看成是最强大的和最高无上的实体的时候才能产生。国王是一个,因此上帝也是一个。费尔巴哈说,正如奴隶的观念中不存在没有主人、没有国王的社会秩序一样,同样,基督教徒也替自己想出一个上帝来作为自然界的创造者和统治者,作为世界秩序的源泉。人们只有在基督那里,才安然放心,才毫不怀疑自己的本质之实在性和属神性;因为基督毫不违逆心情并成全心情的一切请求,所以"基督曾经是作为人而体现了人的本性。信仰基督便是信仰人"①。基督的受难乃是心情之至高的信念、自我享受和安慰,基督才是人格式的上帝,他是基督徒们真正的、实在的上帝,这个上帝就是活生生的有血有肉的人,在这里上帝是这样规定的,上帝是纯粹的、无限的、自由的感情,而这个感情恰恰是人的感情最为真切的范畴。

费尔巴哈强调:"宗教虽然是人脑通过想象力的创造物,但是我们并不能全盘将其否定。对于政治我们应该采取对宗教一样的态度与热情,应该像信仰宗教一样信仰政治。"②人类可能应该抛弃宗教,但是不能够抛弃信仰的力量。这说明费尔巴哈不仅对宗教问题研究深刻,对政治哲学问题也有同样的思考,同时这个问题与其整个哲学体系的建立也是密切相关的。费尔巴哈认为哲学逐渐占据了宗教的位置,正是这个原因,思辨哲学也就踏上旧哲学

---

① 《费尔巴哈哲学著作选集》(上卷),荣震华、李金山等译,商务印书馆,1984 年,第 229 页。
② 同上,第 97 页。

的位置。以前的哲学之所以没有代替宗教的位置,因为宗教的独特本质是在旧哲学之外的,旧哲学里没有宗教的内容,它只追求思想的形式。如果哲学能够代替宗教,那么哲学应当以一种相适应的形式来包括宗教,来包括一切宗教的长处,同时更应当包括构成宗教本质的那些东西。但其实用哲学来包括宗教的理念在黑格尔逻辑学中亦有呈现,只不过费尔巴哈予以该理念以宗教本质的考虑。

费尔巴哈由此考虑到对另一种本质不同的哲学的需要——对新哲学的需要,还因为以前的旧哲学是完成形式的哲学,这个哲学排斥以前新的事物和情况,看待旧哲学之外的一切合理性的情况都是多余的,按旧哲学的精神所宣扬的一切,纵使某些定义早已时过境迁,甚至很多定义也是多余的。费尔巴哈由此认为旧哲学是过时的、多余的,与此对应的宗教神学也是过时的和多余的,所以新哲学的建立是不可避免的。费尔巴哈构建新哲学就是在批判旧哲学的基础上完成的,费尔巴哈新哲学的本质特点就是与人的本质特点相符合的。在当时可以说我们在建立现代政治国家时,应该保留的是对宗教的信仰与热爱,因为政治哲学的本质与人的本质是同一的,它们都旨在实现人们追求幸福与自由的权利。我们更应该将宗教中的上帝替换成现代政治国家中的法律,将宗教中的上帝替换为国家,将圣经替换为理性,进而将对上帝的忠诚替换为对国家的忠诚。

费尔巴哈是这样描绘国家的,他说我们在现代政治国家中,可以将国家看成个体的集合。其中无限的个体首先被分离出来,随后再通过一定的政治形式将其联合为政治国家,将人的有限实体变为国家的无限实体。费尔巴哈强调国家的力量是无限的,而人的力量却是有限的,在现代政治国家中,人的力量被分化了,个体之间的相互交往与联合弥补了个体的有限性。政治国家是一个真实的存在,它保证了个体的自身与追求幸福的权利。同样在这种社会形态中,人的对象就是其本质,人是属于自由的,并不属于任何其他的个体。国家在某种程度上而言也是一个绝对化的人。在他的理解中,宗教感情就是人与生俱来的依赖感,特别是"爱"的情感,基督教不过是把人心中的"爱"异化为对上帝的爱。

费尔巴哈认为宗教的世界观是颠倒的,只有将其颠倒回来才能"打破幻觉而看到真理的纯净光辉"①。费尔巴哈颠覆了基督教,他把爱的情感还给人自身,从而在人自身中建立起"爱的宗教",因为在费尔巴哈看来"你的信念应该是:人类也要有真正的爱,人的心也能无限地、饶恕一切地爱着,而且相信人类的爱也可以赋有神爱的性质"②。费尔巴哈还提道:"孩子对父母的关系,夫妻之间的关系,兄弟之间的关系,朋友之间的关系,一般地,人与人之间的关系,总之道德上的各种关系,本来就是的的确确的宗教上的关系。一般说来,生活,在它的各种本质重要的关系中,乃具有完全属神的性质。"③费尔巴哈并不认为只有通过教士的祝福,人类的生活才能领受到其宗教上的圣洁,人们之间的关系本就是符合道德的,并且本就是神圣的、圣洁的。费尔巴哈认为旧的宗教就是利用了人们之间本来的神圣性,通过神圣化外在于人的附加物——一个对象具有神圣的威力,一切外物只有归附于它才符合神的意志,除此之外都是非属神的关系。因此,旧的宗教跑来正是为了使这些关系神圣化、圣洁化,好像只有如此才能符合神的意志。

费尔巴哈认为立足于自由爱情基础上的婚姻是神圣的,在他看来婚姻本身凭借今生今世的结合的本性就是神圣的,这种婚姻貌似是一种宗教式的婚姻,原因就是这种婚姻本身就是自在自为的。因为自在自为,所以这种婚姻被称为真正的婚姻,是合乎本质的婚姻,合乎爱情的婚姻、合乎道德的婚姻,在这一点上,费尔巴哈显而易见深受黑格尔哲学的影响。费尔巴哈强调只有以宗教的诚意来保持上帝的尊严、保持真正的友谊;只有基于婚姻的友谊、基于婚姻的财产乃至这个婚姻才是神圣的,从而每一个人的幸福是神

---

① 《费尔巴哈哲学著作选集》(下卷),荣震华、李金山等译,商务印书馆,1984 年,第 320 页。
② 同上,第 86 页。
③ 同上,第 316 页。

圣的,但是费尔巴哈强调,这个婚姻之所以神圣,乃是因为这个婚姻本身自在自为的就是神圣的。这样,费尔巴哈宣称:"我们就必须拿对人的爱当作唯一的真正的宗教,来代替对神的爱。"①很明显,费尔巴哈的所谓"爱"的宗教是以人与人的"族类"的爱为基础的,是一种人本学意义上的"爱的宗教"。这个爱的宗教在充满阶级对抗的社会中根本没有现实性。把人看成是无差别的抽象的人,以便呼唤人与人之间的抽象的"爱",这种爱与神一样,是幻想的产物。

第三节　费尔巴哈宗教神学批判的意义

费尔巴哈的宗教神学批判轻而易举地扬弃了无限的东西,而且还专门设定了感性的、有限的、现实的、实在的、特殊的东西。费尔巴哈同时重新扬弃了肯定的东西,重新恢复了宗教和神学这些抽象和无限的东西。当然,费尔巴哈的宗教神学批判的意义不仅仅在于他对宗教与神学的贡献,要知道,宗教与哲学、政治是息息相关的。因此,我们更应该看到费尔巴哈宗教神学批判对当时乃至当今哲学建构的意义,以及其理论的政治意义。费尔巴哈在批判宗教的各种著作中,批判了唯心主义,也批判了君主专制的政治制度,在这个过程中阐明了唯物主义世界观,同时表达了自己的政治立场。

首先,在哲学层面上,费尔巴哈宗教神学批判具有深刻的学理意义。众所周知,宗教同文化、科学和技术等是有先天的矛盾的,这源自于宗教本身的特殊性。费尔巴哈认为宗教对于实际生活有相当的危害性,宗教神学对人的理性、政治自由、自然科学和工业的活动都有妨害,对人类的现代化进程也是一种伤害。费尔巴哈认为宗教神学直接造就宗教偏见的奴隶,在这种情

---

① 《费尔巴哈哲学著作选集》(下卷),荣震华、李金山等译,商务印书馆,1984 年,第 986 页。

况之下妄谈政治自由还有什么价值可言呢？但是他对宗教神学的看法只是一种浅显的改良路径，所以费尔巴哈坚持强调只有在宗教信仰自由的地方才可能有真正的自由，也只有在人成为自己宗教偏见和宗教观念的主人的地方人们才有可能得到真正的教育。从这个视角看，费尔巴哈批判宗教神学信仰只能让人缺乏主体性认知，这种人没有独立的个性和精神，费尔巴哈认为人们对上帝的信仰同对世界的自然科学观点的联结也是胡乱的联结。费尔巴哈并不认同对好的宗教和坏的宗教的区分，在他看来任何宗教都是错误的和有害的。费尔巴哈想象教育和文化对宗教有彻底的破除作用，必须让教育和文化在人们的思想中和在实践活动中占据绝对的统治地位。

费尔巴哈坚信歌德的意见：有科学知识的人不需要宗教。所以费尔巴哈提出哲学层面的要求：不要使人变成宗教信仰者，通过教育活动改变这个现实问题，这也是费尔巴哈所处时代的重要课题和任务之一。费尔巴哈反对宗教神学的斗争是马克思主义以前唯物主义哲学的重大突破和巨大成果。费尔巴哈同他所有的前辈相比就在于他不满足于一般地、平淡地谴责宗教，费尔巴哈把宗教神学宣布为愚昧和迷信的结果。费尔巴哈分析了宗教心理的复杂结构和根源，把超自然的、宗教神学的世界里的东西重新回归到人。当费尔巴哈把宗教幻想的根源从天国移到地上，移到人类生活之中，移到人身上的时候，费尔巴哈就奠定了唯物主义视域中宗教批判的基础。众所周知费尔巴哈对宗教神学的批判是超过青年黑格尔派哲学家们的，但我们发现费尔巴哈的宗教神学批判具有其自身局限性。费尔巴哈主要局限在用适应于"人的本性"的思想和观念来替代幻想的宗教表象，他停留在用思想来解释思想，用新的宗教代替旧的宗教。如果按照费尔巴哈的意见和想法，只要改变人们的观念就足以消灭宗教了，显然这个观念存在争议。按照马克思的方法，从思想到思想的解释改变不了现存的现实问题，反动、陈旧、迷信的思想是不会自行灭亡和垮台的。费尔巴哈哲学强调的人，在他那里也不过是一个抽象的脱离社会关系的实体，这个人的概念与马克思所提到的人的概念是有重要区别的，这个区别必然导致费尔巴哈从抽象的人道主义和自然主义立场进行宗教批判。

这样费尔巴哈不仅没有对宗教作出具体的、历史的分析，而且他在破坏旧的宗教的同时还在竭尽全力创建新的爱的宗教。好在处在这宗教中心的是人而不是其他信仰对象，为此费尔巴哈高调宣称：我一面把神学降低到人本学的水平，一面则把人本学提高到神学的高度。恩格斯由此批判费尔巴哈，类似这样没有革命精神的判断乃是唯心主义哲学的最后一个逃身穴洞。"费尔巴哈类似那种认定现代化学是真正炼金术的人。"阐明了费尔巴哈这种不彻底性的半截子唯物主义者的本来面貌。费尔巴哈首先是站在唯心主义立场批判宗教，后来随着对宗教研究不断深入，费尔巴哈开始用现实的自然代替想象中的神的本质，用感性的人代替超感性的理性本质，上帝创造世界就是精神决定存在，思辨哲学就是神学。虽然思辨哲学与宗教上的上帝是有差别的，但差别是非本质的，实质上说，逻辑的本质就是上帝的本质。

在神学家和思辨哲学家那里上帝和精神都是最实在的存在，都是独立存在的实体，都是统一的实体——唯一的实体，都是无限的实体——超时空的实体，都是永恒不变的实体，都是必然存在的实体；当然神学家和思辨哲学家是颠倒了原因与结果、本质与现象的。这里要着重说明的一点是，无论是宗教对象，抑或是内容形式都是属人的，也即人之对象与内容。在费尔巴哈对宗教神学批判的理论中我们可以清晰地得出，宗教神学的本质就是人本学，只不过宗教教义并不承认这一点，或是它并不愿意承认这个事实。对此宗教费尔巴哈并非企图使其消失在历史舞台之中，而是采取了一种积极批判的态度。他并不否认宗教的积极意义，而是批判其部分虚假的东西。他旨在扬弃宗教神学中糟粕的部分，使其真正能为人实现人的本质服务。费尔巴哈恢复了唯物主义的权威，他坚持自然、物质的第一性，充分论证了精神是物质发展到高级阶段的产物。

其次，费尔巴哈宗教神学批判是一种历史必然的政治诉求。费尔巴哈通过对宗教的批判来批判君主专制制度，努力使自己成为一个具备政治哲学特质的唯物主义者。费尔巴哈参与政治的手段方法就是理论斗争，著作就是他战斗的武器，所以在他的宗教批判过程中贯穿了对专制制度的批判，毫无隐晦地阐明自己的政治观点，甚至宣布：政治应当成为我们的宗教；在当时政治和宗教互相利用的现象在欧洲十分突出。

当时发生在德国的宗教改革是不彻底的，虽然破坏了宗教的天主教，却树立了政治的天主教。费尔巴哈认为政治斗争的目的就是废除政治上的教阶制。宗教与专制政治虽有差别，但二者的共同之处相似至极：君主专制制度类似宗教制度，国王则类似上帝，它们都有着森严的等级。宗教信仰本身包含着一个凶恶的本质，原来宗教上的消灭异端变为政治上的消灭，原来地狱的惩罚变为现世的惩罚。宗教与君主专制相辅相成地结合在一起，君主的权力是上帝授予的，执行上帝的意志，上帝与君主在本质上是同一的。所以费尔巴哈在批判宗教时，往往将上帝和君主相提并论，一起抨击，他表示批判宗教的目的是改变祸害而不公平的现世，是建立公平而合理的政治制度。

费尔巴哈是历史主义地反对君主立宪制的，他认为民主共和制才是真正体现人是国家本质的政治形式，因为他认为人是自觉的自然本质，是历史本质，是国家本质，是宗教本质；国家是依据人的意志而存在的，人必须亲自参与到国家制度中，废除旧制度，建立新制度；在君主专制国家里人们依赖国王，在共和制国家里人们相互依赖。费尔巴哈认为民主共和制是适合人性的，是能使人全面而健康发展的，这样的国家是理性的国家。他提出的民主共和国的政治主张对当时的德国来说是有其合理性的，符合资产阶级民主革命的现实需要。

最后，费尔巴哈宗教神学批判亦对"新哲学"范式的建立起到了建构作用。基督教将"人"的概念与神的概念结合起来，使用了"神人"这一概念。这也就等同于宣布了人作为最高实体的地位。在费尔巴哈新的哲学范式中，正包含了基督教这样一个理论倾向。费尔巴哈对哲学家提出了这样的看法：

"哲学是怎样的,哲学家就是怎样的,反过来,哲学家的性质,哲学的主观条件和成分,也是它的客观条件和成分。真正的、与生活、与人同一的哲学家,必须有法国人和德国人的混合血统。纯洁的德国人请不要害怕这种混血!《哲学家交面》(Acta Philoso-phorum)已经于纪元 1716 年表明了这种思想。'如果我们将德国人和法国人比较一下,那么,法国人的心灵比较活泼,德国人则比较严正,我们可以毫不夸大地说:法国人和德国人的气质对于哲学来说,是最适合不过的,换句话说:一个父亲是法国人而母亲是德国人的孩子,一定(假定其他条件相同)具有很好的哲学才能。完全正确;我们只要将法国人当作母亲,将德国人当作父亲。心情,是女性的原则,是对于有限事物的官能,是唯物主义的所在地——这是法国式的想法;头脑,是男性的原则,是唯心主义的所在地——这是德国式的想法。心情是革命的,头脑是改良的;头脑使事物成立,心情使事物运动。但是只有运动、激动、欲望、热血、感觉存在的地方,才存在着精神。只有莱布尼茨的智慧,只有他的热情的唯物同时又唯心的哲学原则,才第一次将德国人从他们的哲学上的学究习气和经院习气中拯救出来。"①费尔巴哈强调在哲学中,人们一直是将心情当作神学的一种存在的依靠,但心情恰好还是绝对反神学的一个重要原则,这个原则恰好还是人们的神学意义之下的无信仰的、无神论的原则。

　　费尔巴哈发现人的心情并不相信别的东西,只相信自己的、本质的、绝对的实在性,这个实体性本身又是神圣的、无可辩驳的。但是不了解心情的头脑将心情原来的本质转变为一种与心情不同的、客观的外在本质,头脑的任务就是分离和区别主体和客体;宗教神学否认心情具有真理性,宗教神学否认宗教感情的真理性。所以有神论可以说是建立在头脑与心情的分裂上的,泛神论在分裂中扬弃这种头脑与心情的分裂,人本主义有神论则不存在任何的分裂。所以费尔巴哈推崇的人本主义有神论是理智化了的心情,心情

---

　　①《费尔巴哈哲学著作选集》(上卷),荣震华、李金山等译,商务印书馆,1984 年,第 112 页。

在头脑中仅仅以理智的方式说出心情以它自己的方式说出来的话。费尔巴哈认为:"宗教仅仅是感情、感觉、心情和爱,就是说,宗教只是对上帝的否定,将上帝溶解于人之中。"①因此,费尔巴哈新哲学就是对宗教神学的否定,新哲学将上帝溶解于人之中,而神学是否认宗教感情的真理性的,所以新哲学就又是对宗教的某种肯定。这样费尔巴哈的人本主义有神论自认为是了解自己的、自觉的宗教,相反地,在表面上神学好像优待宗教,实际上却否定了费尔巴哈所深刻理解的宗教。但是最终这种构建人本主义有神论的哲学被马克思、恩格斯彻底扬弃。

马克思对费尔巴哈宗教神学批判作了诸多评价性论述。具体而言,在马克思、恩格斯原著中我们可以看到,关于对费尔巴哈宗教神学批判既有充分的肯定,亦有对他的批判。对费尔巴哈的宗教神学批判,马克思有着这样的理解,他认为宗教是欧洲诸多学科体系的源泉,更是古典哲学的重要源泉之一。因此,要想改变与革新哲学体系就必然要对宗教进行批判。并且人并非是外在于现实世界的存在物,而是真真切切生活在这个客观世界之中的存在物。宗教不过是人通过人脑的想象与意愿创造的一种产物,是人创造了宗教,并非宗教创造了人。这从人本学角度出发也是说不通的。宗教不应该成为阻碍人实现其本质的枷锁。对于宗教神学的批判是对"新哲学"范式建立的有效手段。宗教虽然反映了人消极一面的属性,但是宗教不应该成为人类缺陷的避难所。

费尔巴哈对宗教的批判是一种取消宗教对人的自我异化的表现,但不彻底废除宗教的主张让体现了费尔巴哈哲学的保守性。在宗教世界里世界被定义为二重化之存在物,但是费尔巴哈"新哲学"体系的根基又是世俗世界。因此,他有必要改变宗教的这种二重化划分。遗憾的是,费尔巴哈并不认为宗教实际也是一种社会产物,宗教的根本属性之一是社会性。因为既然宗

---

① 《费尔巴哈哲学著作选集》(上卷),荣震华、李金山等译,商务印书馆,1984 年,第 113 页。

教由人创造产生，人则是愚昧状态发展为文化的高级阶段，那么宗教也是人类发展演变的一个成果，同时，人又是属于一定的社会形式的。因此，费尔巴哈批判宗教之时仍保留着对宗教的一种暧昧关系，他并不打算完全废除宗教，其实这也是他宗教神学批判中最为保守的一面。费尔巴哈对待宗教仍然是一种暧昧态度，他仅仅否定神学，而没有否定宗教，这为思辨的旧哲学的复活提供了缝隙，为他最终沉迷于建立"爱的宗教"、陷入历史唯心主义埋下了隐患。

第四章
费尔巴哈的政治哲学思想

在费尔巴哈的"新哲学"中,对思辨哲学的批判和对宗教神学的批判都必然涉及对政治生活的批判性研究。在他看来,现代社会的特征,就是把政治生活本身变成宗教,也就是说,把人对上帝的依赖变为对作为各种社会力量总和的国家的依赖。所以费尔巴哈并不是一个不关心政治的思想家,相反,他从自己的人本学出发,对现代政治社会在存在和发展中所存在的一些基本问题,提出了自己独到的见解。这些见解,不仅影响了马克思,而且对我们今天探讨政治生活中的现实问题,亦有重要的启发意义。

第一节　宗教与国家的关系

一、宗教不是国家的联系

费尔巴哈认为,人的存在本身就具有政治性,从人把自身同自然区别开来那时候开始,人就已经变成一个政治实体了。他所说的"政治实体"类似于亚里士多德所说的"人天生就是政治动物"的观点,即指人的存在的社会性。因为当人与其他人联合成一个集体的时候, 他也就把自身同自然界区别开来,随后又把自己的上帝同自然界也区别开来,成为一种社会存在物,即一种社会实体,偶像崇拜者都是社会实体。由于具有精神宗教的各个民族的社会生活是以较为复杂的方式建立的,这就在人们的社会生活中形成了与自然界的力量相并列的特殊的社会力量,而且这种特殊的社会力量在人们的生活中具有越来越重大的意义。人的兴衰存亡依赖于这些新的、不同于自然界的法律、舆论、荣誉、道德的力量。相应地,自然界对人的权力逐渐退居次要地位,让位于那种人与人之间的道德的、政治的和公民的权利。

如果说在自然宗教中,偶像崇拜者经常感到自己对自然界的依赖,那么在以基督教为代表的精神宗教中,人则经常感受到或意识到自己对社会力量的依赖。如果在理论上基督教徒深信国王是上帝的代理人,那么在现实中,作为世界唯一统治者的上帝的思想就必然变成一种政治要求,即对地上的国王的顺从,以致把国王看成是最强大的和至高无上的政治实体。上帝是一个,国王也是一个,上帝的精神统治与国王的政治统治在本质上必然是一致的。这种关系就像是基督教徒替自己想出一个上帝来作为自然界的创造者和统治者一样,在这样的情况下基督教徒才真正发现了世界秩序的源泉,所以想象一下,我们非常能够理解在奴隶的观念中不存在没有主人、没有国王的社会秩序,那将让奴隶们无所适从。因此,费尔巴哈说:"不是上帝创造了人,而是生活在社会中的人创造了自己的上帝。"①费尔巴哈证明,宗教对人们智慧的停滞、精神的怠惰、消极被动、毫无作为要负主要责任,如果按照宗教的武断,说上帝把这个世界创造得天衣无缝的话,那人强行改变周围世界就毫无意义了。

然而我们发现,现实社会中的人并不服从上帝的意志,人类活动是符合人类自己的目的的,这是人在无形之中反对宗教神学的真实做法,所以宗教是反对进步和文化的,人类前进的运动非但没有停止,反而在不断面对种种

---

① 《费尔巴哈哲学著作选集》(上卷),荣震华、李金山等译,商务印书馆,1984 年,第 33~34 页。

生存的困境中,用人的积极活动来对抗宗教的先定和顺从。所以费尔巴哈认为人是具有先天的革命特质的,费尔巴哈看到人应当善于保护自己的生命,为反对敌对的力量而保卫它,排除那些他希望排除的无数困难和灾祸,不过却不能用宗教的手段来排除掉。费尔巴哈得出结论说,人是在自己的活动中、在创造中摆脱了压迫他的力量而获得独立的,在这个过程中,自己的愿望和需要得到满足,这个过程绝不是在宗教中进行的。

费尔巴哈坚持宗教是同文化、科学和技术相矛盾的观点,费尔巴哈发现,当理性跟迷信同时并存,政治自由跟宗教奴役同时并存,当自然科学、工业活动跟宗教统治同时并存时,宗教便对实际生活产生严重危害了。费尔巴哈认为如果仍然存在着宗教偏见的奴隶的话,政治自由就不会有丝毫的价值,因为迷信宗教的人永远不知道摆脱被控制的自由到底是什么,更不要谈论他懂得什么是政治自由了,人没有政治自由就更谈不上人的解放了。不过,在费尔巴哈那个年代,他发现欧洲的君主们都力图诚心诚意地帮助宗教,以使宗教恢复元气,以便把宗教的精神统治和君主的政治统治融为一体,这是为什么呢? 无非就是从思想上彻底地迷惑人,思想的迷惑必然导致统治的便利,必然导致政治的稳固。费尔巴哈发现在国家中,人的力量被分化和重新组合,通过这种分离和复合而组成无限的实体;许多人、许多力量又形成了统一的力量,国家就是各种现实的集中表现,在这个意义上可以说国家是人的天意,是无限实体的统一力量的集中体现。费尔巴哈强调在国家中,每个无限的实体相互补位、相互替代,我所不能做到的,你可以做到;我所不知道的,你可以是这个方面的专家,这样的国家中的实体既是多样性的呈现,又是一致性和统一力量的呈现。

国家的出现导致人的存在不再是听命于自然力的、偶然性的、孤独的人,不再是自然中的一个单一实体的呈现;在国家这个整体中,人与人处于共同的本质之中,我和其他实体一样是整体中的一员,在这个整体中别人会保护我,我也支撑他人。所以费尔巴哈把真正的国家看作是无限的、真实的、完全的人。国家中的人首先是绝对化的人,自己决定自己,自己属于自己。所以国家与宗教不同,在宗教中倘若某个信徒陷入了困境,那么他只能向人寻求帮助,宗教则是把这种从人那里获得的帮助幻化为到处存在的"神的恩赐",这是蒙骗人的把戏而已,人可以没有宗教而存在,但是人却离不开其他人而存在,否则人将失去为人的意义。

费尔巴哈发现,宗教中强调的那种"神的恩赐"也就表现出宗教在实际上的无神论,亦即"成功往往不是取决于人的活动,而是取决于机缘,取决于顺利的境遇,但'神的恩赐'则是宗教的不信神用来掩盖着自己的实际的无神论的一种幻影"①。于是,实际的无神论成为国家真正的联系,国家与宗教是截然相反的两个概念。费尔巴哈强调人们加入国家,是因为在国家中他们没有上帝,因为国家对人们来说就是上帝,按照费尔巴哈的话讲,国家合理地把"陛下"这一神化的词语归为己有,人们发现无神论无意中成为国家的基础和与现实生活最为紧密的联系。人们坚守着自己的政治毅力,努力摆脱基督教的束缚与愚弄,努力投入到政治生活之中。这样费尔巴哈的政治哲学思想体现着彻底的无神论思想,这也是费尔巴哈对宗教神学最为现实而有力的揭露和批判。

费尔巴哈发现当时德国人的实际愿望就是实现政治的愿望,是实现废除政治的天主教的愿望,而且这个愿望同样也是积极参加国家事务的愿望,更是废除政治教阶制度、消除人民的愚昧的愿望。对实践的人来说他的愿望就是那些被思想家理解为认识的东西,宗教改革确立了政治的天主教,破坏了宗教的天主教;宗教改革在宗教方面所追求的目的体现在人们的做法是力求在政治方面实现它。所以费尔巴哈认为把上帝化为理性的这种改变,并没有真正废除上帝,而仅仅是把它调动一下,即新教只是把国王与教皇的位置相互调动了一下而已。宗教与国家在本质上是相互对立的两个范畴。站在

① 《费尔巴哈哲学著作选集》(上卷),荣震华、李金山等译,商务印书馆,1984年,第98页。

宗教的立场上看，这里所说的上帝的概念类似于世俗世界中的君王、父亲、掌权者或统治者等角色。但在社会关系中，人们不需要依靠上帝，个体的人只需要像依赖上帝一样直接向国家索取即可。人们支持国家如同信仰上帝一样，他们必须不自觉地、无意地、在实际上否定自己的宗教信仰，才能联合在一起。同样地，一方面人们否定宗教信仰，另一方面人们依赖国家，因为国家是现实，人们离不开现实的生活，同时在国家中的生活正是对宗教信念最为实际的反驳，这才是真正地否定宗教信仰的过程。

因此，现实中的国家是否定上帝存在的。因为在宗教生活中上帝是作为最高存在者而存在的，这也就意味着宗教生活是否定国家存在的，毕竟国家与上帝的职能同一，宗教的上帝不可能允许现实国家与之分权。这样看来，如果政治国家合理地存在了，宗教便自然会失去其信仰的力量了。根据费尔巴哈的观点，社会与国家生活中，人们实际上持有的是一种无神论的信仰倾向。因此，现代国家是与宗教完全分开的，现代国家能够良好运行的机制便是给宗教生活限定一个特殊的活动范围，宗教生活与国家生活是不能被混淆起来的，至少大多数现代国家是信奉这一原则的。当然也有例外，那就是古希腊与罗马，国家与宗教联系在一起，宗教的戒律便是国家的最高法律，如果不尊重宗教的教义，那便是违反了国家的法律原则。这一事例也充分说明了古代国家制度消失的原因。因此，在现代国家政体中，宗教是完全不能与国家生活混在一起的。如果这个情况发生了，那它必将会同古希腊和罗马一样消失在历史的长河中。

人们可以本能地把政治变为宗教，但这取决于人在现实中对社会力量的依赖，而不是取决于在精神中对神的依赖，这个是一个根本的观念，即精神的源泉是社会而不是精神世界的东西。费尔巴哈认为，把国家变为宗教其实也是对宗教的否定，原因很简单，那都是源于否定形式的无神论原则，也就是拒绝与人不同的上帝。"如果从主观的观点来解释国家，那只是因为人们不信上帝，因为人们不自觉地、无意地、在实际上否定自己的宗教信仰，他们才联合在一起。国家不是以对上帝的信仰为基础,而是以对上帝的失望为基础的。产生国家的主观解释是以对人——如同人对上帝——的信仰为根据的。"①无论人们如何在精神上寻求"神的恩赐"与"宗教慰藉",但对实践的和现实的人来说,他们的实际愿望无非都是政治的愿望,是积极参加国家事务的愿望,是费尔巴哈那个年代废除政治教阶制度、消除人民的愚昧的愿望,是废除政治的天主教的愿望,如此而已。这其实是人与宗教的内在性的撕裂与分离,方法是诉诸现实的政治生活。根据费尔巴哈的观点,政治和宗教无论如何来讲都是有密切联系的,这只是因为"哲学的本质特点是与人的本质特点相符合的。信仰的位置现在已为无信仰所占据,圣经的位置为理性所占据,宗教和教会的位置为政治所占据,天的位置为地所占据,祈祷的位置为工作所占据,地狱的位置为物质需要所占据,基督的位置为人所占据。不再彷徨于天上的神灵和地上的主人之间的人,一心一意转向现实的人,跟那些生活在混乱中的人比较起来乃是另一种人"②。

费尔巴哈认为对人们来说是自然的东西,对哲学来说却是思维的东西。如上文所述,人如果实际上占据了基督的位置,那么人的行为就要符合自然性的原则,只有这样人的本质才能占据神的本质的位置。费尔巴哈由此发现,人的要求应该以最高的原则集中起来,用最崇高的语句固定下来,只有用这种方法,人才能过上幸福的、自由的、理性的生活,只有用这种方法,人们才能实现自己的愿望,才能克服毒害人心灵的矛盾,这个矛盾本身就是摆脱人的生活、人的思想和与之相抵触的宗教之间的矛盾,摆脱了宗教的束缚,人才有存在的价值和意义,这时候人才成为主宰自己命运的"基督"。这也是费尔巴哈反复努力建立自己新的爱的宗教的内在动力,他认为只有政

---

① 《费尔巴哈哲学著作选集》(上卷),荣震华、李金山等译,商务印书馆,1984 年,第 98 页。
② 同上,第 97 页。

治上有根本性的变革,人才能建立爱的宗教,人才能成为真正有宗教信仰的人。按照费尔巴哈的观点,这个政治就已然成为人的宗教,政治才能真正与宗教相契合而存在着。

正是由于人们慢慢地接受了人类的、真实的、不信神的思想,所以基督教就失去了一切抵抗的力量,这样也导致了基督教失去了一切,这可以说是一种现实的境况。这种境况在费尔巴哈那个年代已经出现了,为此费尔巴哈大声宣称,基督教被拒绝了,在精神上和内心里,在科学中和生活中,在艺术创作中和工业生产中都被拒绝了,被切切实实地、坚决不移地拒绝了。他认为只不过在以前,这种否定是不自觉的,但是现在这种否定才被慢慢理解和接受,人们才开始希望这种否定,并开始力求这种否定。由此否定基督教运动拉开了序幕,基督教真正成为政治自由——这种现代人的迫切需要的最大敌手。由此我们发现,对基督教的自觉地否定打开了新的时代,引起了费尔巴哈构建一种全新的、坦率的、现实的哲学的愿望,当然这个新的哲学是非基督教的,而且这个哲学是激烈的反基督教的哲学。

宗教改革破坏了宗教的天主教,可是新时代在它的位置上确立了政治的天主教。宗教改革在宗教方面所追求的、所抱定的目的,在当时是力求在政治方面达到它。然而费尔巴哈认为新教把上帝化为理性的这种改变,并不是废除上帝,而仅仅是把它调动一下,与此相似,新教也只是把国王放在教皇的位置上。现在我们与政治教皇有关了,证明必须有国王的理由也正是证明宗教中必须有教皇的那些理由。教会的首领——教皇,是和我一样的人;国王也是和我们大家一样的人,教皇、国王的干涉不能是无限的,他们并不在国家之上和社会之上。由此费尔巴哈断定人们进入了新的时代,这个新的时代是现实主义的时代,这个时代意味着宗教力量的精神和基督教时代的消灭,这个时代的精神和未来时代的精神都是属于现实主义的。当然费尔巴哈提到的这个新时代与新教徒曾在中世纪提到的最新的时代是大相径庭的,完全不是一个意思。费尔巴哈主张:"如果我们承认异于人的实体是最高原则和本质，那么在抽象的原则和人之间的差异将是认识这种实体的经常不变的条件，而我们也就永远不会达到和自己本身、和世界、和现实的直接统一。"①

新教徒是宗教的共和主义者，根据费尔巴哈的观点，随着新教的化为乌有，随着它的宗教内容被暴露和被揭穿，新教就变为政治的共和主义。如果消除新教在天堂和地狱之间的混乱，在天堂人们是主人，在地狱人们是奴隶；如果自始至终都没有什么天堂和地狱的混乱的迷惑，人们只知道并承认只有在大地上才是人们活动的场所的话，那么新教则立刻就引导人们走向共和国。所以费尔巴哈强调如果说共和国在从前是与新教联系在一起的，那么这种联系虽然有预兆性，但却是偶然的，因为宗教只是给予宗教自由。"在基督教中，你的共和国是在天上，在现实中你不需要共和国，相反你应当是奴隶，否则天堂对你就是多余的。所以，当你一旦放弃了基督教，你就会得到共和国的权利。"②由此费尔巴哈提出了政教分离的主张，他强调要把宗教的因素从国家中、从政治生活中排除出去。

二、政教分离的主张：把宗教从国家中排除出去

如果要拒绝与人不同的上帝，那么必须彻底地从本质上把政治变为宗教。但是人们的愿望是破除宗教制度、破除宗教神权、消除愚昧，人们要积极地参加国家事务。根据费尔巴哈的观点，人们要废除天主教的神权制度，改革在旧时代占统治地位的教皇特权，真正实现个体自由，因此我们现在可以说在现代政治国家中我们已经达到了这个目的。

---

① 《费尔巴哈哲学著作选集》(上卷)，荣震华、李金山等译，商务印书馆，1984年，第99页。

② 同上第100页。

　　费尔巴哈认为,改革神权并非是要把法权建立在属神的任命上面,如果任何国家和政治理想是这样的,那么它便是最不合法的、最不道德的、最愚蠢的事情。如果想通过上帝论证道德,就应当先把道德放到上帝里面去,但如果我们不愿意把法权归结为神的任命,那么我们对道德、法律以及一切本质上重要的关系,就只能通过它们自身来论证它们,而且只有当我们通过它们自身来论证它们时,我们才是实实在在的、遵照真理的命令论证了它们。如果把某些东西放到上帝里面去检验,或者从上帝里面导引出某种东西出来,这些做法都无非意味着使某种东西逃避理性的检验,当然如果真正这样去做的话,而且厚颜无耻地宣称这种东西是神圣的、不可侵犯的、无可怀疑的话,这都是不可以为人所普遍信任和接受的,因为这显然不能说出个所以然来,人们为什么非要这样去做呢? 因此,无论任何神学企图通过这种手段来限制、约束法权与政治都是罪恶的。在费尔巴哈看来,建立法权并非要诉诸上天的鼓励与支持,宗教式的法权是不适合现代政治国家的,人们仅仅需要一个相对自由的、属于人民的合理的国法。无论怎样,任何的真、善、美等人类的美好追求都不应该受到宗教法权与精神的约束,离开理性的根据而去追求非理性的上帝,这是让人多么无奈和悲哀的事情。

　　当然,在人类发展进程的各个时期,宗教无论在形式或教义上都是在向前推移的。然而在某一具体的历史时期,宗教是深入人心的,它是到达人内心深处的。但是费尔巴哈认为,宗教并不代表内心,内心不是宗教的避难所。但是已发生的宗教改革表明人们的内心不再有宗教, 或者可以这样说他们不再愿意在公开场所言说宗教,使之成为神秘的东西。费尔巴哈强调这种不可言说其实无非是一种自欺欺人,一种自我的麻醉与欺骗而已。因为人们发现基督教开始成为一种形式上的东西,无论是基督教的书籍、神父以及教会的圣经,都不再认同基督教的法则,仿佛并不是只有一定的准则、一定的中心、一定的原则的宗教才是宗教,可以说这是否定形式的保留,就等于不再有任何基督教。费尔巴哈认为所有这些现象都不是别的,而是内心颓废、基督教衰败的标志。

随着宗教改革的向前推进，新教便产生了。新教与基督教是不同的事物,这里的教皇或权力的拥有者和我们一样都是社会的个体,国王及统治者的权力不再是无限的，他们并非是凌驾于国家与人民之上的至高无上的权力机构。这一切表明,宗教已经在宗教改革之后再无内在的生命力了。此时,费尔巴哈的观点是基督教在政治意义上被拒绝了,无论在政治生活,抑或是世俗生活中基督教都不再成为人们的话题。现实的自由的人开始选择了一种新的生存方式，他们认为在现代政治国家中基督教是阻碍他们前进的力量,在基督教思想观念的影响下,人们的生活只会止步不前,停留在黑暗无知里面。可以说这种对基督教精神彻底否定的政治倾向才真正打开了一个新的时代。他强调,这也是一种新的生活方式和一种新的哲学产生的必要条件,他坚信一种非基督教的精神正在激烈地、富有生命力地萌发着。

然而对于文化而言，文明民族的文化与野蛮民族的文化是有着本质的区别的,一般说来文化的与非文化的区别就在于有无明辨和判断的能力。在文明民族那里,所有的行为选择与抽象信仰都是明辨的和有所判断的,这种判断也就产生了一种积极与消极的东西的区别。相反，在野蛮民族文化那里,他们的选择与行为是随机的、不羁的和没有教养的,按基督教的理解,这种生活是赤裸的,并非真正的属人的生活。然而基督教人士与有教养的或文明的民族对这种野蛮的生活方式是反感的和厌恶的。

由于宗教文化和宗教精神有着深厚而长远的历史渊源，并寄寓着人们对野蛮与文明的理解,因此现代政治国家要从根本上把神学传统从政治统治中去除出去,但这也并非要使宗教神学从人类的现实生活中消失,而是应该给正常的宗教生活划定一个特殊的活动领域,使其能正常地按照自身的教义,并在被规定的范畴下从事宗教事务。由此,宗教观念下的基本生活方式与世俗生活的生存方式得以清晰地分离开来,政治生活与国家法权从此不再受命于宗教,人们的道德评价也不再受禁于宗教的桎梏。

第二节　现代政治国家所面临的普遍问题

自文明社会出现以来，人们的社会生活都是在国家这种政治共同体中进行的，因此在人类政治文明的发展进程中，政治国家从来都是政治斗争的核心和政治理论探索的核心，任何事情都无法阻挡人们在现实中的政治斗争和理论上的政治批判，因为政治理论批判与现实政治斗争原本就是一件事情，在费尔巴哈看来，意识的变革无非就是使世界重新认识自身的一个过程，而且这个过程也是人类意识不断解放的、必需的、重要的过程。

一、国家与个人

费尔巴哈认为，在政治国家中，国家这种无限的实体是由单个细胞和元素组成的，这些细胞和元素则是由一个个被分化出来的人组成的，在这个实体中，一个人可以完成另外一个人的职能，另外一个人也可以补充一个人的职能，这样就使得整个社会共同体实现了有效运转。在国家中人不再是孤独的个体，单个个人的有限性被合理地消除了。由此，国家就成为无限的且没有止境的实体了。在这个意义上，政治国家就是绝对化了的人，也是独立自为的个体人的另外一种体现。

在现实中，伴随现代国家的产生，也就出现了一个非常突出的重要问题，即个别意志与普遍理性之间的冲突。随着国家的出现，在国家之中不可避免要面对普遍意志、普遍理性与个别意志、个别理性之冲突与竞合的问题，这个问题在自然状态和道德中是不被关注的，在自然状态和道德中只关心什么是善和恶的不确定性与相对性的问题。由于权力的存在使得这种普遍的意志和这种普遍的理性成为普遍的现象，因此最高国家政权的为所欲为、独一无二和压倒一切的意志使得这些意志与理性成为普遍的,由此最高国家政权借助自己具有的无限权力而达到了自然状态。这个普遍意志出现的标识就是,它拥有发号施令的权力,这与其发号施令的内容无涉,不过它的内容对一切也可能都是漠不关心的, 因而这个普遍意志本身与掌权者的独断专横没有本质的区别。现代国家一方面是在公众意志集合中形成的普遍理性,在一般层面而言它代表了一种社会共同体的普遍理性;另一方面,在现代国家中还存在代表个体自由、个人意志选择的特殊利益。这样,在现代国家中便存在一种永恒的张力, 即代表公共意志的现代国家与代表个体自由的特殊个体之间的矛盾问题,这种矛盾本质上是不可调和的。因为现代国家从基本的政治传统而言秉承着一种功利主义的价值选择, 被理解为一种公共利益的普遍形式,而个体的特殊利益便被牺牲掉了。但是费尔巴哈明确指出, 所谓的普遍意志、普遍理性实则是当权者与统治者个人意志的体现。在现代国家中最高政权表现出的是统治者的一种对现实漠不关心的态度,实则是个体专横与王权的特殊手段,只不过它把这种专横与无理合法化罢了。由此可见,"作为自然状态的基础的独断专横原则,也就是国家的最高原则"①。费尔巴哈的这一思想很接近后来马克思、恩格斯提出的现代国家是虚幻共同体的观点。

当然, 政府的行为选择一定得是合理性的, 不能是自由无理的任意行动,但不幸的是,现在政府的问题就像感染了病毒一样愈发严重了。霍布斯的国家权力学说把权力仅仅理解为天然的自由, 就是说把权力从国家移到想象的自然状态之中, 这样的国家就只具有对不受限制的天然自由或自然权利加以撤销或限制的意义。最高的国家政权拥有过分完备的、不受限制的权力,但正是由于这种权力被集中到几个人的手里,处于国家政权之下的人民所拥有的就只是原来那种不受限制, 但现在受国家限制的权利的一点少

---

① 《费尔巴哈哲学史著作选》(第一卷),商务印书馆,1978 年,第 88 页。

得可怜的残余。因此,国家虽然一方面仿佛与自然状态相对立,另一方面又与自然状态没有什么质的区别,因为没有使人们得出一种就概念和内容来说与自然状态有本质区别的观点,更没有使人们上升到道德和精神的阶段,这样的国家仍然不过是一种受限制的自然状态而已。

费尔巴哈是赞同霍布斯的国家学说的,现代政治国家的构建目的是在和平的基础上实现人民的公共幸福与平等生活。所谓公民的幸福无非是在现代国家中个体获得使自身心情愉悦的安逸生活。其实,这与自然状态下的个体生活没有什么不同。因为在自然状态下人们无非是受到其感性的主观特性支配,从而过着互相敌视、互相争斗的生活。但是在政治国家中,作为单个的、自然的个体的人依然处于感性的主观性范围之内,在愉快的生活中也如在不愉快的生活中一样,同样处于自然状态中。只不过,在自然状态下个体是相互冲突、争斗的,其目的是获得肉体上的健康与满足,而在政治国家中,其目的也是使个人获得肉体上的满足,只不过它是对自然状态的一种限制罢了。换言之,在政治国家中人与人之间的关系仍然是外在的,仍然是动物特性的与残酷的。所不同的是,政治国家中他们虽然相互冲突与斗争,但是他们不会再破坏和平与安全,而是会以幸福与和平为目的选择其自身的行为罢了。

费尔巴哈认为霍布斯的国家学说并不是简单追求通过暴力与征服实现个体之间的自由妥协,而是要极力避免这种自然状态,通过相互协调与订立契约来规避那种自然的原初状态。因为霍布斯强调人性本是恶的,在自然状态下个体之间是相互冲突、互相漠不关心的,唯有通过政治国家的强制力与暴力才能避免这种自然状态,征服那种盲目的、粗糙的、机械的权力。然而按照这一观点,公民就其自身本性来说,对于国家的联合和统一必然是漠不关心的, 只有当他们能够在国家中获得他们在自然状态下由于到处进行战争而得不到的愉快生活时,才会改变这种冷漠的态度。费尔巴哈强调霍布斯所谓自然的野蛮与私欲状态唯有通过一种强制性的、拥有无限权力的统治力量与组织才能得以避免。所以我们认为,无论是一个具有无限权力的君主,还是一个联合起来的社会共同权力机构,可能都是一种比较理想的规避个体的野蛮状态的手段。这种政治国家虽然夺走了个体对于自身的部分权力,但是它能有效地保障更多个体的自由权力,而这表明,国家依然处于自然状态。自然状态与公民状态的最大区别在于:在自然状态中一个人或者一些人所具有的所有权力都是不受限制的,而这些权力是非道德的、非有机的、非精神的,是一种否定国家概念的、粗野的自然力量。而公民状态则是一种天然的、合理的、道德的最高国家政权。

二、民主共和国是现代社会真正的国家形式

"上帝就是存在的统治者"这个说法是很难让人信服的,这样的观点好像证明了个别的东西可以是普遍的东西的统治者一样。事实上,费尔巴哈认为作为统治者的第一个基本条件是他得存在着,存在先于统治,这是统治的基础。费尔巴哈认为只要用自然来代替"存在",自然先于作为精神的上帝,而后精神才占据了作为自然的统治者和主人的地位。同样他认为人的肚子的活动先于脑袋的活动,生活中最重要的是饮食;但以后这些作用被贬低了,脑袋的活动占据了最高的统治地位,或者说至少被赋予了最高监督的责任,费尔巴哈认为:"最初是目的的东西逐渐成为手段。上帝和世界,精神和自然——这是对立性,统治的概念与之一致的特殊性。但存在无条件是普遍的。我能够使存在隶属于统治者吗?这等于我说肺主宰空气,但肺之作为肺,仍然得以空气为前提条件;肺只与空气有关,肺的存在只依赖空气,一如统治与存在有关,而且统治之为统治,只是因为它在一切其它的东西之前,先俯就存在,而且为自己存在和生存必须顺应存在。"①

---

① 《费尔巴哈哲学著作选集》(上卷),荣震华、李金山等译,商务印书馆,1984年,第190~191页。

　　根据费尔巴哈的观点,在君主制政体的政治统治中,"世界来自上帝"这一命题与"国王来自上帝"这一命题是同一的,天赋的王权也和天赋的世界是一样的道理。幻想的原因在宗教那里被放置在自然的媒介、条件和原因的地位之上,而在君主制政治国家那里,幻想的原因则被放置在政治的媒介、条件和原因的地位之上。我们发现二元性或不协调是神学的真正本质,同时也是君主政体的真正本质。就像是在宗教中我们有上帝与世界的对立,在君主制国家中我们有国家与人民的对立。二者都是将人的本质作为另一种本质与人自身对立,只不过宗教被视为一种普遍的本质,而国家则被视为一种现实的、个人的本质。那种"君主是神"的说法,好像是说君主是与人不同的实体,或者是与人多少有所不同的实体,但事实上君主不就是人吗? 君主与别人恐怕并不是什么不同的实体, 只是在想象中被尊崇为另一种更加崇高的实体罢了。因此,想象既是神学的力量,也是君主政体的力量;当想象统治着人类的时候,君主总是要统治人类。依靠想象而进行政治统治恐怕是不能持久的,更是不能令人信服的。"只有最深刻的不幸适应于最高的幸福,只有地狱适应于天堂,只有恶魔适应于上帝。"①所以君主政体呈现出的,一方面是奢侈、光鲜和重视外表,另一方面则是贫乏、困苦和贫穷,君主政体的各种特征注定其必然走向失败, 想象的力量只是在最盛之时寻找快乐并扩展开来,然而快乐之余则是失败的苦楚。

　　为此,费尔巴哈痛斥君主专制制度,他认为君主专制制度是与人的本质相违背的。君主专制实际是为当权者或者统治者谋利的一种手段,这种制度是与个体群众利益相违背的, 君主专制与宗教神学一样束缚了人的价值的高扬。自从经历了 1688 年"光荣革命"的英国建立起了君主立宪制之后,欧洲许多政治理论家都对君主立宪制抱有很高的政治期待。黑格尔更是对君主立宪制倍加推崇,将之视为历史上最为合理的国家形式。费尔巴哈对此则

---

① 《费尔巴哈哲学著作选集》(上卷),荣震华、李金山等译,商务印书馆,1984 年,第 598 页。

不以为然,在他看来,君主立宪制的合理性是有条件的、相对的,真正的、唯一合乎人性的国家制度应当是民主共和制。"君主立宪制是政治之托勒密体系,而共和制是政治之哥白尼体系,从而,在人类之未来,哥白尼在政治中也将要战胜托勒密,就像他已经在天文学中战胜了他一样,虽然托勒密式的宇宙体系也曾经一度被哲学家们和学者们认为是不可动摇的科学真理。"①费尔巴哈十分明确地表达了自己的政治态度,他认为如果有人撇开空间与时间的具体历史境况,而不加深刻思考地向人们证明君主制是合理的,甚至是唯一合理的或绝对合理的国家形式,在费尔巴哈那里是要加以坚决反对和抛弃的,费尔巴哈更倾向于共和制,当然是指民主共和制,他认为这种制度是真正的国家形式,是直接地符合理性并与人性本质相适应的国家形式。

有人认为,人类的历史是观念与利益不断斗争的历史,利益总是在瞬间内获得胜利的,而观念则总是在长期内获得胜利的。费尔巴哈不同意这个看法,他反问道:"难道观念不也是利益吗? 难道观念不是只在瞬间未被认识、被蔑视和被迫害的利益、还未生效的、未被法律承认的利益、与现在占统治地位的个别阶层的特殊利益有抵触的利益、暂时还存在于观念中的利益、普遍的人类的利益吗? 公道不是一般的利益,亦即受到不公道的待遇的人们的利益吗? 虽然,不言而喻,不是那些利用了这种不公道的人们的利益,即不是那些只在对其他各阶级的优越性中寻觅满足的阶层和阶级的利益。简言之,观念与利益之间的斗争就是旧与新之间的斗争。"②观念代表着陈旧,利益代表着新潮,所以费尔巴哈有着深刻的破旧立新的观念,甚至萌生了一些革命思想,比如费尔巴哈曾写道:"有多少社会恶害可以像缺乏移民船那样很容易地、或至少不至导致大的混乱地被消除,虽然它的消除,只有当旧的实践达到完全不能再继续下去的时候才是可能的。人总只是在压力下、总只是在

---

① 《费尔巴哈哲学著作选集》(下卷),生活·读书·新知三联书店,1962年,第846页。

② 《费尔巴哈哲学著作选集》(上卷),荣震华、李金山等译,商务印书馆,1984年,第599~600页。

受到强迫时才行动的,政府的行动也是这样,它从来也不能像它的美词丽句所说的那样可以任意行动;从来也不能自由地、有理性地、按事先考虑好地去做。"①这就是说,其实观念本身就是一种利益要求,而且不可能摆脱与利益的关系,问题的关键在于观念所要求的利益是人类普遍的、共同的利益,还是观念仅仅关注某些特殊阶层和阶级的利益。费尔巴哈认为民主共和制就是建立在人类共同利益基础上的,并且是与人性本质完全相适应的。因此,费尔巴哈主张建立的共和制与其人本学唯物主义哲学体系的建立是相符合、相一致、相支撑的,费尔巴哈认为:"在思维领域中把神学转变为人本学——这等于实践和生活领域中把君主政体转变为共和国。"②

三、法律与道德

康德在他的实践哲学中强调了自己的法的观念,他把意志自由规定为不同于愿望的那种感性能力的特殊能力,这个特殊能力即"思想物",从而认为意志的对象与内在根据是法律的纯粹形式,由此康德认为法律作为实践哲学是非感性的和超感性的东西。康德强调法律是人的实践理性的先验命令,它是普遍的、无条件的,它不考虑任何经验的东西,但是如果它不被执行,或者说得不到行动的支持,它便什么也不是。因而康德由此得出结论说,法律的普遍有效性有赖于存在着符合法律本质的行动的能力,存在着只为法律所决定而不以任何感情倾向为转移的能力,这种能力就是"纯意志"。

费尔巴哈不赞成康德把法律归结为先验命令的观点,他认为法律与人们内心生活并不是天然相合的。法律是合乎理性的,是具有严格、残酷、慎重等特质的,其实这就与人性有着完全相反的特性。人以及人的内心是宽容

---

① 《费尔巴哈哲学著作选集》(上卷),荣震华、李金山等译,商务印书馆,1984 年,第 600 页。

② 《费尔巴哈哲学著作选集》(下卷),生活·读书·新知三联书店,1962 年,第 846 页。

的、怜悯的、迁就的,属人的内心使我们达到道德上的完善;而归于理智的法律则使我们成为抽象的存在者,人的内心使我们成为实在的存在者。法律的严格使我们感觉到我们是有罪的人,而人的内心却使我们感觉到一种虚无,所以可以说法律是我们无条件必须服从的理智,而人的内心则是能使我们获得自由的东西。

因此,费尔巴哈认为法律不是先验地存在于人的实践理性中的普遍规律,在不同的民族中,法律作为最高概念,其含义并不一样。他同时举例说,以色列是一个以宗教意识作为法律的特殊民族国家,宗教精神被凝结在整个民族的利益和活动之中。换句话说,犹太教是世俗化的基督教,基督教则是属灵的、崇高化的犹太教,所以在如同以色列一样的宗教国家当中,其法律代表了最高的概念,法律是作为一种绝对的、属神的政治表现形式。相反,他认为在那些非政治国家与非世俗的国家当中,爱就是法律,其最高的概念就是爱,事实上这是两种形态当中最高概念的差别。

关键的问题是法律并不是超越人的现实生活的东西,费尔巴哈认为法律就是根源于人们现实生活的东西,人们理解法的真实性和可靠性完全依存于感觉的真实性和可靠性本身,正如签字的真实性、烙印的真实性、货币的真实性都只能靠感觉来鉴定一样,法的真实性也要依靠人们的现实生活。正如费尔巴哈所述:"我不是因为我有权利生活才活着,而是因为我活着我才有不可争辩的生活权利。法是某种第二性的东西;有不是法的东西,即超越于法而不是人的规定的东西,先于法而存在。"①这就如同意志必须附着在物质基础之上,恐怕这个理念对马克思、恩格斯的思想的确立具有重大的启发性。费尔巴哈认为法不依存于法规,法规依存于法,这是法与法规的正确关系,按照黑格尔的方法,我们可以这样理解:法规是法的现实化过程,法规把符合法的,并根据法的东西固定下来的转变为对他人的现实的、真实的义务。

---

① 《费尔巴哈哲学著作选集》(上卷),荣震华、李金山等译,商务印书馆,1984年,第595页。

正因为法律是从人们的现实生活中产生的第二性的东西，因此法律的作用首先在于保障个体的自由，如果没有法律，那人类的自由可就无从谈起了。唯有法律的这种第二性的存在，我们在法律中才有可能得到自由。当然，费尔巴哈认为，法律在一定程度上还代表了神权的意志，他认为法律在某些层面上可以被理解为一种最高权力的神化，是神权在世俗世界中的一种权力的体现。他举例说在法律中规定的"不可杀人"和"不可偷盗"，这两条规定在宗教义旨中也同样被规定了出来。这两种行为无论是在宗教上还是在法律上都被坚决地否定了，而这个否定恰恰是以承认人的自由为前提的。

费尔巴哈反复申明，他所说的法律是指一般层面上的代表普遍精神的法律，而不是为当权者或者统治者利益服务的法律。在这种一般性的法律当中，人们有权利追求自己的幸福与愿望，这是无可厚非的，但法律更是一种满足人们追求幸福愿望的有效手段。

事实上在古代国家中，法律并非是最高的行为规范，代替法律的是道德与宗教的约束。因为在古代国家中，道德规定了人们在现实生活中必须遵循的诸多义务守则，如果有人不遵守或履行特定的义务，那么他将承受道德的审判。而在现代国家中，费尔巴哈认为，法律规定了什么该做和什么不该做，如果有人触犯了法律，那么他将受到最高权力强制性的惩罚。由此费尔巴哈大声疾呼："企图从现代唯心主义的有别于法律的道德中重新推演出法律的努力，是如何地枉费心机而徒劳无益呀！但不管这一演绎法怎样的被歪曲了，它还是有充分的历史根据的，因为这一方法，也如哲学从自我推演出世界一样，是古代关于世界由神而来的被神化了的说明的合法后继者。"①费尔巴哈认为强迫和惩罚的刑事手段貌似是与幸福的追求行为是矛盾的，但这种矛盾是不真实的，这种矛盾不是与付诸实行惩罚的人的追求幸福行为相矛盾，而只是与被惩罚的人的追求幸福行为相矛盾，这难道不是对更多人追

① 《费尔巴哈哲学著作选集》(上卷)，荣震华、李金山等译，商务印书馆，1984年，第574页。

求幸福的保护吗？这样如何更加深入地理解违法行为或不法行为本身呢？费尔巴哈认为，违法行为可以被这样理解：一个人不愿意承认其他人对幸福的追求，还对其他人追求幸福的行为加以影响或损害，那么这个人就应该承担法律对他的制裁，违反法律的人对于这种被制裁必须无怨无悔地接受。这样就导致了人们为了避免受到其他任性之人的危害，把自己的财产和生命的防卫权利自为地交给武装到牙齿的法律，而不是把自己财产和生命的防卫权利交给没有任何武装力量的善良意志和道德意志本身，可见费尔巴哈在这里的立场绝不是康德主义的。

费尔巴哈认为法律貌似给予人们的很少，但是法律却最严格地遵守着它所约许的。与此相反，道德许诺给人们的好事远比法律要多得多，但是道德的作用大多是没有限制的，有时甚至道德很难现实化它所给予人们的诸多约许。法律对人的要求费尔巴哈是这样理解的："我并没有向你这个不可救药的利己主义者提出超人的要求，我甚至承认你的利己主义，但是，另一方面，我要求你也承认我们的利己主义。我们没有向你的宽宏大量和慷慨大方提出什么无理的要求，关于这些要求自然你不知道，也不想知道，我们所要求于你的，只是你不要由我们拿去属于我们的东西，只是你让我们得到安宁，让我们自由地处分我们的财产和工资。"①简而言之，费尔巴哈认为人们要求的不是道德而是法律，或者人们要求的是与公正的法律相同的道德，这样人们内在的需要履行的不是德行的义务，而是法律的义务，费尔巴哈这些观点与康德《道德形而上学奠基》中的一些理念极具相似性。

我们认为，如果一个人触犯了法律所规定的义务，那么他必将受到强迫和刑事手段的惩罚；然而对于这种强迫的惩罚手段又有一部分人会有这样的担心，即惩罚对于个人是否是自由的和公平的。费尔巴哈给出的解释是，如果一个人不愿意承认他人对幸福的追求，同时他的行为又妨碍到了他人

① 《费尔巴哈哲学著作选集》（上卷），荣震华、李金山等译，商务印书馆，1984年，第574页。

追求幸福的权利,那么这个人必定要遭受到一定的惩罚。这就是法律应当在现代国家中起到的约束作用。这一点就是法律比道德所具有的更高的约束作用,事实上也是如此。道德当然比法律具有更为辽阔的约束范围,其约束的社会功用也更为行之有效,但我们现在看来毕竟道德不具备法律所具有的强制约束能力,甚至有的时候道德的约束显得同样是空泛无力的,法律就恰好弥补了道德这一方面的缺失。一方面,我们应该规避利己主义的倾向,要尊重他人,奉行方便他人的行为方式;但另一方面,无论是法律还是道德都鼓励人们追求幸福的愿望,这就会产生一个矛盾,而其中最大的不同就是法律为人们规定了追求幸福的范围与界限,这样人们可以在合理的范围内,在不影响他人追求幸福的前提下自由地追求自己的幸福。

费尔巴哈谈道,之所以法权具有至高无上的强大约束力,并且它是完全合法化的,这是因为即便在古代社会中,诸如财产、安全、婚姻等自由权利也是同样受到尊重的,这种合理的法权是根源于人的自由意识的,因此它是神圣的。费尔巴哈强调法律是以自由为前提的,但是如果没有法律,也就没有自由;法律之存在的价值就是人们在遵守法律中得到自由的保证。法律实际上不过是最高权力所承认和保证的人们的愿望,法规就是迫使人们去奉行的、不奉行就要被处罚的那种愿望,至于这个愿望是来自神权还是世俗权力都不是至关重要的。因此,"'不可偷盗'或者'不可杀人'的法律不过是以命令形式表达出来的关于生命不可侵犯性和财产的神圣性的愿望;是希望不发生或不可能发生偷盗和杀人这些行动的愿望。法律只是把这一可能性变为应当性。应当存在或者应当不存在,这就是被希望的'存在'或者'不存在'"[1]。费尔巴哈认为应当存在的东西也一定是可能存在的;人们所希望的应得的东西,他们就立即设想到这同时也是可能得到的东西。代表个人表达出的"我想要"在有立法权力的人那里的表达方式是"我要求",他所表达的

① 《费尔巴哈哲学著作选集》(上卷),荣震华、李金山等译,商务印书馆,1984年,第451页。

"我要求大家不偷盗、不抢劫"也必然是表达了"不偷盗、不抢劫"的可能性。费尔巴哈认为偷盗是偶然的,窃贼是自由的,因为他可以同样轻而易举地不去偷盗。这就是说他相信偷盗的对立面是可能的,而借助于法律能使偷盗行为成为不可能的。正是因为这点,费尔巴哈强调:"法律对于窃贼的要求,正如我们在这里当作范例的那个善良的、古老的、充满自信的时代曾发生的那样,除了要他懂得偷窃是被禁止的,以便马上把他绞死之外,再没有别的;这样,就不惜任何代价,甚至以人类生命的代价去实现没有偷盗这一愿望。"①他认为不同时把整个人都消灭掉,就不能消灭可恶的窃贼,因此就应该对他不客气:为了消灭窃贼,除了消灭所有与窃贼有关的东西以外,还要从肉体上消灭整个的人;在费尔巴哈这里,要求人们不要行窃和做其他触犯法律的行为。

事实上法律并不关心窃贼同人的联系,更不关心行动和它的条件的联系。凡是阻碍人追求幸福的愿望,根本损害人的自私心和利己主义的东西,就不应当存在,也不能存在,这应该是一个正常的现实的人的普遍性反应。在费尔巴哈看来,这一人类利己主义的基本规律可以说不仅适用于人,也适用于自然界;不仅适用于杀人犯与窃贼,也适用于把疼痛、伤害加在人身上的那些生物;所以费尔巴哈认为,在这种情况下,基本规律的广泛应用不是通过哲学思维或法律形式,而是完全基于追求幸福的愿望这一绝对命令,他举例解释说:"如果我因为跳蚤咬我而掐死它,我就是在否认它的生存的必要性;我把它从我自身和其余世界的有机联系中挖掘出来;我加在它身上的罪状只是因为它咬人,正如法官或道德家加在窃贼身上的罪状只是因为他偷窃,我指责它伤害人,这是在自爱的和自私的心看来的伤害。因此,结果会是这样:跳蚤咬人,但是它不应当咬,或者至少不应当咬我。跳蚤的咬是对人类追求幸福的庄严愿望的藐视。但是只要跳蚤还存在,它就不能不咬。我所

---

① 《费尔巴哈哲学著作选集》(上卷),荣震华、李金山等译,商务印书馆,1984 年,第 452 页。

宣告的死刑判决只涉及一个跳蚤，这一情况只是由于我不能一下把所有跳蚤消灭干净，把整个跳蚤类都消灭，虽然我极乐意能做到这点，一劳永逸地摆脱这种讨厌的虫子，就像一个国家想把所有未来的罪犯同某一个罪犯一同杀死，可惜这是做不到的。"①因此，费尔巴哈强调一切恶行都会使人感受到凌辱，继而感受到愤怒，哪怕只是跳蚤的蜇咬，蚊虫的叮咬，也都会使人感到恼怒、憎恨甚至愤慨，接着使人在愤恨的同时，立刻迅速寻找与这一令人不悦的行径或者可憎行为相对应的那个原因，从而迅速地把寻找到的恶的意志或恶的本质当作这一恶行的原因。

　　按照费尔巴哈的分析，如果恶行的原因是必然的，那么导致恶行也是必然的。既然存在着这样的必然性的东西，则存在着摆脱这种必然性的那种相反的必然性——被侮辱的追求幸福的愿望和摆脱恶行的愿望联合行动起来反驳这种恶行的必然性。这种相反的必然性的现实性表现就是人们那种类似于以怨报怨的诅咒，费尔巴哈是这样描述的："把自由意志建立在世界的顶峰或是世界的开端上，只有在下述情况中才算是实际的有道理的：对天上造物主的赞歌正如人们所假设的那样，可以使人们摆脱邪恶；肉体的邪恶，首先是死，只是由于魔鬼的妒忌才来到世界上，而道德的恶——罪业——不是必然性理由的结果（因为亚当可能不犯罪），而只是故意欺诈的结果；因此，最后一个理由给人们以自由，在当前的情况下，也就是给人以以怨报怨的权利（纵然只是一些骂人字眼，轻蔑地骂'见鬼'或诅咒罪恶的人），给人们发泄自己对世界上到处见到的邪恶的愤怒和怨恨的权利。"②当然，这些辱骂、诅咒、以怨报怨的字眼，在世界各地的使用是有差异性的。

　　根据费尔巴哈的观点，对于运用强迫手段惩罚犯错者的行为这一原则来说，无论是从道德的本质上，抑或是从法律的初衷层面来说都是无可厚非的，因为道德从来不会宽恕那种冒犯道德律的行为。所以如果说赦罪是上帝

---

① 《费尔巴哈哲学著作选集》(上卷)，荣震华、李金山等译，商务印书馆，1984 年，第 452 页。

② 同上，第 453 页。

的本质,这并不意味着上帝的本质是不道德的,而只能说上帝是被设定为胜过道德本质的本质,简而言之,也就是上帝被设定为属人的本质了。这就是费尔巴哈提到的:"罪之被扬弃,就是抽象道义之被扬弃,从而也就是爱、慈悲、感性之被肯定。"①在费尔巴哈这里慈悲的并不是那些抽象的本质,而是那些感性的本质,不仅如此,慈悲在这里还特别指称那些感性之正义感。所以费尔巴哈认为上帝并不是作为抽象的理智者来宽恕人的罪,上帝是作为肉身的、感性的人而来宽恕人的罪。这里上帝成了人以后是一个不犯罪的完满的人,是懂得人的感性、痛苦、需要、渴求的那种活生生的人。但是对于那些道德上的完善本质的意识却使人感到冷漠而空虚,因为这让人感到了人跟这个本质之间的距离和间隙。

　　费尔巴哈认为那种道德完善性,至少对于道德意识来说是并不完全依赖于自然的,那种道德完善性仅仅依赖于意志本身,道德完善性恰恰就是意志的完善性或完善的意志。那何为道德完善性的意识呢? 道德完善性的意识是一个无情的意识,因为它使我们意识到我们自身在道德上的那种虚无性。费尔巴哈认为对上帝的全能与永恒性的意识并不使人感到痛苦,这是什么原因呢? 其实道理很简单,因为全能并不命令人们也要成为全能,永恒性并不命令人们也要成为永恒,即使命令人们去这样做,恐怕也是无济于事的。但是这毫不影响道德完善性的意识要求自我,要使道德完善性成为自我的法律。如若我要设想那种完善意志——"跟法律同一的、本身就是法律的"的那种完善意志,就必须先把这种完善意志设想成为意志的客体,也就是设想成为我的那种"应当"。这样依照费尔巴哈的观点,道德上的完善本质的表象决不仅是理论上的一种表象,而应该是促使自我去行为和模仿的一种表象,由此也是一种实践性质的表象。

　　在费尔巴哈看来,法律也同样是道德,但这种道德的范围是非常明确和

---

　　① 《费尔巴哈哲学著作选集》(下卷),荣震华、王太庆、刘磊等译,商务印书馆,1984 年,第 77 页。

有界限的,法律这种道德的各种义务是必须要严格遵守的,不遵守就会引起人们刑事上和民事上的惩罚。费尔巴哈认为法律是一种最古老的道德,不仅在理论之中,在今天的生活之中仍然发生着重要的作用。在这里费尔巴哈强调,仅仅由于道德的本质,就绝不会宽恕对道德律的任何冒犯,因为往往那些否定法律的人就必然被法律所否定,当然费尔巴哈还对法官提出了道德的要求,如果法官的判决缺少人类最起码的道德性,那审批本身必然缺乏道德性,结果也就不言而喻了,被判决的犯人将得到严厉而苛刻的审判。

四、正义与自由

费尔巴哈虽然对宗教神学进行了严厉的批判,但他并不认为宗教神学是一无是处的。宗教在早期社会形态中曾经扮演着极为重要的角色,它约束人们的行为,给予人们以自由和宽容,为人们提供追求幸福的权利。但是现在不同了,宗教的约束力已经不足以满足社会的进步要求了。于是,法律精神代替了宗教教义,政治国家代替了宗教信仰制度。根据费尔巴哈的观点,现代国家中的人是现实的人,对于自然来说是千真万确、实实在在的东西。废除宗教的桎梏之后,并不是要重新建立又一个"神教",而是可以把政治当作现代国家的宗教,但这也仅仅是在功能或者体悟的层面。

费尔巴哈认为,现代政治国家的合法性首先在于它消解了原始异教国家的神权或专制统治。因为在传统意义上,异教国家或者旧时期宗教国家本质上都是为教权和王权服务的,代表的是神权以及统治者的特殊利益。在这样的国家中,法律与教义都是以特定阶级的利益需求为蓝本,它们并不会考虑到人民的利益。毋宁说,异教国家或王权国家所奉行的是完全的利己主义原则,其受益的阶级是少数的权力拥有者。相反,现代政治国家则不然,在现代政治国家中,国家是代表人们的意志的,它是依照人民的意志而存在的。

现代政治国家之所以要取代异教国家是因为它真正代表了人们的利

益,使国家融入到人民当中,并且以人民的利益为目的。费尔巴哈认为,在这样的国家中,个体就成为人民、公民,公民就成为完全凌驾于个体人之上的政治实体,人民以及公民的概念更具有实体性和理想性。现代国家中的人民与基督教中的人的根本区别也就是前者使主体变为了现实的主观实践,而后者的主体仍在天上,是一种超自然的主观性。

正义与幸福问题,在费尔巴哈看来,是一个涉及国家原则的问题。这个问题在现代社会中必然与利己主义与功利主义问题密切相关。一般说来,现代国家是要改革原始宗教传统的。因为在宗教生活中利己主义是在教义上不被提倡,甚至不被容许的。而在现代国家中,人们对正义和幸福的理解总是基于利己主义和功利主义的考虑。因此,现代政治国家的正义首先就是要防止把国家变成少数利益阶级的统治工具,变成当权者的谋私武器。然而国家为人们的正义和幸福提供政治保障又是与这种利己主义相悖的,因为这种保障必然要制约和限制个人的利己主义行为。因此,现代国家企图通过普遍的联合,使个体融入到国家当中,使国家成为人们利益的实现机构。

现实生活中之所以发生诸多不正义的恶行,乃是因为过度强调个人需求的利己主义观点抹杀了人与人之间的同一性原则。因此,费尔巴哈强调正义的原则必然要依据人与人之间的同一性,这种同一性并非要抹杀个体间的差别,而是一种良好的社会制度当然要取得的同一性或普遍性的共识。政治国家将诸个体从单个人的层面融入到国家中,以一种相对合理的、公平的方式保障个体的利益。平等的概念就是要反对绝对的桀骜不驯和特立独行,因为在费尔巴哈看来,抛开自然层面的考虑,我们都是社会中的人,我们必须把他人当作自己生存的手段,即个体的生存与需求应该以不妨碍他人利益为前提,这就是正义的基本要求。那种绝对的利己主义是原始宗教与旧时代国家的思维原则,他们认为自己才是高贵的宗族、特殊的动物,把他人看作更低级的阶层。所以这种旧式原则的退却是有历史必然性的,平等的原则就是人反对那种人为的区别。因此,真正的正义必然是对这种绝对利己主义的否定,正义意味着自我和他人的共同幸福,具有最高的道德价值。据此,费尔巴哈声称:"幸福吗? 不,正义! 正义是绝对相互的、或两方面共同的幸福;它反对旧世界的单方面的、利己主义的、或不公平的幸福。"①在费尔巴哈眼中,这个世界上的很多人都是享乐主义者,又有许多人只是在愿望上而不是在行为上是享乐主义者,因为恐怕他们没有更好的选择,最后其余的人在行为上是享乐主义者,这些人只关注享乐,具体的原因不得而知,有可能由于成功、幸运的机会是伴随他们与生俱来的,以致这些享乐主义者自己都没有觉察到,享乐主义者们从来不遵行理论的基督教及其离世的德行,无所顾忌地完全沉浸在享乐主义"事业"之中。

　　人是一切关于法律、意志和自由的前提与基础,没有人的、在人以外的、在人之上的人格之思辨,都是一种没有统一性和必然性的思辨,都是一种没有实体和根据的思辨,都是一种没有实在性的思辨,所以费尔巴哈提出:"人是自由的存在、人格的存在、法律的存在。只有人才是费希特'自我'的根据和基础,才是莱布尼茨的'单子'的根据和基础,才是'绝对'的根据和基础。"②在费尔巴哈眼中,人才是国家的整体的一,这个一代表着一切,人对费尔巴哈哲学来说就是一切。费尔巴哈眼中的国家是人的总体的概念,这个总体是人的实在化的总体,是人的优良化的、明确化的总体。在国家里面的人的主要性质和活动现实化构成了特殊的等级或阶层, 然而这些性质和活动在作为国家领袖的个人身上又重新回到了一种同一性, 因为国家领袖代表着国家的意志和形象,所以国家领袖无差别地代表着一切的等级或阶层。在国家领袖面前,一切等级或阶层的人们都是同样必要、同样重要、同样有权利的,在费尔巴哈眼中,国家领袖是普遍的、一般的、多数人的代表。所以费尔巴哈的自由正义观念完全是建立在人本学基础之上的。

　　费尔巴哈在论述国家与人的自由之前, 深刻而巧妙地描述了人的概念

---

① 《费尔巴哈哲学著作选集》(上卷),荣震华、李金山等译,商务印书馆,1984 年,第 593 页。
② 同上,第 118 页。

和自己人本学唯物主义哲学超越性的意义。在他看来基督教将"人"这个名称与"上帝"这个名称完满地用"神人"（Gott-mensch）这个名称结合了起来，从而基督教将"人"这个名称赋予了最高实体的属性。费尔巴哈新哲学根据这个达成的普遍认知的真理，将"人"这个属性当作实体，将这个宾词当作主体，因为在费尔巴哈这里新哲学本身就是实在化的理念，就是理念及其实在化的过程，这是一种新的真理，是一种新的、自主的人类行动。费尔巴哈进一步阐释，从某种程度来说，这个新哲学同时也包含了基督教的本质，所以新哲学自然也就放弃了基督教这个名称，他认为这是合情合理的。当然这种提法充分暴露了费尔巴哈哲学的不彻底性。

自由就如同正义、平等和幸福一样，其实自由也是人的自由，而不是什么纯粹精神的自由。费尔巴哈的所谓自由就是我们给他人以足够大的活动范围，而这个混乱的范围是要符合其个体完整性的。国家虽然是一种普遍共识的组织，是主观与客观的同一，但国家不应该完全被理解为客观真实的东西，国家的基础是个体的人，这样国家必定具有一定的主观性。反之，国家与人都将成为一个个冰冷的机器，那么国家的存在便再无意义可言。我们不能把国家变成一种抽象数量的牺牲品，它是由千差万别的各自追求自己幸福的个人构成的。因此，自由问题必然是一种最为高端的范畴，自由不应该被理解成一种开端，它应该是我们行为的目的，应该是我们从开始到终结一直都在追求的目的。"毕竟人不是生而自由的。自由是建立在一定的天赋之上，经过良好且充分的教育的产物。相信由于信仰人类意志行为的必然性，所以变得不自由了，相信由于有关自由的形而上学的学说，所以人变得自由了，再没有比这种相信更可笑的了。"[①]费尔巴哈认为幻想的、迷惘的人得不到应得的自由，就如同脱离了必然性的无规律性显然是不能够与自由的自然必然性相协调的。在这些人心中自由是在一种不确定的意义上来使用的，对他

---

① 《费尔巴哈哲学著作选集》（上卷），荣震华、李金山等译，商务印书馆，1984年，第598页。

们来说自由是一直被否定的,他们秉持的"人是不自由的"这种说法无异于强调人不是人,不是行动着的生物,而只是植物、石头而已,这是多么荒谬的事情,这是对人的自由的概念的扭曲,更是对人性的扭曲。

所以费尔巴哈调侃唯心主义者或唯灵论者把外部的政治自由作为自己的目的的做法是令人费解的,费尔巴哈认为唯灵论者有充分的精神自由空间,这些人受到外部的压迫越大,就越是有理由享受内心的自由与恬适,这是任何人都不可能局限得了他们的。所以可笑的是唯灵论者所了解和关注的政治自由乃是在政治领域内的现实的自由,是唯物主义性质的现实的自由。事实上物质的、肉体的自由必然是属于现实的自由,以出版自由为例,这种自由不仅给人的头脑,而且也给人的心、肺、胆汁以广阔的场所和空气,这样唯灵论者在得到现实的唯物主义自由之后也就有了充分的想象的自由了。费尔巴哈不同意把人的自由同服从自然必然性对立起来。他认为自由也如类似的一般的词一样,是在一种不确定的意义上使用的。那种过分强调自然必然性的人,认为人的活动是受自然必然性支配的,是不自由的,这种不自由就如同人不能任意地变换自己的位置一样。费尔巴哈并不如此理解自由,在他看来自由与服从自然必然性是一种非对立的关系。

五、政治变革的历史实践

宗教改革使天主教的属神精神变成了新教原则即属人的规定性原则,因为历史是人类发展的一面镜子,它提供给人类一种最平淡无奇但足够真实的客观例证。人类从愚昧野蛮发展到具有高级文化状态的过程,就是人通过对象化的东西来表现自身本质的过程,历史使人类有可能以一种实践的方式超越自身。

历史提供给了人类一个事实的例证,但我们并不能通过历史或者说历史事件了解现代的社会结构和人。因为我们可以从历史中得到一些与现代社会结构相同或不同的东西,它给予我们以足够的参考,供我们比较古今。但我们无法照搬历史去理解当代,因为根据费尔巴哈的观点,历史之所以是历史,是因为它与当代从本质上看是完全不同的,否则我们不可能把它称之为历史。我们身处当代之中,只有当我们自身已经不再属于过去,而属于现在;不属于死去的事物,而是活生生的现实存在,这样才有可能真正了解现代的改变。历史中包括两种内在力量,即一种进步特性的否定过去死掉事物的力量,以及一种具有保守特性的持旧除新的力量。

当然,我们并不能完全否定任何一种单一的力量,费尔巴哈认为:"只有那种适应时代的要求,符合人类的利益的哲学变革才可能是不可避免的、真正的变革。诚然,在世界历史见解低落的时代,各种需要是互相矛盾的:某一些人的需要是在于保持旧的,驱逐新的,另一些人的需要则是使新的得以实现。时代的真正要求是在哪一方呢? 是在那预示未来、包含进步、作为未来的需要的一方。保持旧的这种需要是人为的、勉强的需要,这是反动的。黑格尔的体系是各种不同的已有的体系的任意结合,是含糊暧昧的结合,没有肯定的力量,因为缺少绝对的否定。谁有勇气做绝对的否定,谁才有力量创造新的。"①这是历史地对黑格尔政治哲学的保守性进行的无情批判。费尔巴哈历史地看待人类各个时期的差异性和不同点,往往这些差异性是与人类宗教信仰的变迁分不开的,因为具有自身特点的某一历史运动之所以能让后人评价它与众不同,就在于这段历史一定是深入人心的,否则无论如何也不可能达到人自己的内心深处。人的内心不是宗教的某种形式,而是人的存在的某种形式,不是宗教包含内心,而是宗教也应被包含在心中,实事求是地讲,心才是宗教的唯一的本质。费尔巴哈在他那个时代所引发的宗教革命如果存在的话,那应是人们对心的看法的改变,是人们对人这个概念的重读,因为这个宗教革命让人们发现心中将不再有宗教。

① 《费尔巴哈哲学著作选集》(上卷),荣震华、李金山等译,商务印书馆,1984年,第94页。

基督教被人拒千里之外,费尔巴哈发现,甚至那些表面上还保持基督教信仰的人也同样拒绝基督教的精神,但这些人却装作没有看见人们拒绝基督教信仰的事实,当然这是由于他们的政治理由而使他们不愿承认这点,所以他们对这个问题躲躲藏藏、神神秘秘,使之成为有意或无意的自我欺骗的秘密;这时候的基督教恐怕真的已经变成了有名无实的东西。费尔巴哈看到,在基督教的否定中人们抛弃象征性的书籍,抛弃了教会的神父,抛弃了《圣经》,抛弃了基督教的准则。费尔巴哈发现:"所有这些现象都不是别的,而是内心颓废、基督教衰败的标志。基督教不再能满足理论家,也不能满足实践家;它不再能满足灵魂,也不再能满足心,因为我们的心有完全不同的兴味,并不是永恒的天堂幸福。"①这样,对宗教的抛弃就必然走入人类历史的范畴,这个趋势是人类历史发展的必然。

人类创造历史、改变历史并非仅仅通过智慧,还要靠足够的热情。也就是说,创造历史光靠智慧是不够的,人不能把政治改革搁置于思想阶段,这是没有意义的,费尔巴哈认为,人的思维只需要一个灵光的头脑就够了,但是行动却需要全身上下的实践。之所以有现在的宗教改革与政治改革,是因为人们渴望自己的劳动、努力、智慧与创造得到应有的回报,在这里费尔巴哈强调了实践的力量,人们渴望在合理的范围内获得更大的个人利益,但是这种理想与愿望在宗教国家是不可能实现的,因为那里没有自由与正义,人们的劳动与付出得不到保障,你所做的努力如若触碰《圣经》,那这个行为都会被判有罪,关于这个问题费尔巴哈写道:"现代的斗争是何处来的呢? 我们为什么激烈地反对那些要我们在宗教上转回到圣经中去, 在政治上转回到历史法制中去的人? 人类现在要求对他们的劳动的奖赏;他们不甘心于自己的思想、努力、战斗和苦难都毫无报偿;他们想享受自己的劳动果实。人家未能阻止我们的劳动,甚至还鼓励我们去劳动,但现在却又想吞占我们的劳动

---

① 《费尔巴哈哲学著作选集》(上卷),荣震华、李金山等译,商务印书馆,1984年,第95页。

报酬。"①

　　所以人们不能对过去抱有太多的幻想,费尔巴哈认为,要有完全脱离旧世界的勇气才能获得自由与正义。一个新的时代的建立就意味着我们必须作出一定的改变与牺牲,人们不否认宗教带给人类社会的诸多遗产,但现在它已不再适应如今的社会环境。这种与旧世界决裂的勇气并非要完全否定宗教,让其消失在历史舞台,根据费尔巴哈的观点,要给宗教生活划定一个特定的活动范围,而这个范围一定不会影响到政治生活。在这个领域当中,它是无关国家、无关政治的,唯有这样,宗教才会真正发挥其原有的作用,政治生活与国家秩序才能得到保障,这是费尔巴哈解决问题的路径。正如费尔巴哈所言:"假如人类想建立新时代,他们必须坚决地和他们的过去脱离关系;他们必须假设过去的一切等于零。只有在这样的前提之下,他们才能得到从事新创作的力量和兴趣。任何对过去的依恋都会瘫痪人类活动力量的奔放。所以人类必须偶尔做得过火一些。人类必须不公正、偏颇。公正是一种批判行为,而批判只能跟在事情后面,却达不到事情本身。"②费尔巴哈发现,天主教徒把新时代反倒是视作堕落。当然人们也可以把这个新时代和一切提出新原则的时代都称作是堕落的,因为根据黑格尔思辨哲学的理念,旧的、现存的总是被认为是合理的、神圣不可侵犯的;因为这个思想的背后无非还是"就其结果而言是神的慈悲的安排"的堕落,是宗教神学思想的堕落,从人类历史发展来看,这也是人的堕落。

　　所以费尔巴哈提道:"夏娃不外是感官和物质,她夺取了乐园中的人的天主教的纯朴,因为她引诱人从智慧树上摘下了禁果。新时代不同于中世纪的只是它把物质、自然、宇宙当作神的现实性或真理来颂扬、推崇,把神的绝对的本质,不是当作某种有别于世界的、彼岸的、天国的东西,而是当作一种

---

① 《费尔巴哈哲学著作选集》(上卷),荣震华、李金山等译,商务印书馆,1984 年,第 237 页。

② 同上,第 238 页。

真实的、与世界同一的本质来接受承认。"①费尔巴哈发现并强调说一神论是中世纪的一个本质,而泛神论是近代和近代哲学的一个本质。在费尔巴哈眼中, 那些近代的哲学艺术和科学技术等一切伟大的发现和成就都是深受泛神论的世界观影响的,这是费尔巴哈一个非常整体性的论断。费尔巴哈强调,人们若是把世界看成一种有别于神的、被神排斥的、无神论的、非神圣的世界,人可能就会认为没有由衷地热爱这个世界的必要了,在他看来,任何形式的热爱无非都是神化而已,这也为费尔巴哈建立自己的"爱的宗教"埋下了伏笔。可见无论多么深刻的批判者和思想家都逃不出、摆脱不了历史的限制,这些人的思想也必然会保存时代的烙印和局限性,也恰恰是这种局限性本身,为马克思彻底批判德国古典哲学以及费尔巴哈哲学提供了诸多空间。

---

① 《费尔巴哈哲学著作选集》(上卷),荣震华、李金山等译,商务印书馆,1984年,第238页。

第五章
费尔巴哈的道德哲学思想

对于费尔巴哈的道德哲学思想，恩格斯作出了这样的总结性评价："费尔巴哈的道德论是和它的一切前驱者一样的。它适用于一切时代、一切民族、一切情况；正因为如此，它在任何时候和任何地方都是不适用的，而在现实世界面前，是和康德的绝对命令一样软弱无力的。"①恩格斯的这个总体性评价的确指出了费尔巴哈道德哲学的根本缺陷，但这并不意味着费尔巴哈道德哲学就毫无可取之处。国内学界不少学者根据恩格斯的这个评述，在缺乏对费尔巴哈道德哲学思想研究的情况下，就对费尔巴哈的道德哲学抱有轻视乃至否定的态度，认为费尔巴哈的道德思想是一种保守的历史唯心主义的道德思想，甚至认为费尔巴哈的道德思想是毫无价值的废话，这种看法是有失公允的。

费尔巴哈的道德哲学是他的"新哲学"的一个不可分割的组成部分。费尔巴哈立志要把他自己的哲学变成全人类的事，这是多么宏伟的目标，费尔巴哈是这样表达的："我的第一个愿望是使哲学成为全人类的事。"②他特别强调，谁若一旦走上哲学这条道路就必然会得出这样的结论：哲学应该把人看成是自己的事情，而哲学本身却应该被否定、被抛弃，原因很简单——只

---

① 《马克思恩格斯文集》（第四卷），人民出版社，2009 年，第 236 页。

② 《费尔巴哈哲学著作选集》（上卷），荣震华、李金山等译，商务印书馆，1984 年，第 250 页。

有当哲学不再是哲学时,哲学才能成为全人类的事。因此,费尔巴哈"新哲学"作为一种人本学,不能不对人类生活中的道德问题给出自己的理论解答。他的解答一方面从道德哲学方面延伸了他对宗教神学的批判,另一方面也对当时道德领域所面临的一些主要问题,如道德与幸福、利己与利他等,提出了自己的独特见解,值得我们对其深入研究。

第一节　对基督教的道德批判

一、基督教的道德完善性不是设定为绝对本质的道德本质

费尔巴哈发现了一个现象,那就是在基督教生活中道德的要求胜过一切理智的规定。宗教十分聪明地从道德里面吸取最好的力量,它把属人的东西给予人,把属于上帝的东西给予上帝,宗教充分利用了道德,所以很多人都有一个普遍的感受,那就是宗教大多都是教人求善的,只有极少数的邪教才教人为恶。费尔巴哈认为上帝之概念依赖于公义、善良、智慧等这些概念。其实上帝作为一个完满的存在者,它是人类根据人脑的想象力所创造出来的神化的人,它当然依赖于一些人类的基本道德准则,即智慧、正义、良知等。因为如果上帝不具备这些道德准则,那么上帝也便不再是一个完满的存在者。基督教对不死的通俗证明也说明了这一点:如果并没有另一种美好的彼世生活存在,那么上帝也就不再是公义和良善的了。因而"上帝之公义和良善,被当作是依赖于诸个体的永生的;但是,没有了公义和良善,上帝就不成其为上帝了。对我来说,上帝正就是我的福乐之可靠性"[1]。费尔巴哈认为,

---

[1] 《费尔巴哈哲学著作选集》(下卷),荣震华、王太庆、刘磊等译,商务印书馆,1984年,第210~211页。

一个人一定对自身的存在和永存感到兴趣，当然这个人也一定对上帝的存在感到兴趣；在费尔巴哈这里对人的兴趣与对上帝的兴趣是一致的，所以他坚信上帝无非是人的稳妥的、可靠的生存，上帝是主体们的主观性，上帝是人格们的人格性，那么属于人格性的又一定是属于人格们的。所以费尔巴哈认为上帝是跟人的愿望与感情相适应的实存；这个实存在未来是公义者与仁慈者，上帝成全了人的愿望。然而在今生今世，上帝却是一种跟人的愿望、感情相矛盾的实存罢了。费尔巴哈认为在今生今世一切总还没有成为未来应当成为的那样，所以人的今世正在灭亡，但上帝却已经成为应当成为的那样的实存了，这时候的上帝是人的愿望之成全者，这时候的天国是跟人的愿望与渴望相适应的实存。这样人就靠着上帝的这种绝对的人格性力量实现了自己的永恒幸福，确保了自己的福乐与永生。

　　根据费尔巴哈的观点，上帝是人自有的本质与自己的良心。其实作为道德的完善本质的上帝，它不外乎就是实现了的人的道德理念和人格化了的道德律，它不外乎就是人之被设定为绝对本质的那个道德本质而已。人之所以希望在宗教中满足自己，是因为他认为上帝是道德完满的人，他认为宗教是至高的善。但正如费尔巴哈所提到的："如果上帝是一个本质上不同于人的存在者，那么，人怎能在上帝里面找到安慰与和平呢？如果我本质上不同于某个存在者，那我怎么能够分享其和平呢？如果他的本质不同于我的，那么，他的和平也是本质上不同于我的，也就是说，对我来说，这种和平并不是和平。如果我并不能参与他的本质，那我怎么能够参与他的和平呢？而如果我本质上不同于他，那我怎么能够参与他的本质呢？"①费尔巴哈认为一切活着的生命体都能感觉得到和平；只是每个生命体是在不同的环境因素和不同的本质中感觉到的。例如，如果说人在上帝之中感觉到了和平，那是因为他在上帝中第一次找到了他自己作为人的真正的本质，是因为他在这里第

---

　　①　《费尔巴哈哲学著作选集》(下卷)，荣震华、王太庆、刘磊等译，商务印书馆，1984年，第73页。

一次感到完满和乐意，是因为迄今为止当他在上帝中寻求和平及认为是自己本质的东西时，找到的都是某种异于上帝的属人的本质。人在上帝里面找到自己和满足自己的前提是发现属于人自身的神性，这个神性必然是基督人性的表现，并且只有找到属人的自身的神性，人才会有平安的感觉，这个感觉恰似人在出生后得到安宁的那个状态，得到了这个感觉的人就已经存在于神性之中了。

基督教在政治上的胜利，却正是基督教在道德上的堕落，这是基督信仰者在历史和现实中重要而显著的变化。当时的不信者们怎样地为了他们不信的缘故而忍受着各种各样的蔑视、凌辱、追究、盗劫，这同过去比是翻天覆地的变化。因为在以前，基督徒是贫穷者、受追究者、受难者，而在费尔巴哈时代的德国却轮到了非基督徒。这就是基督教的异化和退化，费尔巴哈认为在当时名义上的或理论上的基督徒，即那些所谓的上帝信仰者事实上是实践的、本质的异教徒；而那些所谓的名义上的、理论上的异教徒，在费尔巴哈眼中才是实践的、现实的基督徒，这是费尔巴哈对政治化基督教的深刻见解，这个观点恐怕对马克思关于宗教的解放、政治的解放、人的解放等理念，产生过极大的启示作用。

这就进一步说明，那些一切想通过宗教神学来论证道德和法权的企图，都是以自我欺骗为基础的，都是不能令人信服的，这些都是政治不正义的基础。正如费尔巴哈所述："什么地方把道德建立在神学上面，把法权建立在属神的任命上面，什么地方也就可以为最不道德、最不合法、最卑鄙龌龊的事情进行辩护。"[1]所以说要想通过上帝来论证道德，就应当首先把道德放到上帝里面去；总之，对于道德、法律和一切本质重要的关系，人们都只能通过它们自身来论证它们，人们实实在在地遵照真理的命令论证了它们。只有当我自己已经通过道德来限定属神的本质时，才能够通过神学来论证道德，否则

---

[1]　《费尔巴哈哲学著作选集》(下卷)，荣震华、王太庆、刘磊等译，商务印书馆，1984年，第319页。

就没有检验道德行为与不道德行为的标准,如若在一个不道德的、任意的基础之上来论证道德,那将会非常可怕地从其中推出一切可能的结论。费尔巴哈强调,如果真把某种东西放到上帝里面去,或者从上帝那里推导出某种东西来,这都意味着使某种东西成功地逃避了理性的检验,离开人的理性的东西一般是不可靠的,然而宗教却敢大胆宣称这种东西是神圣的、不可侵犯的、无可怀疑的、不能指摘的;即便如此,也没有任何可以说明这个东西之所以神圣不可侵犯的真正理由。对此,费尔巴哈声称:"我们不需要任何基督教式的国法;我们只需要一种合理、公正、属人的国法。无论在什么地方,正、真、善之所以被神圣化,其根据都在其自身之中,都在其本身的性质之中。什么地方以严肃的态度来对待道德,什么地方道德就正是自在自为地被公认为是一种属神的威力。"①所以说如果道德在自身之中并没有根据,人出于内在的必然性就不会趋向道德,道德也就听任宗教随意摆布了,这就会不可避免地出现自我欺骗。

所以费尔巴哈强调,在仔细地考量自觉的理性和宗教的密切关系时,人们所要面对的主要问题就是要消灭一种幻觉,这种幻觉对人类来说是起根本性的破坏作用的,这种幻觉会使人失去最起码的真理追求和美德感,也会使人失去实际生活的情趣和力量。所以这个幻觉的消灭何等重要,它在某种程度上决定着人类对于真理和道德的最终指向。费尔巴哈以爱为例予以阐释:虚幻的存在让爱变成了一种似是而实非的、虚幻的爱,这种虚幻的爱就是宗教式的爱,这种虚幻的爱只是为了上帝的缘故而爱人,人与人那种最为真实的爱被弃置一旁,仿佛离开上帝人都不能爱了,仿佛离开虚幻的爱人都不能发现爱的真谛了。然而事实并非如此,那种虚幻的强调无非就是让人抛弃理性而走向宗教,简言之就是要求人实际上只爱上帝就可以了,对人的爱是似是而非的爱,在对上帝的爱面前显得无足轻重了。可见费尔巴哈是彻底

---

① 《费尔巴哈哲学著作选集》(下卷),荣震华、王太庆、刘磊等译,商务印书馆,1984年,第319页。

的宗教批判的大师，在其道德哲学的一系列论断中仍然保持着彻底的宗教批判的蕴意。

二、基督教的祈祷与信仰

　　费尔巴哈详细分析了祈祷、信仰、宗教奇迹之间的关系。宗教信仰是与祈祷联系在一起的，是通过祈祷得到直接表现的。而对祈祷威力的信仰源于对奇迹威力的信仰，只有当人们祈祷一种威力，一种支配人以外的任何一种对象的威力时，祈祷才成为一个宗教真理，这种祈祷的宗教真理才成为对奇迹的信仰。费尔巴哈认为，在宗教信仰中，往往只有信者才祈祷，而且往往只有信者的祈祷才被视为有力量。但信仰意味着坚定不移地确信主观的东西，那人们所相信的主观的东西是否具有现实性？人们所确信的这种主观的东西是否真的具有无条件的有效性和真理性？费尔巴哈发现人的信仰中所特有的客体就是奇迹本身，而信仰就是关于奇迹的信仰，信仰与奇迹具有不可分割性。客观上是奇迹，亦即奇迹是信仰的客观呈现；主观上就是信仰，亦即信仰是奇迹的主观表达；按照费尔巴哈的理解，奇迹是信仰的那种最为露骨的表现，而信仰是奇迹的那种最为内在的灵魂，所以信仰是精神与心情之奇迹本身。但是不论奇迹能否发生，信仰能否变为现实，人的祈祷都会给祈祷者很强的道德约束，这就是道德融入宗教的便捷性之所在。费尔巴哈发现心情的无限和感情的过度即是一种超自然主义的表达，超自然性也是信仰的本质属性，信仰从来都不是毫无根据的东西，信仰根植于人们的生活世界，它是人类生活世界愿望的一种理想化体现。可以说信仰不外乎就是对人的神性的信仰，这种信仰就是超自然性的信仰。

　　费尔巴哈认为信仰意味着人之自我确信，只要我信仰一位上帝，那我就真的有了一位上帝，简言之，信仰即是上帝。费尔巴哈如此揭示出宗教的逻辑：如果你相信上帝是帮助你的，那就不可能有什么东西能够跟你相矛盾，更不会有什么东西能够抵挡你前行的脚步,由此,上帝就是信仰,信仰就是上帝,上帝绝不是另外一个存在者,如果有人胆敢宣称上帝是另一存在者,那其实不过是一种假象或想象罢了,费尔巴哈认为信仰就是人之自我确信,就是人确信他自己主观的本质就是客观而绝对的本质,就是本质之本质。

在信仰中,只有无限制的主观性才是存在着的,所以信仰并不受世界、世界整体、必然性观念等的限制。根据费尔巴哈的观点,随着信仰在人们心中的地位的提升,人们已经走向了没落。很显然费尔巴哈认为这个世界是跟属基督的愿望相矛盾的世界,如果人们从基督教信仰的最内在的本质出发,就必然坚信世界是在没落,并且世界的没落是刻不容缓的。费尔巴哈发现这种对世界没落的信仰与基督教信仰的其他内容不可分割,放弃这种信仰就等于放弃了基督教。所以信仰之本质就是认为凡是人所愿望的东西都存在着,人愿望不死,他就真的不死。人愿望有一个适合于心情之愿望的世界,愿望有无限的主观性之世界,其实就是愿望有称心如意、持续不断的福乐之世界。但是实际存在着的现实的人类世界却是一个跟这种称心如意的世界正对立的世界,所以这个现实的世界就必须消逝,这是多么荒谬的基督教信仰力量。但是信仰并非都类似于宗教信仰本身,在这个世界上文明民族与非文明民族的信仰就大相径庭。

那么文明民族的信仰与不文明民族的信仰会是迥然不同的吗?在费尔巴哈看来,文明民族的信仰是文化上的信仰,不文明民族的信仰是非文化上的信仰。文化上的信仰是一种明辨的、详加分析的、抽象的信仰。野蛮民族的信仰乃是一种没有判断的信仰,因为有教养就有所判断。对有教养的人来说有教养的生活才是真正的生活,对基督教来说只有基督教的生活才是真正的生活。粗野的自然人毫不踌躇地、随随便便地进入彼世,相反,有教养人士就厌恶这种不羁的死后生活,因为他在今世就已经表现出反对不羁的自然生活。费尔巴哈认为,那种对彼世生活的信仰事实上只不过是对真正的今世生活的信仰;所以今世之本质的重要的内容规定性同时也是彼世之本质的重要的内容规定性。费尔巴哈得出结论说:"对彼世的信仰,决不是对某种另外的、未知的生活的信仰,而是对已经在今世被当作真正的生活的那种生活之真理性、无限性,从而永续性的信仰。"①在这里费尔巴哈再次重申了上帝不外就是人的本质的思想, 这个思想只是在感情中和在思维中简单排除了属人的界限和属人的祸患的东西而已;同理费尔巴哈认为彼世也不过就是今世的信仰再现,只是彼世摆脱了那种是界限和祸患的东西。个体明确地知晓使这些界限去除掉的那个彼世的前提是他非常清晰地认识到界限之束缚和祸患之危害。所以费尔巴哈给彼世下了个定义:"彼世"是感情和表象而已, 个体借着这个感情和表象而努力摆脱今世一切损伤其自我感与生存感的界限。

在费尔巴哈看来,基督教的圣礼也体现着信仰与爱的矛盾。圣礼就是一种唯心主义与唯物主义的矛盾、主观主义与客观主义的矛盾之感性化体现,而宗教之最内在的本质,正是由这种矛盾构成的。如果没有了信仰与爱,那圣礼就是无,所以是圣礼之中的矛盾将我们引回到信仰与爱的矛盾中来。爱与信仰使宗教自相矛盾。宗教的秘密本质无非就是属神的与属人的本质的统一。但是根据费尔巴哈的观点,宗教之形式的、公开的、被意识到的本质,却是上帝与人的区别;爱显示了宗教之隐蔽的本质,而信仰却构成了宗教的被意识到的形式;爱的基本原则与信仰的作用是相互对立的,因为在人与人的关系当中,爱是维护其交往、促进人与人和谐关系的原则,爱使人与人的关系拉近;而信仰则使人与上帝相分离,在人与上帝的信仰关系中,爱的原则是不奏效的,人与上帝的地位是不平等的。同时,上帝又是人类根据自身的创造物,因此我们也可以说信仰使人与自身相分离。

费尔巴哈认为基督教信仰之恶行,是跟信仰之本质相适应的。如果信仰不跟基督教相矛盾,那么由信仰而产生的某些意念,由那些意念而产生的某

---

① 《费尔巴哈哲学著作选集》(下卷),荣震华、王太庆、刘磊等译,商务印书馆,1984 年,第 218 页。

些行为,也必然不是与基督教相矛盾的。他说:"信仰定罪;一切跟爱、人道、理性相矛盾的行为、意念,都跟信仰相适应,基督教宗教史上一切可怖的事,尽管我们的信徒否认它们是来自基督教,但是,正因为它们是起源于信仰,因而它们确是起源于基督教的。"①费尔巴哈认为教徒们否认作恶与信仰相关,这是非常错误的,因为作恶与信仰直接相关,是信仰之必然结果,原因很简单,那就是信仰总是把一切坏的东西都推到不信者或异端者身上,而把好的归给自己,这是多么可耻的行为,正是由于他们基于自身信仰而否认是自己造成宗教信仰中恶的东西,这也就恰恰有力地证明了宗教信仰实实在在就是罪魁祸首,因为它的自我肯定与自负,充分证明了信仰者的局限性、党派性和狭隘性,宗教信仰的特性造就了信仰者和教徒们只关注自己的利益,或者只照顾到自己的依附者的利益,对外在于信仰者和依附者利益的事情,就冷漠、自私且无情了。费尔巴哈深刻揭露了信仰的伪善一面:"基督徒所表现出来的善,并不是人所行的,而是基督徒、信仰所行的;而基督徒的恶,却并不是基督徒所行的,而是人所行的。可见,基督信仰之恶行,是跟信仰之本质相适应的。必须注意,这里所说的信仰,乃是指那种已经在基督教最古老、最神圣的文献——圣经中说明了的信仰。"②根据信仰,基督徒所表现出来的善其实并不是人所行的,而是基督徒和信仰所行的,而基督徒的恶是人所行的,并非基督徒所为。

基督教所谓信仰无非是在幕后操纵着爱,这是两个层次的东西,爱只是基督教的道德,而信仰却是基督教的宗教。费尔巴哈认为,虽然基督教教史中那些跟爱相矛盾的行为是与基督教相适应的,从而基督教之反对者有足够的权利把基督徒们教条式的可怖行为归咎于基督教本身,但这些行为毕竟又是跟基督教相矛盾的,因为基督教不仅要我们信,而且更要我们爱,不

---

① 《费尔巴哈哲学著作选集》(下卷),荣震华、王太庆、刘磊等译,商务印书馆,1984年,第301页。
② 同上,第302页。

仅是信仰的宗教,而且更是爱的宗教。根据费尔巴哈的观点,基督教并不解放爱,因为基督教是宗教,它并没有也不能够有这种自由。所以可以说这时候爱处在信仰的统治之下,爱与信仰又都被包含在基督教教义之中,但爱并不是脱离信仰而独立存在着的,爱始终是被信仰操纵着的。

费尔巴哈认为,“上帝就是爱”这个命题是基督教的最高命题,但其中确实也包含着信仰与爱的矛盾。在“上帝就是爱”这个命题中,主词成了把信仰隐藏起来的黑暗,而宾词却成了第一次照亮这个黑暗主词的光,在宾词里肯定了爱,在主词里肯定了信仰。“当我把上帝思想成为跟宾词有所区别的主词时,我就为我的无爱留下了余地。所以,势所必然的,我一会儿失去了爱之思想,一会儿又失去了主词之思想,一会儿为了爱之神性而牺牲掉上帝之人格性,一会儿又为了上帝之人格性而牺牲掉爱。”①“上帝就是爱”这个说法意味着:上帝完全不是什么自为的东西;谁爱,谁就放弃了他的富有利己主义色彩的独立性;他所爱的东西成为自己生存所必不可少的本质。但是让我们仔细分析一下,当我使“自我”沉醉于爱之中时,我脑海中却又浮现了主词,它扰乱了由爱建立起来的属神的本质与属人的本质二者间的和谐。信仰不让爱自由而独立地发展,使之自己成为独立的本质,信仰的出现只允许爱得到通常意义下一个一般的宾词所应得的。这表明信仰之爱只不过是信仰处于失神状态的信仰,一旦信仰归来,则爱一去不返,且永不归来。费尔巴哈强调属基督的爱是一种特殊的爱,正因为它自我标榜是属基督的。但是根据事实和人的理性来讲,在爱之本质里面就包含有普遍性,而不限于是什么的爱。

所以费尔巴哈认为属基督的爱并没有抛弃其属基督性,这里提到的爱并不必然地符合最高原则,这种属基督的爱缺乏真理性,甚至对于真理性和

---

① 《费尔巴哈哲学著作选集》(下卷),荣震华、王太庆、刘磊等译,商务印书馆,1984年,第308~309页。

普遍性本身就是一种侮辱。其实爱应该是张扬其普遍性的,所以对基督教跟所谓的异教之间爱的区别应该予以无情扬弃。毫不客气地说,基督教强调的这种爱因其自身的特殊性而与爱之本质相矛盾,这种爱是虚假的、无聊的、变态的,这个爱早就理所当然地应该成为人们唾弃之对象,成为人们讽刺之对象,所以费尔巴哈强调:"真正的爱,乃是自己满足于自己的;它决不需要什么特殊的称号,决不需要什么特殊的权威。爱是知性与自然之普遍法则,它不外意味着循着意念的道路来实现类之统一。如果要使这个爱基于某一人格的名字,那么,为了使这成为可能,就只有将一些迷信的观念跟这个人格联系在一起,不管这些观念是宗教式的还是思辨式的。"①

　　所以我们认为,在基督教里面,爱被信仰所玷污。这个理论上的矛盾,也必然会表现于实践的环节;一个受到信仰限制的爱,就是一个不真的爱,就是一种虚幻的爱;根据费尔巴哈的意见,爱只通过自己而被论证,除了自己以外并不需要信仰为之进行神通。信仰没有遭受到侵害时,它才是良善的;费尔巴哈认为这种被信仰所束缚的爱,就是虚伪的爱,是那种心胸狭窄的爱,是那种跟爱之概念自相矛盾的爱,这样的爱隐含着信仰之憎恨的环节,最终爱就陷于最为可恶的诡辩中去了。费尔巴哈认为,爱被信仰所限制,因此它也并不觉得信仰所允许的那种没有爱心的行为跟自己有什么矛盾;它把为了信仰的缘故而做出的种种出于狠心的行为解释成为出于爱心的。

三、基督教的奇迹和幻想

　　在费尔巴哈看来,宗教奇迹是一个实现了的超自然主义的愿望,同时也是重要的信仰内容。他认为奇迹之威力,就是一种想象力之威力。奇迹给饥饿者以食物,治愈了天生的瞎子、聋子、瘫子,拯救人脱离生命的危险,甚至

---

① 《费尔巴哈哲学著作选集》(下卷),荣震华、王太庆、刘磊等译,商务印书馆,1984年,第311页。

也在死人亲属的请求下使死人复活。可见,奇迹满足了属人的愿望。这些愿望是贪得无厌的、超自然主义的愿望。但奇迹又有别于属人的愿望,因为奇迹是以最值得愿望的方式来满足人的愿望的。愿望根本不理会什么限制,它想立时得到满足。奇迹瞬间就毫无阻碍地实现了属人的愿望。

奇迹活动跟自然活动与理性活动是有着本质区别的,费尔巴哈认为奇迹的威力,其实就是想象力之威力,这个现象与幻想和想象力是直接相关的。如果奇迹威力真的实现了某种从未发生过的、从未表象到过的、绝对新的、超越了设想的东西,那或许根本就是人们还不了解的客观活动罢了。奇迹活动乃是一种目的活动。但奇迹活动与通常目的不同,如果说有目的的活动是一个圆,在终端处又回到起始端,那么奇迹活动则是不借手段而实现目的的,虽然也描出一个圆,但这个圆却不是由曲线形成的,而是由直线、最短的线形画成的,可以说在数学上一个由直线形成的圆就是奇迹。把奇迹表象为一种感性事件,人自然就会想象奇迹是可设想的,从而借着那些钻矛盾空子的感性表象来欺骗人自己的理性。费尔巴哈以水转变成酒这个奇迹为例解释奇迹的发生:"在行奇迹者的手中,这两样东西毫无区别;转变,只不过是自相矛盾的东西的这种统一之感性显现。但是,转变却掩饰了矛盾,因为'变化'这个属自然的观念潜入其中。然而,奇迹并不是逐渐的、属自然的、所谓有机的转变,而是绝对的、无形的转变——纯粹的无中创有。在充满着秘密和宿命的奇迹场合下,在使奇迹成为奇迹的那种场合下,水突然地、无可识别地就是酒了。其实,这也就好比铁就是木头或某种木质的铁。"[①]水变成酒这个奇迹的发生不外乎说明水就是酒,不外乎说明两个绝对相矛盾的宾词或主词的统一。

奇迹的本质属性就是幻想,幻想就是跟心情相适应的活动,幻想的心情使人感到舒适和快意。所以在费尔巴哈看来,奇迹这种瞬时行为是决不可设

① 《费尔巴哈哲学著作选集》(下卷),荣震华、王太庆、刘磊等译,商务印书馆,1984年,第165页。

想的,因为奇迹扬弃了可设想性之原则。其实奇迹行为也不是感性之对象,是想象的事,而正因为这样,奇迹使人感到快意,因为幻想为心情扫除了一切讨厌的界限、法则,他人主观愿望的直接而无限的满足成为人自己的对象。虽然奇迹在表现出一种毁灭一切的幻想之威力时也给人以不可思议和惊心动魄的印象,但这种印象仅在奇迹的片刻才存在。这样来看,奇迹来自心情最终又回归到心情去了。"什么地方有奇迹发生,在那里,一切明确的形态就都消逝在幻想与心情之迷雾中;在那里,世界、现实就不再是真理,在那里,只有行奇迹的、合乎心意的、也即主观的本质才被认为是真正的、实在的本质。"①对于单纯的、情绪化的人来说,有可能没有人征求其意愿,更有可能他根本就不知道,他的想象力就已经直接是支配着他的心情了;而作为至高的活动,心情也就也成了上帝的活动,甚至成了创造性的活动。从这个层面看来, 对当事人而言, 他自己的心情乃是最为直接的真理和最为可信的权威;他把心情看成是最真的、最本质的活动,他不能从自己的心情中抽出来,更谈不上逾越自己的心情, 这样遵从心情的人同样把想象看成最为真切的东西。

　　幻想或想象力在他这里完全不同于任何一个理智人,因为理智人把幻想或想象只看作是主观的直观,这完全不同于客观的直观。费尔巴哈对幻想作了如下解释:"幻想是跟他自己、跟他的心情直接合而为一的,并且,就其跟他的本质合而为一而言,乃就是他的本质的、客观的、必然的直观。诚然,对我们来说,幻想是一种任意的活动;但是,对于那些并没有把教养、世界观之原则吸收到自身中来并且仅仅在自己的心情中生活着和活动着的人来说,幻想就是一种直接的、不由自主的活动了。"②费尔巴哈认为奇迹只不过

---

　　①　《费尔巴哈哲学著作选集》(下卷),荣震华、王太庆、刘磊等译,商务印书馆,1984 年,第165~167 页。

　　②　同上,第 167 页。

是幻想的魔力，如今许多人都把以心情和幻想来解释奇迹的行为看作是肤浅的。其实如果说以心情和幻想来解释奇迹是肤浅的,那么肤浅这个罪名应当归咎于对象本身,而不应当落在解释者头上,即归咎于奇迹本身,因为奇迹只不过是幻想的毫无矛盾地满足一切心愿之魔力。

第二节　幸福主义的道德论

一、道德与幸福

在道德问题上,费尔巴哈基本上是一个幸福论者,即认为人们注重道德修养,遵守道德规范,履行道德责任的最终目的就是要追求幸福。但这种幸福并不是一个人物质和精神上的独自享乐,而是来自于人们共同遵守的道德规则。在他看来,凡是人认识到是自己本性的必然的东西,他就把它提升为对别人来说同样也成立的法则,提升为别人也应当履行的职责。当然这个职责并不是先验地存在于作为人的我里面, 它是从人的意向和感觉中抽象出来的。这个职责是人的本性的表现、结果和作用,随着人类文化的不断发展和不断推进,当人们忽略或者忘记了一切事物的起源时,这个职责才被提升为根据、原因。所以作为道德,这是人们看到和感觉到符合自己意向与本质的东西,道德也是符合自己本性的必然性的东西,所以人们就把道德提升为对别人来说也同样成立的法则,提升为对别人来说也应当履行的职责。所以"如果我不是出于任何倾向,而是出于职责而行动着,那么,真正说来,我就等于像——虽然不是直接的,而是间接的——猿猴一样地行动着;因为,凡是我没有倾向而做了的事,凡是我糊里糊涂地做了的事,都只是沿着传统的道路到达我这里,例如,绝大多数人的德行,就都只不过是传统的、摹仿来的德行而已。"①这样糊里糊涂模仿而来的德行,并非起源于这个人的感觉、意向的本原,而只是起源于别人的某个观念而已;这样模仿而来的德行只是虚伪的德行,绝不是出自于自己内心倾向的德行,所以费尔巴哈认为:"凡是我不是出于自己的倾向所做的,我都是不乐意地、被迫地做的,而正因为这样,我就把这一类行为算作我的功绩;可是,我正是通过这样的要求来承认,我的德行是假的,是捏造的,在我的德行中的我,与我自己处于不自然的紧张状态。因为,什么是德行的代价呢? 是幸福。"②幸福是与人的倾向和意向相调和的生活。只有不与他人相矛盾的,从而是幸福的德行,才是真正的德性与功绩。这种道德就是一种同志式的共同幸福。也就是说,道德并不否认对个人幸福的追求,然而真正的道德并非是排斥他人的幸福的。

费尔巴哈认为,道德中的善和恶是相互关联的概念。从根源来说,它们所表达的不是任何人对自己的关系,而是自己对他人的关系。谁要是允许自己对有感情的人放肆,为了追求自己幸福愿望的实现而使别人遭受痛苦,成为明知这样却丝毫不感到良心受到谴责的人,这个人就是一个恶人,费尔巴哈这样的道德逻辑在康德的道德形而上学中也有类似的表达。费尔巴哈认为这个恶人之恶的程度是由恶人的恶意程度来确定的,与此同理,费尔巴哈强调善的程度是由行善者的善意程度以及承受善意的那个人的感恩程度来决定的。费尔巴哈的这种道德思想和伦理观念会给中国的和谐社会建设及以德治国理念的实施带来深刻启发和思想借鉴。

费尔巴哈还认真批判了霍布斯的道德哲学思想,他认为霍布斯的哲学完全不理解精神和心灵,这种哲学中涉及的不是心理学即关于心灵的学说,而只是经验的人类学。在霍布斯的哲学之中,只有作为感性的、单个的、经验

① 《费尔巴哈哲学著作选集》(上卷),荣震华、李金山等译,商务印书馆,1984 年,第 350 页。
② 同上,第 348~350 页。

的、个体的人才能成为道德的对象；由于霍布斯的哲学是以单个的、感性的个体为基础，并把这种个体判定为实在的，因此道德的基础，即感性个体的意志，这样费尔巴哈发现了霍布斯道德哲学的缺陷。霍布斯提倡的与个体的感性和个别存在相联系的意志是感性的，那么这种意志定然是一种非精神的意志，定然是一种非道德的意志，这种意志的现实表现无疑就成为欲望或企求。

　　费尔巴哈进一步分析了霍布斯的道德哲学思想，根据霍布斯的论述，可能任何事物就其自身来说即无所谓善，也无所谓恶，因为感性个体才是善与恶最后的尺度。因此，善只具有起良好作用、令人愉快、提高兴趣和带来利益的意义；恶只具有带来灾祸、令人不快、造成损害的意义。如此看来，费尔巴哈能从霍布斯那里得出以下结论：善恶并不涉及他人，只涉及自己的利害得失，最大的善必然是保全生命，而最大的恶必然是死亡。费尔巴哈对这种道德哲学理念保留了自己的看法，他进一步分析，善与恶并不是人对自身的关系，而是人对他人的关系。费尔巴哈强调，只有无条件地善待他人，才是善的；唯有那种把他人的幸福与道德当作自身义务之人，才是真正有德之人，即真正的善。美德并不在于表面的利他主义，而是应该发自内心地为他人着想，把他人的幸福当作自身幸福的追求，这样才是真正的善，否则便是一种恶的道德。费尔巴哈这种利他主义道德观或多或少受到康德的道德哲学的影响。

　　费尔巴哈的道德哲学最为鲜明的地方就是其道德哲学从个人出发，但更加关注个人与他人的联系，这较以往道德哲学应是一种明显的超越。在他看来，德行与义务并不与自己的幸福相矛盾，而只是与那种牺牲他人或者立足在他人不幸之上的损人利己的幸福相矛盾，这一点是费尔巴哈对从个人出发的道德观念的肯定；德行其实就是自己的幸福，这一点费尔巴哈并不否认，但他更加强调的是，这种幸福只是在与他人幸福的联系中才让人感觉到自己的幸福。费尔巴哈甚至认为这种幸福准备随时牺牲自己。当然道德上的自我牺牲是有条件的：只有当众多的他人的幸福对我说来比我个人具有更重大的意义时才能自我牺牲，这完全取决于我个人的不幸或我个人的死亡是否能够换取别人的生命，或者换句话说，就是必须满足一个条件：别人的生命存活完全取决于我自己的死亡时，用自己的牺牲换来别人生的可能时，才可以说自我的牺牲就是自我的幸福。既然人都已经死了，如何确认死了的自己是幸福的呢？根据费尔巴哈的观点，自我牺牲者同时也可以享受幸福，至少可以在观念中和希望中享受幸福。

当然，费尔巴哈认为真正的牺牲只是热情的行动，在紧要关头，可能这种行动是你不得不做的，是你的整个的不以意志为转移的人的本质的表现。这种行动在日常刻板而庸俗的现实生活中，可能毫无机会可言。费尔巴哈认为牺牲的发生只有在危急关头和非常时刻才发生，在那种情况之下，如果人不去冒险一搏就将失去一切，也就是说当崇高事业、伟大事业处于功败垂成、生死一线之间时，如果不果断决绝地行动就将使道德上的自我毁灭，那时候人才会选择牺牲。当然费尔巴哈认为牺牲还是富有诗意的行动，是一种热情的行动；这个热情也不是随随便便、轻而易举就出现的，牺牲自我的热情一定源于这个人高超的道德标准和自我修养。当然这个牺牲绝不同于基督教那种献媚讨好式的牺牲，这个牺牲更是绝对高于那些豪华的祭物，以及宗教上、政治上的专制统治工具。

二、道德与良心

费尔巴哈认为德行的根源常常不在于某种特殊的道德意志，德行的根源在于人的本性。事实上每个不想与经验和历史相矛盾的人，都会承认德行根源于人的本性，这几乎是人所共知的。比如说一个人可能不知道什么是憎恨、嫉妒、傲慢、懒惰，但是一个人能够摆脱这些缺点和恶德的能力是与生俱来的，而绝非由后天取得的。"一个人摆脱了追逐享乐的恶德，摆脱了大吃大喝的恶德,也许只是因为从他的本性上他对于这些恶德没有兴趣。"①同样,大多数的人之所以能守贞节、有节制,费尔巴哈认为,那只是因为他们未知的和已知的生理上的原因,先天导致他们不能够不贞节、不节制,这也是根源于其本性的,而不是特殊的道德意志导致他们必须这样做或必须不这样做。费尔巴哈强调甚至那些超自然主义道德家们也不得不承认,由于出自人的爱好,由于道德的意向本性,人才成为道德的人,才做出符合道德的事。人的道德行为绝不是出于义务感和道德的意志,在这个方面费尔巴哈与康德的道德哲学是明显不同的,康德更加强调义务论的观点。

按照费尔巴哈的理解,在人们每一个缺点的后面都隐藏着某一种德行。人们通过这些缺点可以对号入座,辨别自己的缺点,并且提升自己的德行修养。费尔巴哈发现人的缺点只是德行所构思的一种计划败绩的呈现,只是德行由于其力所不能及的过高要求而归之于自己的内疚,所以费尔巴哈认为人的缺陷性无非是他完善性的一部分,也就是今天我们所理解的:人无完人。人自认为是缺点的,从自然的观点来看则是完善的,人把自己在德行中体现出来,自然则在人的缺点中体现自身。所以缺点是自然对人那僵硬的道德律的无声反抗,人的缺点往往表现出强于他们的德行,但无需为此烦恼。因为在费尔巴哈那里,缺点是不成功的德行,缺点是那种没有机会表现为德行的德行。

综上所述,人作为道德的主体,有其特殊的规定。也就是说,只有当人具有社会的、公民的、政治的本质时,人才具有这样一个特殊的规定。这种特殊性使人陷于自身的分裂状态,陷于对自己是否能够达到这个特殊规定而产生的疑惑中。然而费尔巴哈强调这个特殊规定不是别的,这个特殊规定不过是人在正常的和幸运的状况下,在人的本性、天资和意向的基础上所加给自己的,谁不把自己规定为某物,谁也就被规定为无。可见费尔巴哈对人的理

___

① 《费尔巴哈哲学著作选集》(上卷),荣震华、李金山等译,商务印书馆,1984年,第590~591页。

解还是一分为二的,是比较深刻的,但是确实没有从社会关系视角和社会实践的视角看待人本身,这一点是马克思对费尔巴哈人本学超越的深刻呈现。

　　费尔巴哈不赞同把道德归结为人的意志的观点,他认为道德只是人的真实的完全健康的本性。而意志却不是首要的和根本的,它不创造道德的本质,因而不代表人的本性。错误、恶德以及犯罪只是人性的歪曲呈现。根据费尔巴哈的观点,真正有道德的人不是根据人的义务和人的意志而有道德的,而是根据人的本性就是道德的,虽然人有时候也借助于意志而成为道德的,但道德性的根据和来源并不是意志本身。费尔巴哈强调:"意志只是道德的帮工,而不是道德的匠师;它只是德行的产科医生,而不是德行的父亲;只是道德本性的后嗣,而不是他的祖先。"①费尔巴哈强调良心跟人的道德行为、人的善或恶的心情和行为及其相关的知识有着非常密切的关系。

　　费尔巴哈同时认为良心是从知识而来的,但它不意味着一般的知识,而意味着那种与人的道德行为、与人的善或恶的心情和行为有关的特殊部类的知识,良心体现为存在于人的内心深处的自我与他人的关系。正如费尔巴哈所述:"别人的形象和我的自我意识、和我自己的形象是如是地交织在一起,以至在我自身中的最特殊的东西、最内部的东西——良心——的表现,同时也就是社会主义的表现、共同性的表现;以至如果不同时证明在我之外的他人的存在,那么甚至在我的家,在我的自我的最秘密和最隐晦的角落里,我也无法安身和躲藏。"②在费尔巴哈看来,因为唯一可能告发自己干坏事的人已经离开了这个世界,甚至他的尸体都已经灰飞烟灭,消失得无影无踪,也就是说没有任何见证人知道自己曾经犯过的错误或即将要犯错误;费尔巴哈认为即使没有任何人知道自己的秘密,但人自己在自身中仍然保存着共谋者和见证人,保存着叛徒和告发人,这就是由人的本性决定的人的道德心。

---

① 《费尔巴哈哲学著作选集》(上卷),荣震华、李金山等译,商务印书馆,1984 年,第 590 页。

② 同上,第 584 页。

费尔巴哈有这样一段话：

知识不过是发亮的光，而良心则是灼热的、凝聚的光，这个恶意的富于敏感的知识，是受我的恶行意识，受我想消灭但不能消灭的意识所限制的知识。所谓限制，这是缩小和压缩的意思。良心，即不纯洁的良心是受压迫的、受强迫抑制的、受压缩的知识。谁也不知道，但谁都想知道并且应该知道（因为那时他们就将知道我是怎样的一个坏蛋，至少知道我能干出什么事）的事，只有我这个罪人知道，但是我又不能把这个事说出来。怎样的一个重担呀！这与交际的要求，与想说出你知道什么和想什么愿望，处于怎样的矛盾呀！如果在良心的苛责之外，不再加上沉默的苦恼、强迫的抑制和出卖自己的恐惧，如果已干的犯罪行为对于谁都不是秘密，那么良心最重要的特征和标志是它与寻常的白天的知识之光不同，它是自己恶劣的行为和性格的暗淡灯光。[①]

在费尔巴哈这里"有良心"这句话首先就意味着人的良心得到了不纯洁的待遇。费尔巴哈认为缺少道德心的人或没有德行的人不从自己的罪行中吸取任何教训，这些人的良心不纯洁，甚至这些人完全没有良心。费尔巴哈举例说，任何人如果犯下了滔天罪行，居然面不改色心不跳，居然对它的态度是认为其无足轻重，那恐怕这个人就是道德上的怪物，就是道德上的异类分子。相反费尔巴哈认为，纯洁的、有良心的人不会感觉自己有什么罪行，每天都活得非常坦荡，这样的人更不会知道自己将会从事什么罪恶的勾当，甚至所有那些见不得天日的行为和勾当都不会跟他扯上任何关系，这些道理都是不言自明的。

费尔巴哈将良心区别为行为之前的良心、伴随行为的良心和行为之后

---

① 《费尔巴哈哲学著作选集》（上卷），荣震华、李金山等译，商务印书馆，1984年，第584页。

的良心。但在三者之中,只有最后一种良心,即行为之后的良心才值得称之为良心。因为在人们行为之前和行为当中,人只关注自己的利益,只关注满足自己的欲望,但只有在人的行为完成之后,人才真正走向思考,走向深刻的认识,走向道德批判。费尔巴哈提出了一种假设:"如果行为之前的良心和行为之后的良心是同一的,那么人类是如何地幸福,它将免却很多可怕的行为,但行为之前的良心只不过是由行为之后的良心得出来的教条式结论。"①一般我们认为,在逻辑上事后的良心以事前的良心为前提,但是费尔巴哈则非常注重良心本身,因为良心才是道德的真实呈现和现实表达。费尔巴哈认为除了人自己的本质和自己的一般意志外,没有什么东西先行于自己的良心,良心是人的一种道德的存在,是由人的本性决定的。

三、利己主义是道德的基础

费尔巴哈的利己主义道德信条是:"你的第一责任便是使自己幸福。你自己幸福,你也就能使别人幸福。幸福的人愿在自己周围只能看到幸福的人。"②根据费尔巴哈的观点,道德的原则虽然是幸福,但又不是集中在同一个人身上的那种幸福,人的权利就是法律所承认的那种追求幸福的愿望,而人的义务就是不得不承认、不得不接受别人追求幸福的愿望。所以说道德是不能简单地从自我或纯粹理性中得出来的, 也是不能单独用自我或是没有感情的纯粹理性加以解释的。费尔巴哈得出结论:道德只能从人与人的联系中得到解释并且引申出来, 这样来看幸福不是单方面的, 而至少是双方面的,甚至表现出来是多方面的。费尔巴哈认为之所以如此,原因很简单,那就是人对自己的责任所具有的根据和对象是人自己的自爱, 对别人的义务的根据和对象则是别人的利己主义。由此,就是因为人人对各自利己主义的尊

---

① 《费尔巴哈哲学著作选集》(上卷),荣震华、李金山等译,商务印书馆,1984 年,第 585 页。

② 同上,第 249 页。

重,才构成了道德的基础。

费尔巴哈认为利己主义是与道德原则相联系的。因为利己主义首先要根植于对自身利益的追求,根植于人对自身利益的责任感。特别是在那些极端利己主义者的眼中,人的自身利益是至高无上的。而且人们在追求自身利益最大化的同时,个体仍然不会考虑其他人追求幸福的那些权利。那么根据费尔巴哈的分析,人们对于道德基本原则的构想应该基于对个体追求幸福权利的基本要求。人们对自身义务的要求实际上是对自身的一种克制,个体追求幸福与自由不应该妨碍他人追求幸福与自然的权利,这里费尔巴哈又隐藏着康德道德哲学的逻辑,人在完满自身主体性的同时还要兼顾人与人的主体间性。他分析人追求幸福与自由首先是一种善的存在,但是如果这种善的存在妨碍了他人追求幸福与自由的权利,那么这种愿望就是恶的,这已经在前面进行了详细分析。这样我们就发现费尔巴哈的重要结论:道德的本质就是对他人的义务和责任。费尔巴哈提出,如果你有能力享受这种美味,并且不因此而忘记对他人的义务和责任,那么吃美味的东西无论何时都不是不道德的。然而如果我们在追求幸福的时候否定了他们追求幸福的权利,那么这种愿望毫无疑问是恶的。所以根据费尔巴哈的观点,我们不仅不可以妨碍他人追求幸福,而且我们应该保持一种对他人正确的态度。也就是当他人遭受苦难时,我们应该表示同情并尽量与之共进退,这样才是道德的。当我们认为他人的某种行为与愿望是不正确或者不应该的时候,那么这种行为同样也应该适用于我们自身,即我们也不应该做这样的事情。自己的幸福不是道德的终极目的,但它是道德的前提。

费尔巴哈认为意志就是对幸福的追求。简单来讲就是存在即幸福,幸福是对确定存在的追求。根据费尔巴哈的观点,人们追求善,是因为善本身是存在着的;人们追求健康,是因为健康是真实的;人们追求友爱,是因为友爱存在于我们生活的细节当中;人们追求幸福,是因为保护生命存在的权利,而不是限制和破坏它的生命,只希望使它能够幸福,而不是使它不幸福或悲惨。对人来说,在意志和意志的对象之间,如果没有幻想、欺骗、错误或歪曲的话,意志就是对幸福的追求。

在费尔巴哈看来,要使对自己的义务与对幸福的追求相协调一致其实并不难。道德和这些所谓有义务也是有关系的。费尔巴哈比较关注个人的幸福问题。之所以说人追求幸福的权利与义务统一并不难,是因为人们在承认其自身对祖国、对社会、对民族、对家庭的各种义务的时候,那些具体的道德才更具有现实意义。这样在费尔巴哈眼中的两个概念,即好的和道德是同一个东西,一个人只有对他人是好的,才能说他是好的和有道德的。费尔巴哈强调人的真正本质并非仅仅在于追求自身单方面的幸福原则,更在于在追求自身幸福的同时也能促进自身幸福与自由权利的实现,这样的对于自身义务的要求才是真正的善。

当然人不能否决利己主义,不能否决自爱。费尔巴哈认为一个人如若干脆否决利己主义、否决自爱,那就等于否定了一个人应有的对别人的爱,一个能够否定自爱的人是多么可怕啊。费尔巴哈理解的爱便是希望别人幸福,并且现实地使别人幸福,这样也就非常真实地承认了别人的利己主义也是合法的。费尔巴哈认为人的无爱的对象本身毫无价值,只有人有了真正的爱的对象,才能使人的真正的本质得到发展和表现,人才有了价值,才有了意义。费尔巴哈认为人的自我理性一定要体现在别人身上,你要是想认识人,就必须爱这个人,这是非常有道理的,否则你有什么权利说你了解或认识这个人呢? 真理之所以能展现在我们面前,并非由于代表我自身的自我,而是由于别人给予我们的启发。费尔巴哈强调正是由于别人的爱才能证明我们自己的存在,被爱者的真正本质体现在爱者那里。据此,费尔巴哈认为,否认利己主义是最大的恶德。否认利己主义的现象在社会中普遍存在,甚至这种理念自古有之。自远古以来,道德学家们就把那种哪怕只有一点点的利己主义都视同为侮辱和耻辱,那样的判断恐怕在那个时代是一个普遍的主观偏见。费尔巴哈特别看不起当时德国那些所谓的道德学家,在他看来道德学家们自认为他们自己有特殊的功劳，因为他们在道德中抹消了一切幸福主义，这无异于抹消了道德的一切内容。根据费尔巴哈的说法，这些先生们实际上既不想知道什么是利己主义的道德，也不想知道什么是追求幸福的道德，追求幸福的道德，意义在哪里？所以费尔巴哈宣称："我的原则是什么呢？在于自我和另外一个自我，在于'利己主义'和'共产主义'，因为两者一如头和心一样彼此不可分割地关联着。若没有利己主义，你就没有头，若没有共产主义，你就没有心。"①费尔巴哈的立场明显是坚持利己主义前提之下的利他主义。

四、现实生活的幸福是真正的幸福

在费尔巴哈看来，幸福首先是对于感官的要求，感官才是一切快乐的源泉。人的本质是感性的，而不是虚幻的抽象精神。和这个原理相背离的是人们对于国家、制度与宗教等存在形式的错误追求。因此，如果要使他们幸福，那就必须使他们能够通过我们的感官经验去体会对道德、幸福、宗教、健康等存在形式的追求，幸福不应该是天上的街市，而应该是尘世的美好。

基于这种感性主义的幸福观，费尔巴哈认为人应该追求现实的幸福而不是幻想中的福乐，幸福一定是建立在坚实的现实基础之上的此岸感受，而非是虚无缥缈的彼岸遐思。为了达到现实生活的幸福，费尔巴哈认为人要否定那种被幻想的、超自然主义的、被人过度吹捧的人格，要更有力地肯定那种现实的、活生生的、有温度的人格；同时人一定要驳斥对天的要求，相反人要提高对地的要求，明确属地的生命与属地的人的价值。费尔巴哈举例子说，人们千万不要因为贪求属天的鸽子而从眼中和手中失掉了属地的鸽子，只有品尝地上的香喷喷的烤鸽子肉才是最有现实意义的，所以费尔巴哈宁

①　《费尔巴哈哲学著作选集》(上卷)，荣震华、李金山等译，商务印书馆，1984年，第249页。

愿选择有限度的、现实的幸福,而不选择那些无限度的、幻想的福乐。他强调基督教的天堂永远只是停留在幻想之中,天上的烤鸽子你永远也吃不到。费尔巴哈认为人的任何一种追求都是对于幸福的追求。根据他的观点,人的任何一种追求同其他一切有感觉的生物一样也都是对于幸福的追求,因为人所愿望的和努力追求的任何对象往往都是使人幸福的某种东西,因为这些对象可以满足这种追求、满足这种愿望,并且也是因为这些对象才是人们所追求和愿望的那种样子。

健康的身体与健全的心灵是幸福的基础。事实上我们努力使自身的身体保持健康,使身心都得到良好的发展,这些也是对幸福的一种追求。根据费尔巴哈的观点,幸福本就与我们生理器官的健康存在是同一件事情。保持一个良好的健康状态是与追求其他幸福等价的。如果哪些人的身体有了残缺,或者心理并非完全的健康,那么他对幸福的追求也要大打折扣。我们追求完满的幸福,同时也要拥有良好健康的身体。但根据费尔巴哈的说法,我们应该注意的是,并非一个残缺的身体就没有追求幸福的权利,或者说并非这样的身体就不可能完全达到幸福的要求,因为他虽然身体残废,但是仍能享受生命的快乐。

当然,费尔巴哈认为人的幸福标准不是一成不变的,而是历史性的存在,随着历史时代的变化而调整。这个原则很好理解,因为个体之间存在着必然的差异,即个体的特殊性,这种特殊性我们在前文已经有过论述。正是由于个体特殊的差异性,我们对幸福的追求以及对幸福的定义才不尽相同。"生活幸福的价值不是固定不变的,也如寒暑表一样,它有时会升高,有时会降低。一个陈腐的真理是我们并不把经常不断享受的东西感觉为幸福,并加以珍重……比如说,一个拥有健康体魄的人,他的幸福可能来源于家庭的爱或者事业上的成功。但是对于一个身患疾病的人来说,他的幸福可能就来源于拥有一个健康的身体;我们有了某种东西,就能真正的幸福。"①而且费尔巴哈认为不同国家的人民的幸福是不一样的。有怎样的国家,有怎样的人民,就有怎样的幸福。欧洲人是这样,而亚洲人却不是这样,你认为是幸福的东西,而我可能并不认为是幸福的;使你恐惧的东西,却可能会使我欣喜若狂。

费尔巴哈强调,没有幸福就没有德行。某些道德学家认为,没有德行就没有幸福,但是费尔巴哈更相信德行的养成要以一定的幸福生活为基础,即人们基本的生存要求的满足。一个连生存都不能保障的人,就不必谈任何的德行了。可惜在当今的现实生活中可能常有这样的事:遵守德行的人却饱受饥饿的煎熬,而那些无赖则过度地享受着物质上的幸福。对此,费尔巴哈解释说,无人有意为恶,就如我们在讲美德和知识一样。如果现存的个人掌握了美德的知识,那么社会中便无人为恶了。同理,如果人们的幸福都有了保障,那么德行自然会成为他们的追求,当然我们这里讲的幸福并非是那种贵族式的幸福形式,而是属于普通人的基本幸福要求。由此我们想到了康德的理念,有德之人配享幸福才是真正的善,费尔巴哈也是这样的主张和期许。

费尔巴哈认为整洁也是美德。整洁虽然貌似是一种从属的低级的义务,这个义务在超自然主义者眼中可能还不配称之为义务的美德。其实在费尔巴哈眼中整洁的美德具有其自身的各种特征,这些特征可以促使道德方面和哲学方面的超自然主义者产生对道德原则和幸福原则的改变,他们把义务和对于幸福的追求变为原则上不同的本质。人追求整洁的美德也体现在总是鄙视动物的名称,把动物的名称转化为人类恶德的代用语,人在他的自高自大中想要贬低另外的人,就会用动物的名称鄙视他的不整洁,表现形式就是将动物名称转化为恶骂的绰号,例如用"猪"的名称来代表污秽与不整洁。在费尔巴哈心中这对于不会说话的猪和其他动物是十分不公平的。费尔

---

① 《费尔巴哈哲学著作选集》(上卷),荣震华、李金山等译,商务印书馆,1984 年,第 545 页。

巴哈的理由是："因为大多数的动物——可能一切的动物——都是或多或少爱清洁的；例如，猪也是爱清洁的动物，只要它呆在清洁地方，它就会感觉舒服。只有人不只出生时像猪一样（自然任何年幼的动物也是一样的，由于缺乏独立性和幼弱无力，所以才以它的父母为自己追求幸福和追求清洁的代表人），而且经常是猪，因为父母忙着在搞厕肥，孩子也就同样地仿效，这样，历史性的厕肥也就原封不动地由一代传到另一代，不受到革新和清洁的批判性的热望所驳斥。"①但是由此可以看出，人对整洁的追求恰恰就是源于自身的一种道德尺度。

　　所以不爱清洁和不爱整洁的确是人生来就有的恶德，不管你愿不愿意承认，任何人都有过不爱清洁或不爱整洁的行为和表现，按照费尔巴哈的理解这都根源于人的本性，根源于人本性的守旧心理、懒惰心理、原始动物性心理，根源于人爱好舒适和懒散。你仔细想一想自己有没有过那种吃饱了就睡觉的行为，因为貌似这样吃饱了就睡觉的生活是习以为常的幸福，突然一天不得不参加劳动而筋疲力尽、浑身酸痛时，才发现原来这样的习以为常恰恰是让人堕落和颓废的恶行，所以我们应该摆脱恶习，不能吃饱就睡觉，要多运动、多劳动。费尔巴哈认为人的那种不爱清洁的恶德如果不加以规制，那么恶德将从个别人的身上蔓延到其他人身上，甚至蔓延到整个部落、民族、社会、国家，如果是这样的话那将是一场场悲剧性的浩劫。因为对于有文化教养的人来说，整洁就是称心如意的，就是某种追求幸福的证据，就是根源于爱好和愿望的美德。但是整洁对于粗鲁的或不拘礼节的人来说可能是一种沉重的使人发愁的义务，或者他完全不履行这种义务，或非常勉强地履行。真正做到整洁的美德，即当这样做时，必须克服某种嫌恶感、懒惰感或疲塌感，以及爱闲散的感觉。只有把清洁行为贯彻到底，一切才能变得自然，就像吃和喝那样，因为吃和喝正如我们从路德那里知道的是世界上最轻松愉

① 《费尔巴哈哲学著作选集》（上卷），荣震华、李金山等译，商务印书馆，1984年，第562~563页。

快的事。他说:"我只是因为喜欢把最明显和最无可争辩的东西作为出发点,而刚刚提到的那个有关整洁方面的东西,在它还没有被提高到更高的、不可捉摸的领域以前,它本身也同样关涉到一般的美德,至少关涉到与自我有关的美德。"①

五、自杀的原因

如前所述,完满的幸福首先是与完好的身体联系在一起的。因此,自杀当然是与幸福最为冲突的一种幸福形式。但是费尔巴哈并不认为自杀是与幸福原则相左的,但自杀者是自私的。因为自杀者的最大愿望是结束自身的生命,他认为自杀是他幸福的最后形式。由于现实生活中的种种不幸或者其它因素,自杀者才选择了这样一种极端的方式追求幸福。但我们并不能因为自杀者企图结束自己的生命而否定这种对幸福追求的形式。因为至少在自杀者眼中,这样一种追求幸福的方式才是他们内心最想得到的解脱。

自杀这种现象或行动同它的自私是处在鲜明的矛盾中的,这种现象或行动仍然是由自私产生的。自杀者放弃关于幸福愿望的任何满足其实只是为了借以防止对于幸福的任何伤害;可能他不希望享受更多的幸福,只是为了不致遭受更多的不幸罢了。当然,死同人的本性是相矛盾的,是同健康的、完满的、幸福的人的本性相矛盾的,但不是同堕落的、灾难深重的、不幸的人的本性相矛盾的。费尔巴哈认为只有当自杀行为本身是毫无理由时,即人毫无理由地自己消灭自己时,才发生这种矛盾。但是自杀者决定去死绝不是自由的人的呈现,而是依照那些对他来说是最后的、不可克服的、同它的本质自身同一的、不能被任何相反的理由加以消除掉的理由(不是根据自由选择的理由)决定的,因而一定是一种不自由的人的呈现。那些自杀

----

① 《费尔巴哈哲学著作选集》(上卷),荣震华、李金山等译,商务印书馆,1984年,第564页。

的意志是最后的,即由最近的原因所引起的,但不是一个人自愿去死的某种最初的原因。

　　费尔巴哈强调那种采取自杀行为的人的意志一定是:"我决定去死,是因为我必须同那些我不能离别的东西离别,我要失掉那些我不能失掉的东西。"①人放弃生命自愿地去死,这是人同被爱对象的彻底别离,原本这个分离是不可分离的必然,人放弃了不应该放弃的东西,既然不应该放弃的却放弃了,这难道不是一种任性和自私吗? 虽然作为个体都是在追求幸福,但应该如何面对,确实是一念之差,"生命的白天用使人愉快的和肯定人的方式表明,视觉的愉快对人说来只有借助于日光才存在;死亡之夜也说明相同的东西,不过它用的是否定的、敌视人的方式。如果同一个原因有了它就是白天,没有它就成夜晚,那么在这里同样的主要的愿望、同样的力量也会使人去爱生命和抛弃生命、逃避死亡和追求死亡"②。至于那英雄,那些为祖国、为自由和为自己的信念而贡献出生命的人,他们的死宣告的恰恰是对道德的维护、对幸福的追求、对善的一种永续的保持,这些英雄的选择,恰恰也说明了自杀这种自由和信念是英雄所必需的,幸福的存在和自由的生命有着不可分割的联系。因此,在费尔巴哈看来,自杀的行为在很小的程度上是自由和"从一切东西中解脱出来的"能力的证明,比如为国捐躯的英雄,更多的证明了自杀是不幸的、不道德的、自私的,因为只有那些能够无害于自己的存在、无害于其他人的存在的人,才能从一切东西中解脱出来,而一般的人是做不到的。

---

① 《费尔巴哈哲学著作选集》(上卷),荣震华、李金山等译,商务印书馆,1984 年,第 413~414 页。
② 同上,第 415 页。

第三节　"爱"的哲学

一、爱的存在论界说

　　费尔巴哈认为古代哲学家和近代哲学家看待爱的角度是不同的：古代的哲学家似乎把爱看成是人与他的姘妇"自然"生的"私生子"，相反地，近代的哲学家就把爱看成自己的哲学的"嫡出女儿"。而费尔巴哈创立的"新哲学"则把"爱"提升到一个本体论的高度，他强调，如果说旧哲学认为不被思想的东西，就是不存在的，那么"新哲学"则认为不被爱的，不能被爱的东西，就是不存在的。费尔巴哈主张，一个人爱得愈多，则愈是彰显了这个人的存在，因为爱才是存在的唯一标准，当然在费尔巴哈那里，爱也是真理和现实的标准。费尔巴哈认为如果没有爱，也就没有真理可言，只有有所爱的人，真理才是存在的，人才是存在的；按照费尔巴哈这个逻辑来看，什么都不是和什么都不爱在意义上是完全相同的。

　　这个浅显的道理能带给我们现代社会的人们多少启发？我们身边是不是有太多什么都不爱的人？也正是在这个深刻的思考背后，费尔巴哈努力构建一种"新哲学"。所以费尔巴哈的"新哲学"是建立在爱的真理上、感觉的真理上的，在爱中和一般感觉中，人人都承认"新哲学"的真理。费尔巴哈"新哲学"的基础，本身就不是别的东西，只是提高了的感觉实体，"新哲学"只是在理性中和用理性来肯定每一个现实的人在心中承认的那个普遍的东西。所以费尔巴哈的新哲学一定是一种强调人类的爱的哲学，他努力构建出一个有温度的、属人的哲学体系。

　　爱又是具有最高价值的东西，因为根据费尔巴哈的观点，人只有在感觉和爱之中，这个人或这个事物才有绝对的价值，在这样的前提下有限的东西才能成为无限的东西，在这样的前提下才有爱的无限的深刻性、爱的神圣性，那种思维和存在的统一才叫爱。费尔巴哈提出，是人就要感受到爱，那些根本不愿意感受到爱的苦恼的人和那些根本不愿意感受到生活的悲痛的人是羸弱的。

费尔巴哈想让人知道的是，只有在爱里才有明察秋毫的上帝，才有真理和实在。费尔巴哈认为基督教的上帝只是从人类的爱中抽象出来的抽象物而已，这个抽象物只是爱的一种表现形式。关于爱的本质，费尔巴哈的观点有其特殊之处，他认为爱就是情欲，因为他总结到只有情欲才是存在的标记，只有情欲的对象才是真实的存在。确实如此，我们发现当一个人什么都不爱的时候，他对是否有物存在就会漠不关心，这个人就完全陷入到冷漠之中。只有通过爱，通过一般感觉，异于非存在的存在才呈现在人的面前。当然爱是包含痛苦的感觉的，爱的痛苦就是观念中存在的东西，这个东西在现实中并不存在。因此，爱就是有一个对象在我们头脑之外存在着，这是费尔巴哈所谓的真正的本体论证明。因为在费尔巴哈那里，除了爱，除了一般感觉之外，再没有别的对存在的证明了。所以费尔巴哈强调，一种存在使你快乐，不存在就使你痛苦的东西，只能是存在的。

费尔巴哈认为没有一个生物是注定幸福的，但凡是具有生命的，正因为它活着，也就被注定要生存，他强调生命之生命便是爱。人们说我永远爱你，就是说我对你的爱只有在我的意识熄灭的时候才终结。他认为随着我的终结而终结的东西才是永恒的东西。谁都渴望和已经死去了的、曾经爱过的人重新相会：如果没有这种欲望，那未免太无人性了。但这不是彼岸世界实在性的证据，而是证明我们已经在这个世界上饱享爱情，这就证明：我们的所有一切正是在这个世界上。所以费尔巴哈高呼："爱吧，但是要真正的爱！

这样，一切其他的德行也就会自然而然的归于你了。"①正是因为人类的爱，这个世界才是一个充满了人性的世界。

二、爱与信仰

费尔巴哈认为信仰是为自己的，爱是为别人的。一个人信仰上帝而无需证明他的信仰，因为具有信仰只为了他自己。然而爱则不同，因为你具有爱不是为了自己，而是为了别人，所以你不能不声明自己的爱，不能不来表白它并实现它，所以信仰与爱是内与外的关系，这正是信仰与爱的真实差别之所在。费尔巴哈提出："孩子对父母的关系，夫妻之间的关系，兄弟之间的关系，朋友之间的关系，一般地，人与人之间的关系，总之，道德上的各种关系，本来就是的的确确的宗教上的关系。一般说来，生活，在它的本质重要的关系中，乃具有完全属神的性质。"②其实黑格尔在《法哲学原理》中谈到家庭对孩子教育的时候，也是强调了三个方面的内容：尊重、服从、爱。费尔巴哈更加关注对爱的阐释。

费尔巴哈认为爱的意识就是人凭借这种意识来调解自己跟上帝的关系，就是调解自己跟自己本质的关系，人自己的这个本质与法律上的本质是有差别的。费尔巴哈以化身之秘密为例来说明这种关系。他强调的化身的意思是上帝之肉体化或上帝之人化的过程，就是人直观到上帝具有属人的本质。在费尔巴哈这里化身就是上帝的属人的本性在人的生活中的那种真实显现。上帝如果不是为了上帝自己才化身为人的，那不成了自娱自乐的奇迹了吗？化身的根据源于虔诚的人的真实渴求和人的现实需要，除此之外没有神的化身的根据了，化身现象是神的同情的眼泪，那是让人感动的属人的感情，化身本质上只不过是属人的存在者之现象罢了。如果上帝真的存在，如

---

① 《费尔巴哈哲学著作选集》(上卷)，荣震华、李金山等译，商务印书馆，1984年，第233页。

② 同上，第315~316页。

果真的是上帝出于慈悲心而化身为人的话,那在他变为实在的人以前,上帝就已经是一位属人的上帝了,不然上帝干点什么不好,非要关切属人的需要、属人的不幸呢? 这与高高在上的上帝有什么关系呢?

所以如果我们在化身这个命题中只考虑人化了的上帝这一种情况的话,那么人化就表现为奇迹,表现为某种惊人的、不可思议的事件了。因为任何一个足够理智的人都明白一个道理和事实,那就是人化了的上帝无非是神化了的人之显现,上帝下降为人不就是人上升为上帝的过程吗? 费尔巴哈强调,在上帝成为人以前,也就是化身之前的上帝其实已经是属人的了,因为自始至终人都在上帝之中,换句话讲,人早已经是上帝本身了。对人来说,人就是上帝,对人的爱,是一种真正的、神圣的、可靠的、最为原初的爱,这种爱是人的一种强大的威力。费尔巴哈的重要发现就是:如果人的本质就是人所认为的那种至高本质,那么在实践中,最高的和首要的原则也必须是人对人的爱。这样爱的观念决不像神学家所宣传的和坚持的那样仅属于基督,从人类的历史进程中,我们发现人类爱的观念决不是随同基督教或借助某种宗教力量才来到人类的意识之中的。基督教中的爱的观念是伴随着罗马帝国之恐怖时代而出现的。用任何与人类概念相矛盾的方式来统一人类的政治王国必定会自行瓦解,所以罗马帝国的专制主义必定走向崩溃。正是由于政治的灾难使人完全逃离了政治窒息内心的桎梏,人类概念才代替了罗马,爱的概念也代替了政治概念。

费尔巴哈认为爱是知性与自然的一种普遍法则,而那种属基督的爱只是一种特殊的爱而已。在爱的本质里面就包含了一种普遍性的东西,而属基督的爱并没有抛弃其属基督性的特性,并没有直截了当地使爱成为至高无上的基准性原则——一种普遍性的原则,这种爱就侮辱了爱的真理性,这种爱因其特殊性而跟爱之本质相异,甚至成为一种畸形的、变态的、不讲爱的爱。费尔巴哈认为真正的爱,乃是自己满足于自己的那种爱,它决不需要特殊的称谓和那种所谓的特殊权威的爱。

费尔巴哈认为真正的爱只能基于人类的本性，基于一种自身内在的统一，基于爱之起源。而基督的爱不是真正的爱，这种爱就是一个派生的爱。正是这种派生的爱使基督身价百倍、为人类所迷信和推崇。费尔巴哈认为爱就是上帝本身，除了爱以外就没有上帝，但是最为普遍性的爱一定是属人的爱。当然费尔巴哈眼中的爱是宽泛的爱，他认为爱是完善与非完善的结合，是属神的东西跟属人的东西相互关联的中介和纽带。爱是如何中介的呢？费尔巴哈断言，爱是上帝与人、精神与自然之真正的统一。如此我们的理解是，爱使人成为上帝，使上帝成为人；同理，在爱之中平凡的自然就是精神，优秀的精神就是自然。

费尔巴哈按照这个逻辑推理出爱是唯物主义的结论，在他看来非物质的爱是空虚的、无力的。当然费尔巴哈作为一个唯物主义者，他也更加明白，作为一种理念的爱又是自然唯心主义的精神，确实我们不难发现，爱的确是一种意识形态的存在。在人的日常生活中，爱同样也能被创造，这充分体现出爱这一理念的现实化过程，费尔巴哈一直批判的宗教神学里的那些所谓奇迹、信仰、懊悔、癫狂给人带来的种种分裂感，人类的普遍的爱就能将这些分裂感弥合起来。当然费尔巴哈这里讲的爱过于强调其实在的、有血有肉的现实性作用，忽略了用阶级的视角来看待爱，他甚至认为有钱人和贫穷的人都被爱弥合在一起了，显然这种观念是被马克思主义经典作家予以坚决批判和否定的。费尔巴哈认为只有这种有血有肉的爱才能够赦免血肉身躯之人所犯下的罪。在费尔巴哈眼中上帝也只是作为人、作为感性的上帝来宽恕人所犯下的罪过的，在他这里上帝并不是作为抽象的理智来宽恕人的。费尔巴哈提道："基督的宝血，使我们在上帝眼中看来洗净了我们的罪；但只有基督的属人的血才能让上帝大发慈悲，才止住了上帝的愤怒，我们之所以认为我们的罪得到了宽恕，就因为我们不是抽象的存在者。而是有血有肉的存在者。"①慈悲并不是那抽象的本质者,而是感性的本质,慈悲是感性之正义感,而这种正义感一定是属人的。

在费尔巴哈看来信仰无非就是对自己来说是至高的东西,因为它的对象是属神的,所以它使永恒的福乐依赖于自己而不依赖于别人。在人之意义上,一切以永恒福乐为后果的东西,都必然将自己规定为主要的东西,所以人们宁可为了信仰而牺牲道德。某些行为在道德上是恶劣的,但按信仰却是可赞美的,一切东西都有赖于信仰之得救,可以说如果信仰有了危险,则永恒的福乐以及上帝的荣誉也就都有了危险。故而一切只要是以促进信仰为其目的的东西,就都能得到信仰的特别许可,信仰成了人里面唯一的善,就像上帝本身乃是唯一良善的存在者一样。所以费尔巴哈认为信仰是爱之反面,爱只跟理性同一,并不跟信仰同一,理性与爱在本质上就是一致的,这样爱与信仰就是背道而驰的。因为爱与理性一样都是追求自由的,都是追求人类本性的,而信仰则是特殊的、利己的东西,它怎么能与爱相提并论呢? 费尔巴哈认为理性与爱才是人类自由的花园,而信仰则是人类的地狱,原因就是信仰必然涉及恨与恶,恨与恶又必然与迫害相关联,最终信仰必然会不顾一切地蔑视属自然之道德律令。信仰学说要人对上帝尽信仰之最高义务,而对上帝尽的义务必然又会跟普通属人的义务相冲突。

根据宗教的说法,对上帝的信仰就是对爱和善的信仰,信仰就是心地善良的表现。而在人格性的概念中,道德规定消失了,甚至成了次要的、偶然性的事情。对上帝本身的爱,就是对人格本质的爱,而不是道德式的爱,不表现出一种高尚的道德观念或道德心。费尔巴哈认为信仰的对象具有属神的人格,所以信仰对自己来说是至高无上的东西,信仰使永恒的福乐依赖于自己,也就是说福乐依赖于信仰而不是依赖于人来履行其义务。所以信仰是优于永恒的福乐的,更是优于人本身的,这样属于人类的道德也被认为是从属

---

① 《费尔巴哈哲学著作选集》(下卷),荣震华、王太庆、刘磊等译,商务印书馆,1984 年,第 77 页。

于信仰的,这是令人感到惊讶的现象的缘由。所以费尔巴哈认为正因为在信仰与道德心之间并没有什么内在的联系,信仰自在地就为自己的本质所决定,信仰的本质总是表现出对道德义务漠不关心。按费尔巴哈所述:"在这里,道德品性被当作是信仰之纯真与否的标记,信仰之真实与否被认为是依赖于道德之真实与否的。当然,这乃是一种与信仰相矛盾的关系。"①那种对爱漠不关心的信仰、无爱的信仰是跟人的理性、天然正义感相矛盾的,那种信仰跟直接被爱奉为规律与真理的道德感更是相矛盾的。所以费尔巴哈认为,信仰之所以被道德限制,是因为道德与信仰的自在本质是相矛盾的,但道德对信仰的这种限制,却并不是起源于信仰,而是起源于给予信仰以法则的爱的力量,因为这个法则就是不依赖于信仰的爱的威力。这样又回到了爱,爱与信仰并不是毫无联系的。

费尔巴哈认为,信仰并没有道德感,使信徒有良心的只是道德而决不是信仰。虽然信仰使人福乐,但它却并不赋予人以实实在在的道德心。费尔巴哈说:"只有道德——而决不是信仰——,才使信者有良心:你的信仰,如果并不使你为善,那就是无。在这里,道德之概念成了报答性质的牺牲之概念。上帝已经为了人而牺牲自己;因此,现在人也必须为了上帝而牺牲自己。牺牲越大,则行为就越好。某种东西越是跟人、自然相矛盾,自我否认越是大,则德也越是大。"②由此,信仰使那种自在地同时就内容而言并不是什么美德的东西成了美德;换句话说,信仰并没有道德感,它仅仅抬高假德、贬低真德,因为引导着它的是否定之概念及与人的本性相矛盾之概念。

---

① 《费尔巴哈哲学著作选集》(下卷),荣震华、王太庆、刘磊等译,商务印书馆,1984年,第305~306页。

② 同上,第306~307页。

三、爱与理性

在关于人的本质的探讨中，费尔巴哈认为人自己意识到的人的本质其实就是理性、意志和心，因为在费尔巴哈看来一个完善的人必定要具备思维力、意志力和心力。可以这样说，心力就是爱，意志力是一种品性的能量，而思维力是认识的明澈性；理性、爱、意志力自发地构成了一种完善性，这种完善性就是最高的力，这种完善性就是作为生存的目的和人的绝对本质。人生存在这个世界上必然地离不开认识、愿望和爱，根据费尔巴哈的观点，理性的目的无非就是理性；而爱的目的就是爱，意志的目的就是意志自由，这样构成人的三个重要因素基本上是不可再分的。所以我们可以这样理解费尔巴哈界定的真正的存在者的概念，那就是这个存在者一定是思维着的、爱着的、愿望着的存在者。众所周知，只有作为自己本身而存在着的东西，才是真正的、完善的、属神的存在；而爱、理性、意志，不就正是这样的存在吗？所以费尔巴哈强调："在人里面而又超乎个别的人之上的属神的三位一体，就是理性、爱和意志的统一。"①这就是费尔巴哈对人的概念的系统化解释，这一定是爱与理智并存的人的存在。

费尔巴哈认为人要摆脱他自己跟完善本质的这种决裂，就要求这个人把心、爱视为那至高的、绝对的威力和真理。理智与法律、心与爱的关系应该是这样的：理智严格据法律来判断；而心很容易迁就，心是体谅的、宽大的、慎重的，因为心是属人的。所以那些只要求人达到道德完善性的法律，这样谁也不能得到满足；这样的法律也就更满足不了人心。根据费尔巴哈的观点，法律只关切判罪，而法官的心却怜悯罪人；心使人意识到人是人，法律却只是使人意识到人是犯罪的人，所以法律仅仅将人视为一种抽象的存在者，

---

① 《费尔巴哈哲学著作选集》(下卷)，荣震华、王太庆、刘磊等译，商务印书馆，1984 年，第 27~28 页。

而心却将人视为一种实在的存在者,这是对人的肯定;法律具有强力的规制性,硬要人服从于法律,而爱却使人得到自由,人在爱这里得到真正的满足和自我实现。

费尔巴哈认为人的爱并不能忍受任何外力的限制或规制,相反,它能克服任何特殊性限制和外力。一切以一个特殊的现象为基础的爱,都是与爱之本质相矛盾的,爱更强调其普遍性,这也是爱并不忍受任何限制的原因,甚至爱因此能够克服任何的特殊性。费尔巴哈强调其人本主义的立场观点,那就是人们应当为了人的缘故而爱人,人之所以是爱的对象,乃是由于人是自我的目的,乃是由于人本身就是一个具有理性和爱的存在者。费尔巴哈提出,这是类之法则,是知性之法则,人作为类而存在,人同时作为知性而存在。当然费尔巴哈所强调的爱是一个直接的爱,他认为只有作为直接的爱,爱才称之为爱。费尔巴哈试图建立一种爱的哲学,在那里爱是类的主观的存在,而理性是类的客观的存在。在爱里面,在理性里面,都不需要任何人格化的中介。所以费尔巴哈特别反对基督教提出一个具有人格化的神来作为爱和理性的一种人格化中介而存在,他强调基督本身不外乎就是一个影像,在这个影像背后,属人的那个类的统一性驱入到民族意识之中,从而呈现在民族意识面前。费尔巴哈调侃作为人格化中介的基督,既然谁为了人的缘故而爱,谁就使自己提高到一种类的爱,提高到普通的、与类的本质相适应的爱,只有在这个时候,人才真正成为一种类的构成性存在,这个完满的类的统一不就是基督徒吗?甚至这个完满的类的统一不就是基督自己吗?这就是费尔巴哈的人本学道德哲学的重要内容。

第四节　关于不死的信仰

一、死亡本身并不是恶

生死问题也是费尔巴哈道德哲学特别关注的问题。费尔巴哈认为,死亡对任何人都是公平的,按他的话说,死亡是最为坚决的"共产主义者",因为在死亡面前,百万富翁与乞丐、皇帝与无产者一律平等,并没有什么本质的不同。对于生与死这样重要的、复杂的伦理学问题,费尔巴哈用一种谦逊的态度表示:"我不敢自夸占有一切关于死与不死的思想和反对死与不死的思想;所以,凡是我疏忽的,就可以由别人来加以补充,凡是我说得不好的,就可以由别人来说得更好一些。"①费尔巴哈认为,人们在想到不死时所体验的快感不能证明不死观念的真实性,人们在相反的思维中所体验的悲哀,也不能证明这种不死观念的非真实性。可以说当我们存在时死亡并没有来,相反,当我们死亡时,我们已经不存在了,只有在人们对死亡还不习惯、还不熟悉的时候,死亡才是痛苦的。

就一般的或民间的不死信仰来说,死后生命的本质意义仅在于它是今世生命的永远延续,或者说,是把今世生命表象为无终端的目的。所以这样的信仰的基础并不是一种完善化意向,而是一种自我维持的意向。人不希望失掉他所意愿有的、意愿是的、意愿从事的东西,他希望这些东西具有永恒性,这是一个具有主观必然性的表象。在这个情况下,人所从事的即使是最有终端性的一切事,人也都将其理解为无终端的。当然这种无终端性或永恒

---

① 《费尔巴哈哲学著作选集》(上卷),荣震华、李金山等译,商务印书馆,1984 年,第 363~364 页。

性只是一种否定的说法，我把某事物想成是永恒的仅意味着我没有想到它的终端时刻而已。如果我有这个念头，对我来说将是可怖的、毁灭性的、不能忍受的。所以为了取消这种在表象中被假定的终端，我就必须借助于另一个正相反的表象，即永恒性。表象中的终端是不自然的甚至是反自然的，而现实中的终端却是自然而然的、不显著的。虽然毁坏过程的最后一幕显得有些过于粗暴，然而这只是就其表现、形式而言，并非就其本质而言。

死并非一种部分性的终端，而是整个的终端。基督徒们笑话"野蛮民族"或落后民族供奉饮食给其所爱的死人，讥笑他们的愚直，其实这就是认为活人与死人没有什么差异的唯一真实的和天然的不死信仰。基督徒和"野蛮民族"的不死信仰并无本质的差异性，只要让步到承认死是一种否定，承认在死里面，吃喝婚娶尽都停止，那对死加以任何限制，都毫无意义。死亡这个终端是"非此即彼"的，对死你或者不让步，不然就全部让步。

死亡本身并不是恶的，也不应该让人感觉到很可怕。那种惧怕死亡，甚至把死描述成粗暴、不洁、晦气、恐惧的观念，恐怕是非常草率和肤浅的观念。我们可以设想一下，死亡都是有原因的，绝不是突然的、倏忽而至的、意想不到的，死亡绝对是有来由、有根据的。费尔巴哈强调，死就是有媒介的否定过程，死的这个媒介其实就是生命本身，死亡的过程就是生命消逝的过程，离开生命的中介怎么会有死亡发生；另外，其实每个生命的每一个新阶段，都无非是前一阶段的死罢了，所以死亡可怕吗？死亡并不可怕，死亡更不能被描述成为恶。费尔巴哈认为："对他们中的每一个人来说，以前曾是一切的，现在成了无。既然作为青年人、作为童年人的我们，自然而然地必定会消亡，既然我们并不因了这种消亡而惊恐，那么，我们也就没有理由因为我们最终要死去而向苍天合掌。"[1]费尔巴哈认为死与消亡都不是恶性的，人们希望永远年轻和有朝一日的不复存在都不是重大的事，这并不可怕，也不应该

---

① 《费尔巴哈哲学著作选集》(上卷)，荣震华、李金山等译，商务印书馆，1984 年，第 279~280 页。

因此而令人大怒。这个问题如果从利己主义的观念来看,得出的结论可能就是截然相反的,这样的结论也就会令人特别有恶感。在费尔巴哈看来,利己主义开始发挥作用的地方,也就是逻辑规律不再适用的境况。

费尔巴哈进而分析了穷人和富人对死的不同看法,这个分析使费尔巴哈把对死的考察深入到人的生活条件和经济状况之中。费尔巴哈认为,一般说来,人在临终时总是病痛萦身,在这样痛苦的时候他别无他望,只求解脱痛苦,甚至以自己的不存在为代价。所以不幸者所愿意的不过是结束不幸,死是一种痛苦的终端,死是穷人的愿望,而不死只是富人的愿望,富人们整天花天酒地,恐怕遗恨终生。这时的费尔巴哈有了处于萌芽状态的阶级意识,体现在意识形态上的主张就证明了这一点,他认为穷人无疑是唯物主义者,而富人则是唯心主义者。费尔巴哈认为穷人所需要的是实惠的、物质的、合适的帮助。"不幸者所意识到的,只不过是他自己的不幸。所以,他把死看成是自己的大救星,因为,既然死使他失去了自我意识,那么,他所失去的也就不是别的,不过是对他自己的不幸之意识而已。"①如果他们得不到这种帮助,那他们只有一个极其低微的、否定的愿望,那就是不要让自己再存在下去,就是去死,但是在这里费尔巴哈并没有提出穷人是应该革命而死、抗争而死,还是苟且而死、自杀而死,费尔巴哈更没有看到穷人和富人的差距是源于不合理的制度本身,是源于剥削与被剥削的关系本身。

现实中,人们对死人的态度要好于对活人。费尔巴哈说:"同活人,我要斤斤较量,而对于死人,我就过分的让步。活人总是好像彼此有着不共戴天之仇,他们都斤斤较量于他们各不相同的个性,彼此针锋相对;但是,死却磨平了这些针锋;死确立了和平和调和。死人不再有意气,不再有个人利益,不再有利己主义;因此他也就不再会惹恼我们了;他不再是我们利己主义意气的起因和对象了:他纯粹只是人的感情的对象,也就是说,正只是宗教——

---

　① 《费尔巴哈哲学著作选集》(上卷),荣震华、李金山等译,商务印书馆,1984 年,第 281~282 页。

这里是指在最好的、属人的、唯一真实的意义下的宗教——的对象。"①因为死好像只给我们留下纯粹的本质，只给我们留下了长处；至于个人的阴暗面、短处和不足处，我们则把它们全都忘了。可以这样说，死去的是作为凡俗的、感性的、非信仰的、直观的、本质的人，正因为这样，他将在人们的精神中、心中和纪念中，作为守护神、神仙，甚至作为上帝保佑我们。

二、不死信仰的实质

费尔巴哈认为人的那种不死信仰与上帝信仰是一样的，不死信仰可以说是人类的一个普遍信仰。这种信仰虽然在理论上站不住脚，但却为很多民族所共有。与不死的信仰相对应的就是对今世生命的信仰，因为既然这个已死的人在死后仍旧是这个人，那他死后的生命也就仍是今世的生命。一般说来，人是完全满足于这个虽然充满着烦恼和困难的世界的，这个满足的过程是在人的本质中而不是在人的幻想中。费尔巴哈发现人过于地热爱生命，以至人不能设想死亡，人不能更或是人不敢面对自己生命的终端，不敢面对人自己生命的对立面。然而令人感到失望的是，死会使一切希望成为泡影。可是，人无论如何都不能不理解死，这是因为人过于迷恋自己的生命吗？答案是肯定的。人们讨厌死亡以至于不能认为生命的反面是合法的，他们甚至把死亡看成是某种重大过错的结果，有时候认为死亡一定与某种阴谋诡计有关联，更为极端和可笑的是，居然有人认为人的生命不会因为死亡而中断掉，人死了，可是生命还没有终结，这是多么自相矛盾的看法，这种观点恐怕在当今世界还很常见。费尔巴哈认为："说生命在死后继续，只是人自己的杜撰；死后的生命，纯粹只在他的表象之中；所以，单纯作为表象的客体，它是服从于人的反思、幻想和专擅的，从而，由于后者的增删，就好像成了另一种

---

① 《费尔巴哈哲学著作选集》(上卷)，荣震华、李金山等译，商务印书馆，1984年，第286~287页。

生命。"①不过,这种由于幻想的力量而发生的改变只是表面的,就其本质而言,这另一种生命无非就是今世生命。人们对于彼世的观念大体上是这样的一个概况,人们的相同点都在于他们都信仰这个生命之外存在着另一种生命,但是关于这另一种生命的观念却是各不相同的,这些不同体现在彼此的性格、身份、生活和业务等各种形式上面。彼世的观念无非就是由人的好奇心造成的,人们将已知的东西当作未知的东西的尺度,用有限的概念来把神秘的、不可领会的东西冒充一下,逐渐地人们就用今世的各种形态来充实暧昧且神秘的彼世的各种形态。费尔巴哈认为神性与不死基本上是同一的,人们关于上帝的观念、概念各有不同,仁者见仁、智者见智。有的有神论者就任性而偏颇地用自己的信仰来偷换解释民众的信仰,他们忽视了信仰者各不相同的表象下所信仰着的上帝的差异性,他们声称有神论的上帝是天下万民的上帝,是同一个上帝,这是何等的不可理喻。

费尔巴哈认为不死信仰不是人本性的直接表现,不死信仰是被人反思后投入到人的本性中,这种信仰根源于人们对人的本性的误解。费尔巴哈认为不死信仰与人的教养有直接关系,往往是有教养的人不信仰不死,而无知识民众却信仰不死,那么有教养的人和无知识的人的区别在于:有教养的人明白死者的影像不过是影像而已,而后者却把死者的影像看作实体。前者能分清人和物,按照马克思主义哲学的观点就是前者能够分清主客体,而后者却不能分清人和物,不能够分清主客体,以至于将没有人格化的东西给人格化了。为此,费尔巴哈揭露了不死信仰者的内心矛盾:"如果说,人的本性在自己的心中、自己的本质中相信死人还活着,但同时却因为死人丧失了生命而加以怜惜,那么,人的本性岂不成了可耻的伪善者!"②所以如果按照不死

---

① 《费尔巴哈哲学著作选集》(上卷),荣震华、李金山等译,商务印书馆,1984 年,第 267~268 页。
② 同上,第 262 页。

信仰的逻辑,那么当有人死亡的时候,其他人就有充分的理由相信这个人没有死掉,这样人们的本性的表现就应该是喜欢而不是悲哀。

费尔巴哈认为,一个人的死亡是肉体上的死亡和精神上的生存,就像是有人提到的,人事实上死了两次,一次是真的停止呼吸、思考,是心脏停止意义上的真正的死亡,一次是兴师动众地完成一个人的死亡的仪式,这个仪式本身就是死亡在精神中得到生存的表象。在这个意义上,一切人在某种意义上都信仰不死,这意味着一个人的死,并不等于他生存的结束。因为无论如何如果一个人选择了死亡并不意味着他的生命的完全湮灭, 毕竟死亡只是终结了这个人的现实存在, 但他的精神价值并不会随着他肉体的死亡而终结,这就是有人提到过的,人的不可思议的神明境界。然而这个境界是活着的人的境界还是死了的人的境界。确实值得我们现代社会的人审慎思考,这个思考本身就是活着的人的一种后思或者就是活着的人的一种反思。

费尔巴哈认为如果按照不死信仰的逻辑推论,那么跟随死人一起进入彼世的各种物件也是不死的,因为根据各民族一般的不死信仰,人在死后也依然存活着。人的那种与尸骸区分开的、永远不死的本质到底是什么呢? 费尔巴哈认为,这个本质不是别的,它不过是人在死后遗留下来的影像罢了,这个影像也不过是一种幻想。因为人们在活着的时候是各不相同的,所以死人也各不相同。这样一来,由于幻想把他们当作是生存着的状态,他们生存的性质和区域也被表象为是各不相同的。这样更为可笑的事情就发生了,不死信仰的坚持者们又把不死的灵魂分为有幸与不幸、善与恶、福与不福。由此可以让人感到再自然不过的事情就是这些坚持者们将死人活着时所有的一切东西,都同死人一起送进坟墓或一起送进熊熊烈火之中。这也可以说明历史上陪葬习俗的逻辑就源于不死信仰本身,在某些民族的陪葬习俗中,妻子伴同丈夫,仆役伴同主人,猎具和猎狗伴同猎人,针线伴同女人,军器伴同士兵,工具伴同艺术家,玩具伴同孩童,一起被埋葬或被焚烧,因为这些民族的人们相信,跟随死人一起进入彼世的这些动物、衣服、鞋子、武器、马具、工具和玩具,也都是不死的。当然费尔巴哈在这里给出了非常生动的分析:"如果我要在回忆中保持一个本质为有生命的,那么,就必须在刻画出他的个性、他的规定性、他的服饰、他的职业、他的生活方式中保持这个本质。即使是富于幻想的基督教唯理主义者,也只能用一个人在活着的时候所具有的独特的模样来思考这个人的灵魂或精神之继续生存;一般说,只要前者不希望从回忆中驱除后者的生存,那么,在活着的时候属于后者的一切,就一样也不会失落。"①这就是不死信仰给有生命和无生命的东西带来的唯一后果,那就是巨大的浪费和践踏。

所以费尔巴哈揭露了那些所谓的不死信仰其实只是梦想家和懒汉们的事务罢了,而现实生活中的人们对待死亡的态度必须要豁达,生与死的问题是我们每个人都要面对的。费尔巴哈认为人的死亡是可以论证的,亦即关于人的不存在的思想是可以论证的,但这种关于死亡的论证就时间而言是可行的,但就逻辑而言却是行不通的,因为没有人能预测自己的死期。费尔巴哈认为以人类生活的各种对象作为职业的勤劳的工作者是无暇想到死的,甚至也从来就不需要什么不死,费尔巴哈认为这些人即使想到死的问题,也会非常聪明地支配生命资本进行投资,以至于不把生命的宝贵时光浪费在毫无价值的事情上面,而是用于完成他给自己所规定的生活任务上。费尔巴哈认为:"一个人如果把自己的光阴单单用于思想自己的不存在,由于这种一无益处的想入非非而忘记和失掉了现实的一生,那么,他就必然要用同样被表象的、梦想的存在来补充他的被表象的不存在,而且,不管他是怎样的一个笨蛋,是虔诚的还是思辨的,他的生活总是缺乏现实的色彩,处处显示出未来生命。"②其实古代先哲们很多人都认为不死是存疑的,是缺乏可靠性

---

① 《费尔巴哈哲学著作选集》(上卷),荣震华、李金山等译,商务印书馆,1984 年,第 266~267 页。
② 同上,第 275~276 页。

的。但是基督教却十分任性,基督教宣称不死不仅是可靠的,而且是再可靠不过的。他们认为关于未来生命的思想是人类最为重要的思想,这是基督教最有价值的理念。显而易见的是,现在我们看来基督教是多么的缺乏理性和科学性,这个理念也恰恰表明了基督教的无理性和危害性。

退一万步讲既然人想到自己的终端和自己的不存在,难免会悲伤和凄凉,变得苦恼和丧气,那我们最好的解决办法就是不去想它,忽略它,忘记它就足够了,也就是说即使人是悲剧性的存在,即使人类都难逃悲剧性的结局,但是人不应该成为悲观性的生命,我们应该以更加高昂的姿态来面对自己的生命。然而好笑的是居然有人愚蠢而且坚定地期许着基督教许诺给他们的更好的死后生命和未来世界的生活。费尔巴哈奉劝人们要充分享受生活中的美好和至善,脚踏实地地用自己的力量来解决生活中的一个个难题,这样去做的话我们未来的生活也将越来越好,至少能够比现在活得更舒适美好一些,费尔巴哈主张解决人的有限性与无限性的矛盾应该在于自身,而非寄托于宗教神学。只有这样想,只有这样做人们的生活境况才会逐步好转。所以请活着的人们不要妄想从死那里得到美好,从死那里获得比今生今世更好的东西,人要今生今世过活得精彩,祸患的排除才是至关重要的。因为人们的懒惰、邪恶、无知等这些祸患,才是最令人可畏的。费尔巴哈强调,至于自然而然地死去和消亡,只是完成了生命发展之结果,这是不可避免的,与什么祸患都是毫无关系的。所以理性的人一定想尽各种办法克服贫困、邪恶、犯罪、无知、粗暴等恶行,避免或者限制这些恶行所导致的极端死亡的方式,因为这才是最令人悲哀的。

三、关于基督教的不死信仰

接着上面两个问题,我们讨论一下费尔巴哈所关注的关于基督教的不死信仰。费尔巴哈认为,不死是人幻想的愿望,不死幻想的愿望不是人的本质的愿望。古代先哲们大多认为不死是可疑的,然而基督教却宣称不死是真实的,是再可靠不过的,这样基督教就把关于某种更好的来世生活的思想说成是人类最重要的思想。费尔巴哈认为如果这就是基督教给予人类最为经典的贡献的话,那这就再明显不过地表明了基督教的无理性和危害性,这简直是对人类最大的欺骗和谎言。按照常理来看,既然人们想到自己生命的终端和自己的不存在会让人们的生活变得非常苦恼的话,那么人的趋利避害的本性当然不允许人常常想到自己的死亡;但可笑的是基督教许诺给人们以某种更好的死后的生命。这是什么逻辑呢? 费尔巴哈对此进行了深刻的批判和揭穿,他认为基督教为了除去人们生活中的被幻想的种种祸患,竟然任使生活中的现实的祸患比比皆是;他认为基督教为了把死变成活,竟把人们的活变成了死。这样基督教貌似给人以多于人本身实际祈求的那些东西,其目的是想要迷惑人,这种迷惑让无知、蒙昧的人不断地满足种种不能达到的愿望。"基督教完全不是人的本性的典范的、完全的表现,因为,它甚至只是基于人的本性的假象,只是基于人的意识与人的本质的矛盾。"①然而具有最起码理性的人会被基督教所欺骗吗? 费尔巴哈认为,不死作为人的幻想的愿望与作为人的本质的愿望渐行渐远,基督教自作聪明地用不死来奉承人以达到其迷惑人的目的,但是人何其聪明啊! 人在自己的本质深处是绝不信仰不死的。

同样,费尔巴哈也分析了追念死人的原因。他认为,对死人在宗教上的尊崇本身说明了死人只是幻想和情绪领域内的本质,只是活着的人的本质,但肯定已经不再是自为或自在的本质了。对死人的追念和记忆之所以神圣,正是因为死人已不再存在了,正是因为只有追念才是人唯一的存身之处。现实中活人不需要宗教的保护,因为他自己能管住自己;他之所以生存,是为了自己的利益而生存;但是无私的死人却必须被说成是神圣的,因为只有这

① 《费尔巴哈哲学著作选集》(上卷),荣震华、李金山等译,商务印书馆,1984 年,第 276~278 页。

样才能保证他继续生存。看来死人为了自己的生存做得越是少,活人就越是使尽千方百计使死人继续生存。费尔巴哈剖析了这些活动的本质内涵,通过这些活动活人对死人传递了类似这样的信息:你自己感到越低微,我和其他活着的人就应当感到你越高贵;你的生命之光越是熄灭了,你那崇高、伟岸的影像却越是应当永远在我和其他活着的人的回忆中发出更华美的光辉;你在肉体上是死了,但那些不死的荣誉,却让你成为了我和其他活着的人的上帝。这样的宣誓、这样的逻辑只不过是给活着的人做做样子罢了,对于死人而言还能起死回生不成?

把死人敬之若神,是对死者的补偿。费尔巴哈认为,对于一个本质,我们越是无能为力,我们就越是愿意竭尽己力;正是因为我们不能实实在在地行善举于死人,我们才要作为补偿地把死人敬之若神。当我们感到对于已经死去的人来说我们已不再是什么,甚至我们已不能再为死人做任何事情的时候,我们反而为他设身处地地想到更多。根据费尔巴哈的观点,人在渴望荣耀自己对死人的感觉时,也是诉诸他在自身之外所知道的至高者、至尊者,以便这样来恰当地和令人满意地表现他自己神化的爱和崇敬,这是自然而然的事情。可以这样说,生死对人来说是极其重大的事情,由此费尔巴哈发现,死既是幻想的诞生地,又是宗教的诞生地,所谓无知之地,就是虚空的空间。费尔巴哈认为,因为人远比自然界更具有对空虚的恐惧,他想什么都知道,然而毕竟什么也不知道,这样就给人所无知的那种虚空的空间,充实以人自己幻想出来的各种外形。但对人来说第一个纯粹属于幻想的本质就是死人。因为费尔巴哈发现,对于没有教养的天然人来说,死是自然界中最不可领悟的、同时也是最为可怖的一种现象,幻想的诞生地就是死,紧接着宗教的诞生地也是死。人的无知、幻想、迷信最终导致宗教的产生,因为宗教不过是在于用幻想力来弥补人的无知,或者说宗教用幻想神化了人的无知,人之为人的那种确定的本质结束了,而被表象的、被幻想的宗教的本质便开始了,这样不难发现,宗教的本质就是人的本质。

此时的费尔巴哈是一个坚定的唯物主义者，在他看来人如果没有生存的条件和生存的机能，那人的生存就只能是幻想出来的、捏造的、虚假的生存。"怀疑我是否能像在今世那样的生存着，最终必定会怀疑到一般的我是否能生存着；因为，我的生存是特定的，是今世属人的生存；如果你夺掉了我的生存的规定性，那么你同时也就夺掉了我的生存本身。"①费尔巴哈认为当不死信仰脱离了现实性的朴实性时，不死信仰就变成了既非肯定信仰，又非否定信仰；既非不死信仰，又非死亡信仰的一种骑墙状态的信仰了，这种骑墙状态的信仰是一种模棱两可的、动摇于自己及自己反面的、貌似自由的一种信仰。在这样的情况下，基督教仍然坚持不死信仰，同时又使不死信仰在基督教一切信仰之中立于独一无二的统治地位，是因为基督教是非人性的，基督教让人们必须将基督教的见解奉为神圣的、至高无上的信条，这样的信条只能被信服而不能有丝毫的不信，如有不信则基督教将予以蛮横的暴力镇压，让这些不信在人间消失殆尽，貌似人们对基督教都是虔诚的，貌似基督教的见解都是独一无二的见解。费尔巴哈认为，人如果没有胃、没有血、没有心，那这个人从而最终也就没有脑袋的生存，在暧昧的生存里面，我不认识我自己，更找不到自己。所以在他看来，基督教的不死信仰者们对不信者或死亡信仰者们的非难可以说是极其无谓的，因为相信人在死后仍旧生存着，却不相信他像现在那样生存着，相信他事实上已被否定地生存着，这就无异于一方面肯定死后的人，另一方面又用死来否定他，这是对他是否生存自相矛盾的描述。

费尔巴哈提出，基督教的神学家和哲学家将不死变成了宗教上的事，变成有关人的自爱的事和关乎人得救的问题；因此他们将不死进行了充分证明，而且堂而皇之地将不死证明分为两部分，将他们全部理性、时间和精力都只集中于与人的利己主义有切身利害关系的那一部分。费尔巴哈认为基

---

① 《费尔巴哈哲学著作选集》(上卷)，荣震华、李金山等译，商务印书馆，1984 年，第 292~293 页。

督教的不死信仰也并不是人类的原始信仰，而是一种思辨的或抽象的和否定的信仰。在这个信仰中，基督教貌似重视人和重视人的感性，但只是用抽象和否定来加以重视。基督教的目的简单明了，那就是从人身上剥夺了一切肉体上的需要和机能，其中特别是性官和味官的机能。在天上，人死后将不再婚娶，不再睡觉，不再吃喝了。他说："在原始信仰看来，既没有死，也没有不死，不过，这只是出于幼稚无知，出于缺乏教养；它只信仰今世生命的真实性；它之设想死后的人，与设想死前的人一样。在真正的、完整的人看来，也是既不存在有不死，又不存在有死，但是，这却是由于教养，由于科学，由于对它们的虚无之认识。最例外的是关系到他自己的人身，其次，是关系到所爱的死人，至少，当这些死人还像以前在现实中那样地在他的心中仍旧活着，还像以前在现实中那样地被他奉为神圣。"①所以基督教的不死的信仰并不是人类的原始信仰，由于教养和科学的缘故，既无死，又无不死。

因此，费尔巴哈强调一定要彻底抛弃宗教和哲学上的那种不死信仰，用人来代替抽象的哲学家和属于天国的基督徒。在基督徒们看来，天堂是一切非基督教的东西的否定，是一切肉体的、感性的、属人的东西的否定；因为基督徒在天国中不再是人了，他成为了天使。然而天使不是别的，不过是基督徒的抽象人格化，是没有血和肉的被表象为独立的本质的基督徒。这样基督徒的天堂就不是别的，不过是实现了的、对象化了的、人格化了的基督教。"但是，因为无论哲学家还是基督徒，都不能够非人地生存着，哲学家实在不过是进行哲学思维的人，基督徒不过是信奉基督的、信奉上帝的人，所以，人的被表象成为纯哲学的或纯基督教的存在的不存在，重新又成为对人的一种肯定。只有站在人的肩上，哲学家才能够升高到不死，基督徒才能够升高到属天的福乐；只有当人可以不死时，哲学家、基督徒才也能够是不死的。"②

---

① 《费尔巴哈哲学著作选集》(上卷)，荣震华、李金山等译，商务印书馆，1984 年，第 297~299 页。
② 同上，第 303~304 页。

不管愿意与否,哲学家对于自己的不死的灵魂,基督徒对于自己的属天的、脱离了血和肉的本质,都必须置放一个感性的人的影像作为基础。对人来说,如果没有劳动,就不能设想福乐;如果没有变迁,就不能设想永恒性;如果没有贫困、不足、需要,就不能设想享受。费尔巴哈坚信现实生活中的人必将抛弃宗教上的和哲学上的不死,因为派生的本质永远也不会成为现实的本质,总而言之,不死,无非是现代唯理主义基督教的不死和信仰上的不信的不死,人们那属天的梦想的王国必然将被现实世界所替代。

第六章
费尔巴哈的人本学思想

　　费尔巴哈是人本主义的开创者，费尔巴哈认为人本主义这种哲学"唯一的、普遍的、最高的对象"就是"人"以及"作为人的基础的自然"。人本主义是费尔巴哈"新哲学"的基本理论特征，贯穿他所构建的整个哲学体系的始终，成为"新哲学"的理论建构基点。费尔巴哈的思辨哲学批判、宗教神学批判、政治哲学思想和道德哲学思想无不以人为其核心和立脚点。费尔巴哈正是以人本学作为整个理论体系的根基建立起全新的一种哲学范式，即人本主义的唯物主义"新哲学"，而这个哲学范式恰恰给予马克思主义经典作家以极大的影响和启发。正如费尔巴哈所强调的那样："没有一个实体，不管是人，是上帝，或者是精神，或是'自我'，凡单独的本身都不是一个真正的，完善的，绝对的实体。真理和完善只是各个本质上相同的实体的结合和统一。哲学最高和最后的原则，因此就是人与人的统一。一切本质关系——各种不同的科学原则——都只是这个统一的各种不同的类型和方式。"[①]所以我们必须高度重视何为费尔巴哈的"人与人的统一"，我们必须不遗余力地走近费尔巴哈的人本学的内核，如此才能洞见费尔巴哈哲学体系的全貌和新意，才能深刻理解人本学唯物主义作为整体性理论体系的重要内涵。

---

　　① 《费尔巴哈哲学著作选集》(上卷)，荣震华、李金山等译，商务印书馆，1984年，第186页。

第一节　费尔巴哈人本学思想的形成

人本学思想贯穿于费尔巴哈的整个理论体系。在前文当中,我们已经看到他的人本学思想在思辨哲学批判、宗教神学批判、政治哲学和道德思想中的贯彻。在这里,我们主要讨论费尔巴哈人本学思想对人以及人的本质的理解。

费尔巴哈指出宗教并不能完全说明人的本质,人的本质并非来源于上帝,这是费尔巴哈从宗教批判的视角来阐释人的本质来源问题。费尔巴哈所主张的是,无论从何种角度考虑,人无非都是自然的产物,其中一个重要的方面就是,人首先是自然的人然后才是社会的人,这样的先后排序是费尔巴哈所特有的人本学观念,给马克思、恩格斯以极大启发,但费尔巴哈更加强调人的自然属性的重要性。他认为自然属性是人的根基,如果脱离人的自然属性——即人作为"物"的属性——而空谈其他社会关系问题,那是可笑的。因为在他看来无论是人的感性活动,抑或是人的理性思维都离不开人的自然属性这个前提,人的现实生活首先要完全符合人作为自然人存在的要求,脱离了这一层面考虑,其它一切都是空谈,作为自然人存在的现实欲望和需求是最为强烈的欲望和需求。前文已有所论述,宗教是与人的本质相异化的,这里的本质就应该更加从人的自然属性去理解,宗教使人在现实生活中显现出来罪恶与丑陋,但这个罪恶与丑陋是最应接近于人的自然属性的,所以费尔巴哈强调要扬弃宗教,进而通过道德使人自己的本质得到恢复。费尔巴哈所主张的是,人不应该寄托于上帝或任何其它的存在物,人的本质就在其自身,只有回归自身,用爱和道德手段才能使个体回归人的类本质,这样就达到了费尔巴哈强调的人的类本质的理念。

费尔巴哈的"新哲学"所关注的就是思维着的人自己。他这样描述"新哲学"：新的、唯一实证的哲学，这个新哲学是对一切学院哲学的否定。费尔巴哈的新哲学的否定并不是拒斥性的否定，而是一种建构式的否定，亦即新哲学包含着学院哲学的真理，却否定了这种哲学，费尔巴哈把学院哲学的性质当作一种抽象的、特殊的、经院派的。费尔巴哈的新哲学没有暗号，没有特殊的语言，没有特殊的名称，没有特殊的原则，这个新哲学就是思维着的人自己。有人认为费尔巴哈人本学来源于或借鉴于雅科布·波墨的人本学说，理由是在其哲学史著作中有关于雅科布·波墨的人本学专题，除此之外在《基督教的本质》和《宗教本质演讲录》中也多次提到波墨的人本学思想。波墨提出关于人自身就是一切的本质的思想，以及关于人是上帝的类似物思想，都极有可能对费尔巴哈构建自己的人本学唯物主义产生启发式影响，我认为至少这个影响是一种启发或是一种借鉴，尽管我们至今没有足够证据来证明费尔巴哈的人本学思想直接源自于波墨的人本学思想。按照费尔巴哈的观点，雅科布·波墨是一个宗教的感觉论者，一个神智学的唯物主义者。[1]雅科布·波墨曾经坚持这样的观点：虚无是从虚无中产生出来的，万物都是从上帝那里产生出来的，万物必然处于上帝之中，永恒的自然是现实的自然的前提，上帝的物质是地球上的物质的前提。但是在他的神智学想象中，自然界是从感性的、时间的自然界中推引出来的。永恒自然的特性是从自然观中抽出的质，他把这些质变成普遍原则。

实际上，对费尔巴哈人本学思想产生巨大影响的还有黑格尔哲学。费尔巴哈曾经是黑格尔的真正的学生，是黑格尔哲学最为坚贞的信徒，费尔巴哈建构自己"新哲学"的体系就是以批判黑格尔为起点的。值得一提的是，费尔巴哈与黑格尔决裂的标志是《黑格尔哲学批判》，这篇文章从人的感性出发批判黑格尔的理性主义和自我意识，因为黑格尔主张的是人的自我意识是一切精神活动的最高抽象，而费尔巴哈则认为自我意识本身只是一个被思

---

[1]　参见《费尔巴哈哲学史著作选》(第一卷)，涂纪亮译，商务印书馆，1978年，第138页。

想的,凭借着抽象为媒介的实体,自我意识是一个可以被怀疑的实体。他说:"只有感觉的对象,直观的对象,知觉的对象,才是无可怀疑地、直接地、确实存在着的。"①在费尔巴哈眼中,那些直接根据自身而肯定自己的东西才是绝对无可怀疑、绝对明确的东西,那些直接根据自身而肯定自己的东西才是真实的和神圣的东西,这都源自于费尔巴哈对感性的无比信任;费尔巴哈进一步阐明一个观点,那就是:一切毫无根据的怀疑和喋喋不休的争论只在感性开始起作用的地方戛然而止,所以费尔巴哈反复强调的理念就是:只有感性的事物才是绝对明确的真实的事物,而认识的秘密就是感性本身,因为只有感性不需要任何东西证明,人们直接就发现了感性的存在,这种发现就是一种感性的直观,费尔巴哈认为感性直接通过自身而得到确证,并且感性直接为自己作证明、作辩护。

那我们是否可以简单地认为费尔巴哈哲学中介于黑格尔方法哲学和马克思哲学之间呢? 我们发现,黑格尔哲学主张的是:一个东西只有当它不再凭借中介而是直接的东西时才是真实的,这个貌似是再简单不过的道理,在黑格尔哲学之前却是不能简单实现的。黑格尔揭露经院哲学就是将中介作用当作真理本身, 因为经院哲学所强调的必然性只是一种有条件的必然性而已,因为作为上帝的那个上帝在经院哲学中是一个抽象的实体,黑格尔将它异化、实在化为世界和人类,这样黑格尔才具体地否定了抽象的实体。费尔巴哈恰恰就是从现实的具体事物开始的,这个是简单明了、一目了然的,费尔巴哈认为通过自身而直接确证和证实的东西比那种通过虚幻而得到确证的东西水平更高。在费尔巴哈这里天才就是最为直接的、感性的认识,所以天才在血肉中就直接具有了。当然有人认为简单地通过批判黑格尔人的观点建立起费尔巴哈自己的人本学学说这个说法是草率而肤浅的, 这样对费尔巴哈人本学哲学体系简单粗暴的定论未免具有明显的偏颇和狭隘。当

---

① 《费尔巴哈哲学著作选集》(上卷),荣震华、李金山等译,商务印书馆,1984 年,第 170 页。

然马克思确实是抓住了人的劳动的本质，抓住了人的异化概念中关于人的现实生活的真正实践内容。

费尔巴哈对黑格尔哲学的批判是深刻而积极的，费尔巴哈的唯物主义人本学在对以往哲学的不断批判过程中日臻完善。可以看到的是，费尔巴哈的唯物主义人本学与费尔巴哈以前的人们所谈论的关于人的思想理论相比是有着本质的区别的。费尔巴哈始终强调人是一种自然的存在，不应该去他物中寻求自身的本质，而应该立足于自身的自然属性。人之所以为人是因为人有自己内在的规定性，就像动物一样。动物有动物的规定性，它就应该从动物生存的目的出发，选择动物的生存方式，植物有植物的规定性，它也应该首先被规定为植物，当然人亦是如此，无论是何种本质、何种属性，都应该遵循它自己的规定。只有以自己类的存在为生存方式，才能真正达到这种类的内在规定性。根据费尔巴哈的观念，人作为人所是的，他的本质活动就应该是作为人这一类存在行动着的方式。所以凡是生活着的就应当喜爱自己的生命，就应当坚强地生活下去，对生命的喜悦，其实无非就是生命力的无阻碍的表现。可以说人就是人，人并没有什么其他的规定，人不过在于使自己表现为人所是的本质而已。

其实，费尔巴哈的关于人和人的本质的观点不是一蹴而就的，而是以一个过程的形式展现出来的。在他的早期著作当中，可以说费尔巴哈提到的人不是有血有肉的感性的实体，实际上强调的是人的理性方面的内容。在1828年费尔巴哈的博士论文中，他是这样描述人的："一切人都一致同意，他们都在思考；思想不是什么特别的东西，并非为一部分人所特有而为另外一部分人所没有的；理性是以其自身存在于个体中。假如是另外一种情形，那么理性便不再是理性，它便会落到感性本质的范畴中去。从理性中不能抽象出任何普遍的概念，把它固定为类；它和其自身是不能分离的，它是自身的类，与自身的纯粹的统一，它的本质便是它的存在，它的存在便是它的本质。普罗丁关于灵魂的话适应于理性——神学家们所说的上帝和理性相适应。理性的本性不以感性形式存在,而是存在于与自身的统一性中;它对现有的存在的关系是它对自己的关系。在作为理性的实现的思维中我不是那个或者这个,只是一般的人;不在别人之外,我即一切人,因为作为自身的统一,或者说,作为绝对的同一的理性,也就是一切人的统一。理性的无限统一性和普遍性的感性表现便是语言。语言不把思想转变为某种普遍的东西,它只表明,它只具体表现思想本身是什么:不是我的思想,而是一切人的思想,至少是这样的可能性。"①在这里,类的概念也被提出来了。

在费尔巴哈看来,真正的哲学不是创作书的过程而是创作人的过程,是对人的真正塑造和呈现的过程,费尔巴哈的一个最为重要和独特的愿望便是使整个人类获得自由与幸福。哲学不应该谈论哲学本身,而是应该为人类的生存与发展提供有价值的论证。只有这样哲学才具有更大的价值意义。正如费尔巴哈所说:"没有任何宗教便是我的宗教;没有任何哲学便是我的哲学"②,看看这是费尔巴哈多么宏大的人生愿望,根据费尔巴哈的主张,新哲学将宗教神学完全地、绝对地融化到人本学之中,因为在这里新哲学不仅像旧哲学那样把神学融化到人的理性中,而且将其融化到现实的人的本质当中;费尔巴哈认为只有那些有血有肉的真理才是真理,这样那些旧哲学必然要重新退回到神学之中了。"凡是只在理智之中,概念之中被扬弃的东西,在心情里面还有一个对立物,新哲学则相反,它是不会退回去的。凡是在肉体上和精神上同时都死了的东西,是不能作为幽灵而重新走回来的。"③费尔巴哈新哲学甚至具有实践哲学的萌芽和倾向,他提道:"旧哲学具有两重真理:一是自为的,不关心人的真理——即是哲学;一是为人的真理——即是宗教。新哲学代替了宗教,它本身包含着宗教的本质,事实上它本身就是宗

---

① 《费尔巴哈哲学著作选集》(上卷),荣震华、李金山等译,商务印书馆,1984 年,第 227 页。
② 同上,第 250 页。
③ 同上,第 182 页。

教。"①在费尔巴哈看来,从前各种对哲学的改造都只不过是小修小改,而不是在种类上或本质上与旧哲学有所不同,这些哲学都没有改变旧哲学,费尔巴哈主张的那种真正的新哲学应该适用于人类未来的发展方向和现实的生存需要。

所以可以说费尔巴哈所建构的"新哲学"是对以往一切哲学的辩证的否定,是对以往一切哲学的神秘主义的否定,是对有神论的否定,是对泛神论的否定,是对无神论的否定,更是对人格主义的否定。因为费尔巴哈自己宣称其苦心建立的哲学体系又是一种新的宗教哲学,费尔巴哈的"新哲学"既从消极方面,又从积极方面宣布了自己是一种宗教哲学。费尔巴哈努力构建的"新哲学"并不求宠于众人,更不屑于炫耀自己,这都源自于费尔巴哈的一种发自内心的自信, 这个自信也是费尔巴哈对所处时代的强烈不满和撕心裂肺的批判,费尔巴哈有过这样的论述:"在我们这个时代,在这个主要兴趣在于将现象当作本质、幻觉当作实在、名称当作事物的时代,它必定被看成与它相反的东西。对立的东西就是这样互相补充! 在把虚无当作实有、把谎言当作真理的地方,当然一定将实有当作虚无、真理当作谎言。在一个地方,人们——可笑的是正当哲学处在对自己怀着决定性的、普遍的、失望的时刻——进行前所未闻的尝试, 要想将一种哲学完全建立在报章读者的喜爱和意见上面,当然也一定想用在《奥格斯堡通报》上当众人污蔑的办法,对哲学作品进行公正的、基督教的驳斥。德国的社会舆论是多么公正、多么道德啊! "②足见费尔巴哈对人本学唯物主义哲学的建构也是对现实社会的深思,是对宗教哲学和以往德国古典哲学的后思,更是对哲学未来走向的反思。

---

① 《费尔巴哈哲学著作选集》(上卷),荣震华、李金山等译,商务印书馆,1984 年,第 186 页。
② 同上,第 116 页。

第二节　人是自然的、感性的存在物

　　人本学的首要问题就是要对人的本性或本质作出理论上的探查。对于这个问题,费尔巴哈认为人是自然的产物,人和动物一样,都具有自我保持的本能欲望,其行为直接受感官作用所影响,因而必须从人的自然本性出发,来研究人的本性问题。自然界不是什么精神的外化,而是一种客观的、感性的存在。但是对于客观中的实在之物的理解不能拘泥于一种特定的时间、空间的范围内,而应该将其理解为永恒的东西,这就是感性的内在属性。我们对对象产生的表象不过是一个接着一个的客观反映,是以一种感性的直观认识世界。所以对人的研究是与整个现实世界相关的,而不是超乎于人的空想与思辨。对人的思考与关怀并不能仅仅停留在表面上,它应该和事物本身联合起来。我们当然可以从理论层面探讨人的本质,但是我们进一步需要做的是把对事物的理论探讨还原到现实生活中去。他指出:"哲学并非来源于任何一种不知明的理性,比如受过宗教神学改造的理性或是思辨的理性。而是应该根植于人本身,根植于现实存在物。"①

　　费尔巴哈排除了旧哲学的出发点的命题,他否认人是一个抽象的实体的观点,如果把人仅仅看成是思维的实体,那人的本质就不包括肉体,这是费尔巴哈从根本上反对的,费尔巴哈的新哲学命题的出发点是:人是一个实在的感觉的本质,人的本质总体上是包括肉体在内的,甚至肉体才是人的实体本身。因此,费尔巴哈批判笛卡尔的"我思故我在",并将其论述为"我欲故我在",人作为现实的人必须是拥有现实性的确证,包括了对幸福的渴求,对正义的向往,对欲望的追求。

---

　　① 《费尔巴哈哲学著作选集》(下卷),荣震华、李金山等译,商务印书馆,1984 年,第 18 页。

费尔巴哈强调："新哲学是愉快地、自觉地承认感性的真理性的；新哲学是光明正大的感性哲学。"①费尔巴哈认为旧哲学狭隘地强调抽象概念而故意忽略感性观念，这样旧哲学始终是与感觉存在着巨大的矛盾和强烈的对抗。与此相反，新哲学是在与人的感觉和谐共生的状态中进行思想的，并且新哲学把人的感觉放到了极其重要的位置。费尔巴哈认为旧哲学承认感觉的真理性是隐晦的、抽象的、勉强的和不自觉的，这表明让旧哲学在精神以外，在思维以外承认一种现实的、客观的、感性的存在是多么的不情愿，是多么的言不由衷。

费尔巴哈明确指出，人的存在根据与基础不可能由他物产生，更不可以是依赖于他物的，比如人的存在根据与基础是神或上帝这样的说法费尔巴哈是极其不赞成的。在他看来人的存在根据只有一个，即"自然界"。但是他强调自然界中人以外的一切存在物都是无意识、无感知能力的，自然界中能够具有意识和感知能力的实体就只有人。因此，在物理层面上，自然存在即"物"的属性永远是第一性的，而在道德、意识层面上，人的属性是第一性的。这就是说，对人的研究要以自然界的存在为基础和立足点，这也是费尔巴哈反复强调自然的存在的原因。人的本质由自然所规定，人是自然的、物质的，人的存在必须依赖自然条件，以上这些理念都是费尔巴哈所坚持的。费尔巴哈举例子说，类似"饥与渴"这种痛苦的感觉是不健康的感觉，因为在这里那种健康的统一的感觉被不健康的感觉给破坏了。费尔巴哈认为人的自然本质形成于人与自然的关系中，人的社会本质离不开人的自然本质，人的社会本质是以人的自然本质为前提和基础的，在此意义上人是对象性的存在，人不是蛰居在世界之外的上帝，而是必须要与自然对象产生对象性关系的现实本体。费尔巴哈曾提道："在腹中饥饿或充塞着人胃所不容的事物时，如何再理会到美学上的和道德上的感情呢？人的食物，难道不是人的思想观点和

---

① 《费尔巴哈哲学著作选集》（上卷），荣震华、李金山等译，商务印书馆，1984 年，第 169 页。

修养的首要条件吗？"①由此可以看到费尔巴哈对人的自然本质的理解是十分深刻的，是具有自身特色的研究视角。

在基督教的体系中，人和整个世界的产生无非就是一个被创造的过程，这个过程就是上帝意志的导引过程。那么探讨"人从何而来？"这个问题，就成了费尔巴哈新哲学与旧哲学对抗的关键问题之一，费尔巴哈决定抛弃理论上的奇迹、思辨、幻想和神智学等毫无意义的解释，注重经验的、历史的方法路径，探讨人的起源问题，这个问题探讨的关注点也并不是就广度而言，而是就深度而言，即探讨人类的历史的问题，这才是费尔巴哈的新哲学理论的聚焦点。人产生于自然界这个问题，对于任何一个稍微对自然界有些许了解的人来说都显而易见是直接可靠的一种常识性认识。当然，根据费尔巴哈的观点，"任何一个人都不能给自己以特别周详的解释，因为既然人和与他相适应的动植物的产生是一件广泛的事，那么这种解释当然自在自为地是不可能的，是与问题的提法相矛盾的。我为了说明人产生自自然界所援引的根据，并没有任何独立的意义；这些根据，只是为了说明和辩护那民众对于自然界的简单的了解在把自然界尊崇为人类的母亲时事实上所已经表白了的"②。费尔巴哈强调的是自然的活动先于人的意识的活动。在他这里必须先有自然，然后才有与自然有所不同的东西，这样一来人自然而然地把自然摆在自己面前，作为自己的对象性存在。因为费尔巴哈认为意志活动是以生殖活动为前提的，这是一个很有意思的提法，类似于弗洛伊德的某些见解，所以费尔巴哈强调自然的活动先于意识的和意志的活动，人类意识活动晚于自然的活动。费尔巴哈有这样的论述："从无理智进到理智，乃是到人生哲学的途径，从理智进到无理智，则是到神学疯人院去的大路。不把精神放在自然之上，而倒过来把自然放在精神之上，那就是说，不把头脑放在下身之上，

① 《费尔巴哈哲学著作选集》（上卷），荣震华、李金山等译，商务印书馆，1984 年，第 302 页。
② 同上，第 354~355 页。

放在肚子之上,而把肚子放在头脑之上。"①在这里费尔巴哈把肚子比作自然,把头脑比作精神,肚子上面顶着的是头脑,而不是头脑上面顶着肚子,这样自然就必然决定了精神。我认为这也为马克思主义唯物史观的建立提供了思想上的重大启发。

费尔巴哈认为,理性与感性是人的基本存在方式。人可以通过自己的理性和感性去创造其他事物,但是人本身是不可能由理性和感性创造出来的。如果说理性可以创造人的话,那么理性创造的人只能是单数形式的人,亦即只能创造出一个一般的人,而人显然是一种复数形式的存在,现实中不存在单个的人,那复数的存在必然是以物质这种感性抽象为基础的。这样费尔巴哈用单数和复数把人的理性和感性的关系作了解释,他更加强调复数的人、感性的人。他同时认为人类的繁殖是具有意向性的,这种意向性意指各种存在方式,有欲望、有生存、有理性,在这方面,每个人都各不相同。因此,人不可以是单数的存在,也不可以被理性或者其它的什么范畴创造出来。正如人之存续,不归功于理性,而归功于感性的道理一样,费尔巴哈认为人在世界上最初的出现,不归功于神,不归功于抽象的本质或精神的本质,而只归功于感性的自然界。"你们从自己推断上帝,从你们的头脑推断与你们的头脑类似的、相像的本质。好,但是你们不是用头脑生孩子,那么如果你们循序思考却得出这样的结论:那种依照你们头脑类推出来的东西,一种除了你们的头脑的本质而外不表现任何其他本质的东西一样不能生产人,不能生产有血有肉的存在物;并且一如现在你们的存在要归功于人的感性,那么,请你们在你们关于人的学说、法律、制度中,也不要否定这个起源,请你们记住:苹果落的地方不会离苹果树太远,头脑虽然是自然和感性的最高本质,但仍然用血和神经同自己的基础紧密地联系着。"②费尔巴哈坚决反对人否定感官的作用,这是人违反自己本性的表现,这样的做法导致人进入消极的、荒

---

① 《费尔巴哈哲学著作选集》(下卷),荣震华、李金山等译,商务印书馆,1984 年,第 447 页。

② 同上,第 214 页。

谬的、离奇的、自相矛盾的世界。费尔巴哈认为人这个感性世界中存在着的一切绝妙的秩序、丰富的现实,实在都真正是人的感性的本质和人的世界的本质,这是费尔巴哈坚定地坚持着的真理。

哲学家虽然在生活中学到了各种理论与知识,但他只要将自己放入自然界中,他就仍然是一个自然的存在物。他把后天学习到的知识与自身的经历当作眼中的沙子,当然沙子会使人的眼睛产生幻觉,使人对自身的本质产生错误的判断。但是如果刨除了这些沙子的迷惑作用,人之为人仍是自然的存在,是自然界中一个部分的存在、个体的存在。我们并不能把人单单当一种社会的,抑或是其他的存在形式。所以费尔巴哈坚持,自然界对人的基础作用,或是作为素材的作用是不可替代的;如果哪个人企图脱离人的自然属性,那么他将得不到任何合理的结论。"所以,我们也必须赞美我们的优异,赞美我们跟动、植物的本质区别。我们这种区别的象征,就是酒和饼。酒和饼从质料上来说是自然产物,就其形式而言是人的产物。如果说我们是用水来说明人没有自然就无能为力,那么我们就用酒和饼来说明自然没有人就无能为力,至少在精神领域内是无能为力;自然需要人,正如人需要自然一样。"[①]费尔巴哈强调人在酒和饼里得到了自我享受,因为真实的情况和理由是,在酒和饼里是对超自然的精神力量、意识力量、人的力量的崇拜。这样饼和酒之典礼就是告诉人们不要忘记对人的感谢,所以酒和饼以形象化的形式生动真实地向人们揭示人就是人的"上帝和救主"。

费尔巴哈的上述人本学思想显然也受到了自然科学的深刻影响。从自然科学和生物学观念出发考察人的本质是费尔巴哈人本学说的出发点,但费尔巴哈并不赞同将人与机器及自然界其它事物等同划一的 18 世纪法国唯物论观点,他肯定人的观念起源于感觉。费尔巴哈进而指出,人的感觉和动物的感觉是不一样的,人有自身独特的感觉,人的感觉是属人的感觉。他

---

① 《费尔巴哈哲学著作选集》(下卷),荣震华、李金山等译,商务印书馆,1984 年,第 321~322 页。

虽然认为感觉是人和牲畜所共有的，但人在感觉中和牲畜是有区别的，否则人在思维中和牲畜也就没有区别了。所以在费尔巴哈这里人与动物的区别是，人作为人而具有那些动物作为动物而具有的东西，亦即人有动物的感觉，而动物没有人的感觉，所以人的感觉是人特有的，动物的感觉是动物与人共有的。也就是说，人的感觉是属人的。因此，费尔巴哈强调，那些所谓的生理学、心理学、唯物主义及唯心主义其实都不是什么真理，只有人本学才是真理，只有人的感性、直观的观点才是真理，只有这个观点给予了人整体性和个别性，也正是因为人的这种整体性和个别性，人才称之为人。接着费尔巴哈论证了人的感觉的思维过程。

费尔巴哈认为不是灵魂在思维感觉，因为灵魂不过是人格化、实体化、转化为一个特殊本质的思维、感觉和意志的机能或现象；也不是脑在思维、感觉，因为脑是一个生理学的抽象，是从一个整体撕裂开来的和从头盖骨、颜面乃至整个身体分离开来的器官，一个作为某种独立的东西被固定了的器官。但是脑只有与人的头和身体关联在一起的时候，才是思维器官，思维器官的存在才为思维提供了本该具有的可能性。费尔巴哈认为用自己的手触摸一个整体的动物比人用心理学的抽象方法更接近那个动物生命的本质，动物的灵魂或本质是动物的个别性，个别的本质属于这个个别性，费尔巴哈只有在存在物用它的形态、运动、生活方式影响人的感官时才显现出动物的灵魂和本质。所以感性是终极的根据，也是终极的终极，而感觉论是关于终极事物的理论。离开感觉谈人的本质无异于是在与费尔巴哈决一死战，这个战争是你死我活的战争。

鉴于此，费尔巴哈认为人不能也不应该否定感官；假如他违反自己的本性，否定感官，那么他必定重新肯定它们，但这一次他只能以一种消极的、自相矛盾的、荒谬的、离奇的方式来肯定他们。费尔巴哈提出："在宗教中，人的五官之乐为之而牺牲的无限本质不是别的，正是一种非现世的世界本质。上帝是一切宝物、一切本质即感官实在的总和。净福是宗教和神学的终极目标。可是什么是净福呢？是作为幻想和心绪的对象的感性。硬说基督教所祈求的好像只是精神的净福这种武断论调是近代伪善者们或不学无术之徒的无耻的谎言，基督教与富于哲学意味的异教学派只知道精神与理智的不死，也就是说只知道抽象的、无人格的不死正好相反把肉体的、也就是感性的净福和不死看成了人的终极目的和本质。"①所以不管哲学怎样以自己的超感觉性自负，不管哲学怎样躲避感觉，它的超感觉性其实也不过是抽象的感性而已。

第三节　人的"类本质"

费尔巴哈认为人首先是自然的产物，人的生命活动与自然界有着密不可分的联系，因此费尔巴哈得出结论认为人是一个感性的存在物。但同时，人与动物又是不同的。那可以这样理解费尔巴哈的观点：在时间的先后顺序上，或在本末关系上来看，人的自然属性更为重要，但是从人之为人的标志性或者人之为人的特性来看，人的社会属性更为重要。因此，费尔巴哈主张，应当把人的类本质与人的感性存在统一起来去探究什么是人真正的本质。这样就引出来人的类本质的概念，费尔巴哈强调，人的这种"类本质"就在于，一方面人是思维的主体，可以把一切感性的存在物视为自己的客体，另一方面人本身就是感性的存在物，与其他的感性存在物相互作用。这就是费尔巴哈对人的类本质的看法，现在看来也是很有价值和启发性的。费尔巴哈分析认为，以往的哲学之所以没有认清人的本质，就在于它们要么把人归结为思维的主体，要么归结为自然的存在物。

事实上，通过人的直观就可以知道，人是感性与非感性存在的统一，我

---

① 《费尔巴哈哲学著作选集》(上卷)，荣震华、李金山等译，商务印书馆，1984 年，第 215 页。

们不能把人的身体与人的灵魂人为地分裂开来。人作为一种感性的存在,与动物是有着一定的共通性的,但我们又都知道或意识到人与动物有着本质的区别,其中一个重要的区别就在于人的这种感官经验已经从动物的那种相对的、单一的追求上升为一种绝对的、追求世间一切美好事物的阶段,所以费尔巴哈认为,人的感官感觉已经不仅仅被限定在感觉本身,它是一种对美的追求。

人与动物的不同之处还在于人是有"类意识"的。人能成为人正是因为人拥有"类意识",人的"类意识"的独特之处一方面表现为人具有理性、意志与爱,另一方面在于自己思考自己、以自己为对象的思想能力,人类的思考就是通过在"自我"与"你"之间的对话完成的。这种从人类现实存在出发将人抽象化为"类"的理论尝试是费尔巴哈哲学进步意义的重要体现。他认为,动物并没有类的意识,动物虽然可以将个体当作感觉对象,但它并不会把自身当作一种类去感知其他事物。而人则可以在与其他个体交往时把自身当作一种类的存在,可以按照一定的规则遵循各类事物的本质特性行事。包括人在内的动物具有两种生活方式,即内在生活与外在生活。在动物身上内在生活与外在生活是统一为一体的,而人则可以把内在生活与外在生活分开。动物不会思想自己的行为属于哪一种生活方式,而人则可以思想自己的行为属于哪一种生活方式。根据费尔巴哈的观点,当人作为动物性的人时,他维系其生命的手段如吃、睡等活动是其外在生活,当人与他人交往的时候,人会有这种类的意识,并会根据这种类的本质特征从事交往活动,我们既可以把自己当作自己的交往对象,也可以将他人设为交往对象,这种你中有我、我中有你的关系正反映了人的类本质属性。费尔巴哈提出的这种类本质的理念为以后交往理论的提出提供了前所未有的范式。

由于人有"类意识",在费尔巴哈看来这一点就决定了人是最高级的存在,因为"类意识"意味着人是普遍的实体,"类意识"是可以区别于其他物种的抽象出来的共同性。人与动物不同,动物是一种属的存在,而人是类的普遍存在。费尔巴哈主张,人的本质就是人的"类本质",它的基本特征不是体现在与动物相同的感性特征上,而是体现在人的非感性的特征上,这就是人所独有的意志、理性和心。一个完善的人必然具有心力、意志力和思维力,这是费尔巴哈抛开人作为感性存在物而提出的自己的观点。他主张爱是心力的主要表现,人与人的交往要靠爱的原则来完成;意志力使人具有一定的品质,这些品质使人成为有道德的人;而思维力是人对世界的认识能力,它使人们能够认识这个多样的世界。他强调这三种力是最高的力,是人存在的目的,因为人的存在就是为了认识这个世界、为了获得相应的品性、为了爱等种种愿望,所以从费尔巴哈的角度来看,一个真正的存在者应该是具有理性、意志与爱的,并且他们为自己的存在而努力,一旦人失去了这三种力量,那么人也就等同于不存在了,人成其为人就是因为这种三力的统一。

　　费尔巴哈还强调个体的人是一种有限的存在,但个体在与其他个体交往时会感到自身的无限性。因为人之所以为人就在于人能感觉到自身的有限性,他把那种类的属性、类的完善性当作对象。这样无论从感性的对象、思维的对象抑或从行为的对象上看,在类的完善性面前人都是渺小的和有限的。宗教的特点就是把人的这种"类本质"异化为独立于人的本质,因此人与动物的类本质有着根本的差异,人的类本质是宗教的对象和基础。"一个真正的有限的本质,对于一个无限的本质,就连猜想也丝毫不会有,更不用说对它有意识了;因为本质的界限,也就是有意识的界限。例如毛虫,它的生活和本质都限制在某一种植物上面,这样,它的意识就也不越出这个有限制的区域之外;它固然能把这种植物与其他植物区别开来,但除此以外,便什么也不知道了。所以,这种有限的、但正由于其有限性而无错误的、可靠的意识,我们不称它作意识;而把它称为本能。"①

　　反过来说,宗教的存在也证明了人的类本质。宗教也是人区别于动物的

---

　　①　《费尔巴哈哲学著作选集》(下卷),荣震华、李金山等译,商务印书馆,1984 年,第 27 页。

一种特征,宗教是人将自身类的无限当作思维对象,因而它是属于人类社会
的,动物则没有宗教。在宗教中,人被异化、对象化了。同时,人不仅能把自身
当作对象,而且还能将没有生命的"物"当作对象,并赋予"物"以生活,使之
人为化。费尔巴哈认为人由对象而意识到自己:对于对象的意识,就是人的
自我意识。费尔巴哈是这样界定自己的类概念的:"类是对个别个体的一视
同仁。"①他还认为,人类的最高本质是通过人的类本质与人的感性存在的统
一实现的。个体的人是有限的、不完满的存在,只有在与他人的交往中,亦即
在人与人的统一中才能获得最高的类本质。所以人不能单单停留在个体层
面,而要上升到社会层面,通过建立人与人之间的社会关系,才能使成为统
一的类整体具有最高的类本质。由此可见,费尔巴哈并没有否认人的存在的
社会性,他对人的"类本质"的理解恰恰是基于对人的社会性的理解。

诚然,费尔巴哈认为人的基本属性是自然,这里强调的是基本属性而非
本质属性,基本属性只是说明了先后的问题或本源性的问题,而本质属性才
是最为重要、最具特质性之属性。但是直接从自然中产生出来之物并非是人
之真实的本质。费尔巴哈认为人是自然的创造物,但同时也是社会、文化与
历史的创造物。这个理解与马克思对人的理解是极其相似的。费尔巴哈解释
说:人是存在于人类社会中的存在物,若没有人类社会这个范畴的存在,那
么人的存在就无从谈起, 言外之意就是离开社会而谈论人的问题是没有出
路的。人的本质从根本上体现在人与人的关系中,因为单独的个体、特殊的
个体是不具备人的本质的。人不仅要与自然界达到统一,而且人与人之间也
要达到统一,凡是独身的个体都不是一个完满的、绝对的实体,只有处在人
与自然、人与人相互联系组成的社会关系中,人才是实际存在的。

费尔巴哈认为,他人是人认识世界的纽带,他用"我和你"来代表主体之
间的关系,认为对"我"来说,对世界的意识是以对"你"的意识为媒介的,这

---

① 《费尔巴哈哲学著作选集》(上卷),荣震华、李金山等译,商务印书馆,1984 年,第 82 页。

样,人就是人的上帝。因此,人在追求幸福与善的时候必然会考虑到他人的因素,这是一个不争的事实。社会中的义务与幸福的实现及人的自我要求相关,这就要求个体去除自身的特殊性,融入到整个社会之中,个体应该把他人当作存在的手段,同时自己也是他人的手段。义务与幸福是相互规定的,即便在宗教生活中,我们也不能将义务只诉诸于他人,而自己又不履行相关义务,可以说人是要追求幸福与自由的,但是费尔巴哈认为人在追求幸福与自由时不可妨碍他人追求幸福与自由的权利。也就是说,追求幸福与自由的权利是平等的、普遍的,因为这种普遍的权利不具有排他性。

另外,文化与历史仍然是费尔巴哈论述人本学的主要对象,文化与历史是属人的,更是社会发展的产物,描述的是人与人的关系问题,人从自然中产生出来,带有自然属性。随着人由低级阶段向高级阶段进化,进而产生了人与人的关系,产生了文化与历史,因此文化与历史也是区分人与动物的重要标志之一。就像费尔巴哈所提到的,人由于自我活动,由于人的工作和意志努力,无论人的肉体是死亡,抑或是存在;无论其精神是丰富,抑或是贫瘠;无论其道德是恶的,抑或是善的,他的本质也终将属于他生存的环境,他的这些关系也仍然处在其一直以来所处的联系当中。

不过,费尔巴哈对于人与人之间的社会交往关系的理解是相当狭隘的,他更看重的是人与人之间关系的道德性质, 即认为人与人之间的社会关系是用"爱"来维系的。费尔巴哈把爱当作完善与非完善、无罪者与有罪者、一般与个别、属神的东西与属人的东西之间的纽带和媒介。甚至费尔巴哈认为爱就是上帝本身,爱使人成为真正的上帝,更使上帝成为人;在费尔巴哈这里人类的爱是精神与自然、上帝与人的真正统一。所以费尔巴哈的爱是唯物主义的,他认为非物质的爱是空虚的、无聊的。宗教神学无非是人本质的异化形式,它用信仰来统摄人与人之间的"爱",而人的真正统一不需要以对神的信仰为中介,"爱"本身就是最高的统一原则。在这个意义上,爱本身就可以成为宗教,即"爱的宗教"。费尔巴哈确信:"在爱的宗教当中,人们可以找到自己生命的本质,可以实现自己生命的终点。我的本质是我的心和我所爱的东西。"[①]他认为,"爱"可以克服人的特殊性,因为人毕竟是个体的存在,具有个体的特殊性。事实上个体之间的确存在着差异,但是"爱"的原则可以规避这种特殊性,这样看米个体的特殊性是与宗教本质相对立的。我们与他人交往的时候唯有通过爱才能消除个体的特殊性。

---

① 《费尔巴哈哲学著作选集》(下卷),荣震华、李金山等译,商务印书馆,1984 年,第 76~77 页。

第七章
费尔巴哈"新哲学"与马克思主义哲学的关系

以上我们对费尔巴哈"新哲学"的理论内容进行了概要阐释和分析,在这一章中,我们重点探讨费尔巴哈"新哲学"与马克思主义哲学的关系。马克思主义哲学与费尔巴哈"新哲学"的关系是具有双重性的关系。一方面,马克思和恩格斯作为马克思主义哲学的经典作家是深受费尔巴哈"新哲学"的启发和激励的;另一方面,马克思和恩格斯又是在批判以费尔巴哈为代表的旧唯物主义哲学的基础上创立了"现代唯物主义"哲学体系的,马克思是在对费尔巴哈的崇拜过程中不自觉地超越了费尔巴哈,而后又对费尔巴哈哲学进行了批判与清算,完全超越了费尔巴哈。本书从如下几个方面来概要地分析费尔巴哈"新哲学"与马克思主义哲学的双重关系。

第一节　费尔巴哈新哲学
在马克思主义哲学形成中的作用

费尔巴哈"新哲学"在马克思主义哲学形成中的重要作用是不言而喻的。马克思、恩格斯和费尔巴哈一样,他们在青年时期都曾是黑格尔哲学的忠实信徒,都曾为黑格尔哲学着迷。特别是马克思,当他大学毕业后在《莱茵报》当主编的时候,一直坚持运用黑格尔的理性主义国家观对当时德国的时事、现实、政治、宗教进行批判。不过,在马克思那里,理性国家观并不是鼓吹王权的思想依据,而是批判专制政治、争取自由的武器,这样马克思是用黑格尔的辩证的方法来看待黑格尔的理性国家观的。在这个时期,马克思利用编辑和记者的身份接触到大量的社会现实问题,在对这些现实问题的关注和研究以及对普鲁士专制政府的批判或论战中,马克思逐渐对黑格尔法哲学理论产生了怀疑。在1843年初,《莱茵报》被查封后不久,马克思就写下了《黑格尔法哲学批判》一书,这本书标志着马克思与黑格尔哲学的决裂。

当时德国的思想界还是相当混乱的,青年黑格尔派的思想运动已经从内部酝酿着颠覆黑格尔哲学的理论变革,但是用马克思的话说,"从哪里来的"问题是很清楚的,而"向哪里去"的问题却是异常模糊的。就是在这个时候,费尔巴哈对黑格尔思辨哲学和宗教神学的批判对德国思想界产生了强烈的震动。尤其是费尔巴哈对黑格尔思辨哲学的批判从根本上动摇了黑格尔哲学在当时德国思想界的权威性,极大地鼓舞并影响了在政治上脱离黑格尔的马克思。马克思后来在《1844年经济学哲学手稿》中称费尔巴哈"已经推翻了旧辩证法和哲学的内在原则",并"为真正的唯物主义和现实的科学奠定了基础,因为费尔巴哈把'人与人之间的'社会关系也当作理论的基本原则"。当德国知识分子在思想上超越思辨神学时,落后的现实不足以直接推动他们对"丑恶的现实"进行改革,而费尔巴哈的宗教神学批判正是推动他们前进的新生力量,"在公开主张这种改革的代表人物中,几乎没有一个不是通过费尔巴哈对黑格尔思辨的克服而走向共产主义的"①。恩格斯后来在《路德维希·费尔巴哈与德国古典哲学的终结》一书中,回忆了当时他们的真实心情。在谈到费尔巴哈的《基督教的本质》这本书时,恩格斯说:"这部书的解放作用,只有亲身体验过的人才能想象得到。那时大家都很兴奋:我们一时都成为费尔巴哈派了。马克思曾经怎样热烈地欢迎这种新观点,而这种

---

① 《马克思恩格斯文集》(第一卷),人民出版社,2009年,第386页。

新观点又是如何强烈地影响了他(尽管还有种种批判性的保留意见),这可以从《神圣家族》中看出来。"恩格斯把费尔巴哈称之为"在好些方面是黑格尔哲学和我们的观点之间的中间环节",并说:"我感到越来越有必要把我们同黑格尔哲学的关系,我们怎样从这一哲学出发又怎样同它脱离,作一个简要而又系统地阐述。同样,我也感到我们还要还一笔信誉债,就是要完全承认,在我们的狂飙时期,费尔巴哈给我们的影响比黑格尔以后任何其他哲学家都大。"①足见费尔巴哈给予马克思、恩格斯的方法上的影响要远远大于思想上的影响,这样马克思主义经典作家才能得出上面的结论。

可以说,费尔巴哈和马克思、恩格斯都是欧洲近代人本主义理论和人道主义精神的继承者,他们都力图把人道主义原则从黑格尔的思辨哲学中解放出来,也就是从思维的内在原则中解放出来。不过,当时马克思觉得费尔巴哈对于政治问题似乎并不像他对宗教问题那样热心。马克思曾在 1843 年3 月写给卢格的信中说:"费尔巴哈的警句只有一点不能使我满意,这就是:他过多地强调自然,而过少地强调政治。然而,这一联盟是现代哲学能够借以成为真理的唯一联盟。"②马克思这样说,可能有两个原因,一是马克思曾要求费尔巴哈写一篇有关政治批判的文章,但费尔巴哈没有满足马克思的这个要求。为此,费尔巴哈在与马克思 1843 年 10 月 25 日的通信中,表达了一些愧疚的心情,表达了对马克思的认可和支持,这也多少说明此时此刻的马克思的哲学已然走近并超越了费尔巴哈哲学,他是这样表达的:"我和您的意见完全一致,决不可忽视对谢林再一次有力揭发的外在的、政治的必要性。您的提议,使我出乎意料地和一个恶棍遭遇,并且已经来不及了,所以现在赶紧给您写这封有负您的期望的信,而不是写您所要的文章。"③由此可

---

① 《马克思恩格斯文集》(第四卷),人民出版社,2009 年,第 266 页。

② [英]麦克莱伦:《青年黑格尔派与马克思》,夏威仪、陈启伟、金海民译,商务印书馆,1982 年,第 118 页。

③ 苗力田:《黑格尔通信百封》,中国人民大学出版社,2014 年,第 289~291 页。

见,费尔巴哈并非有意躲避马克思对他的期望,而是似乎他还没有对马克思所要求的政治批判做出足够的理论准备。另一个原因可能是马克思没有看到费尔巴哈的政治学著作,如《法与国家》,这本书费尔巴哈从 1841 年就开始写了,但是到了 1860 年才发表,这已经是很晚的事情了。

不过,费尔巴哈对马克思、恩格斯产生的影响在马克思、恩格斯早期的多部作品中就已充分显示出来。其中最重要的作品有《〈黑格尔法哲学批判〉导言》(1843 年)、《论犹太人问题》(1843 年)、《1844 年经济学哲学手稿》(1844 年)、《神圣家族》(1844 年)、《关于费尔巴哈的提纲》(1845 年)、《德意志意识形态》(1845 年)等。马克思、恩格斯曾因被当作"无耻的费尔巴哈的信徒"而受到攻击,所以他们认为有必要划清自己和费尔巴哈的界限,提出自己的世界观。我们主要从以下几个方面来谈论马克思主义哲学与费尔巴哈"新哲学"的理论关联。马克思的人本观继承和批判了费尔巴哈"人本主义的唯物主义",即在马克思构建起自己的人本观的过程中,首先是肯定了费尔巴哈"人是自然界产物"的观点的,又批判并且克服了费尔巴哈人本学在历史观上的唯心主义倾向,他们逐渐深入了解到费尔巴哈的人本主义与思辨哲学一样具有抽象性的缺陷。马克思在考察人类社会历史发展的过程中,提出了人能够认识和改造自然,把自然界当成了对象性的存在,把人规定为处在一定的社会关系之中,从事生产实践活动的个体的总体性看法。由此马克思通过考察人类社会中所呈现出来的各种不平等的来源,来对资本主义制度和社会进行彻底批判,从而建立属于"此岸"世界的人本学理论体系——马克思、恩格斯实践人本学唯物主义理论体系。

对于费尔巴哈的道德哲学,恩格斯基本持一种总体否定的态度。他认为:"费尔巴哈的道德论是和它的一切前驱者一样的。它是为一切时代、一切民族、一切情况而设计出来的;正因为如此,它在任何时候和任何地方都是不适用的,而在现实世界面前,是和康德的绝对命令一样软弱无力的。"①

恩格斯还认为,在抽象而费解的黑格尔主义长期统治以后,费尔巴哈的思想曾使人们的耳目为之一新。但是文学的词句不能代替科学的认识,主张靠"爱"来实现人类的解放,而不主张用经济上改革生产的办法来实现无产阶级的解放,一句话,只能沉湎在令人厌恶的美文学和泛爱的空谈中。费尔巴哈以爱和友情来解释人与人之间的关系,其思想也是极其贫乏的。在费尔巴哈看来,追求幸福的欲望是人生来就有的,因而应当是一切道德的基础。在追求自己的幸福中,费尔巴哈设置了双重矫正,概括说来就是必须估量自己行为的后果和估计他人追求幸福的平等权利;因此费尔巴哈的道德观中充满了对自己的合理节制和对人的爱。然而在恩格斯看来,"无论费尔巴哈的妙语横生的议论或施达克的热烈无比的赞美,都不能掩盖这几个命题的贫乏和空泛"②。在阶级对抗的资产阶级社会中,费尔巴哈的爱的宗教不能使对抗消失,以至于恩格斯称:"在费尔巴哈那里,爱随时随地都是一个创造奇迹的神,可以帮助克服实际生活中的一切困难,——而且这是在一个分裂为利益直接对立的阶级的社会里。这样一来,他的哲学中最后一点革命性也消失了,留下的只是一个老调子:彼此相爱吧! 不分性别、不分等级地互相拥抱吧! ——大家都陶醉在和解中了! "③

恩格斯对费尔巴哈道德思想的批判是很深刻,也是很尖锐的,为我们研究费尔巴哈的道德哲学提供了重要的思想原则。不过,本人认为,这不应当是我们拒绝研究费尔巴哈道德哲学或对费尔巴哈道德哲学进行标签式评价的理由。如前所述,道德哲学是费尔巴哈"新哲学"的重要组成部分,其中融合着他对宗教神学和思辨哲学的批判。此外,费尔巴哈道德哲学中有关道德与幸福、道德与良心、利己主义与利他主义、信仰与道德等问题的探讨,也是

① 《马克思恩格斯文集》(第四卷),人民出版社,2009年,第294页。
② 同上,第292页。
③ 同上,第293~294页。

道德哲学的基本问题。费尔巴哈围绕这些问题所展开的研究和所阐述的观点,对于我们理解道德理论和道德实践仍然具有重要的启发意义。

上述这些内容,当然不是马克思、恩格斯评价费尔巴哈思想的全部,但这些内容已经可以显示出费尔巴哈"新哲学"与马克思主义哲学的历史联系和理论联系。在目前我国学界,说到马克思与德国古典哲学的关系,人们更多是想到黑格尔、康德等,对于费尔巴哈则很少有人愿意关注,即便承认费尔巴哈对马克思主义哲学的影响,在很大程度上也局限在"基本内核"的语境中。但是仅凭马克思、恩格斯上述对费尔巴哈哲学的评述,我们也能体会到,研究费尔巴哈哲学对考察马克思主义哲学思想的形成过程具有极为重要的意义。况且,费尔巴哈"新哲学"的丰富内容,也是值得我们去认真探究的。本书只是在这方面做了一些初步的工作,仅供学术同仁参考。

第二节 费尔巴哈的唯物主义

马克思在《1844 年经济学哲学手稿》中称赞费尔巴哈的功绩表现在三个方面,那就是:"(1)证明了哲学不过是变成思想的并且通过思维加以阐明的宗教,不过是人的本质的异化的另一种形式和存在方式;因此哲学同样应当受到谴责;(2)创立了真正的唯物主义和实在的科学,因为费尔巴哈使社会关系即'人与人之间的'关系也同样成为理论的基本原则;(3)他把基于自身并且积极地以自身为根据的肯定的东西同自称是绝对肯定的东西的那个否定的否定对立起来。"①因此,在马克思看来,费尔巴哈著作是继黑格尔的《现象学》和《逻辑学》之后包含着真正理论革命的唯一著作,并称:"对国民经济学的批判,以及整个实证的批判,全靠费尔巴哈的发现给它打下真正的基

---

① 《马克思恩格斯文集》(第一卷),人民出版社,2009 年,第 200 页。

础。从费尔巴哈起才开始了实证的人道主义和自然主义的批判。"①足见马克思对费尔巴哈哲学的理解之深刻，更见马克思对费尔巴哈唯物主义哲学思想之推崇。在这一阶段马克思充分运用费尔巴哈哲学的立场与方法分析了国民经济学事实的异化劳动，批判了当时在欧洲流行的各种共产主义思潮，并以费尔巴哈哲学为武器对黑格尔哲学进行了批判。

恩格斯似乎更看重费尔巴哈"新哲学"的自然主义和唯物主义性质。他认为费尔巴哈"直截了当地使唯物主义重新登上了王座,这就一下子消除了这个矛盾。自然界是不依赖任何哲学而存在的;它是我们人类(本身就是自然界的产物)赖以生长的基础;在自然界和人以外不存在任何东西,我们的宗教幻想所创造出来的那些最高存在物只是我们自己的本质的虚幻反映。魔法被破除了;'体系'炸开并被抛在一旁了,矛盾既然仅仅是存在于想象之中,也就解决了"②。在恩格斯看来,青年黑格尔派的思想家如施特劳斯、鲍威尔、施蒂纳、费尔巴哈等都没有离开哲学这块土地,他们都是黑格尔哲学的分支,不过唯有费尔巴哈是个杰出的哲学家,因为费尔巴哈确实是站在唯物主义的视角看问题的。

当然,费尔巴哈的唯物主义虽然带有明显的"新哲学"的烙印,但与18世纪法国唯物主义相比,在其基本观念上并没有显示出太大的进步。这一点恰恰成了马克思批判旧唯物主义创立"现代唯物主义"的理论契机。在《关于费尔巴哈的提纲》一文中,马克思写道:"从前的一切唯物主义(包括费尔巴哈的唯物主义)的主要缺点是:对对象、现实、感性,只是从课题的或者直观的形式去理解,而不是把它们当作感性的人的活动,当作实践去理解,不是从主体方面去理解。因此,和唯物主义相反,唯心主义却把能动的方面抽象地发展了。"③在马克思看来,费尔巴哈虽然研究了不同于思想客体的感性客

---

①　《马克思恩格斯文集》(第一卷),人民出版社,2009年,第112页。

②　《马克思恩格斯文集》(第四卷),人民出版社,2009年,第275页。

③　《马克思恩格斯文集》(第一卷),人民出版社,2009年,第499页。

体,但他的缺陷却是"没有把人的活动本身理解为对象性的活动。因此,他在《基督教的本质》中仅仅把理论的活动看作是真正人的活动,而对于实践则只是从它的卑污的犹太人的表现形式去理解和确定"①,根本不了解"革命的""实践批判的"活动的意义,这成为马克思与费尔巴哈人本思想彻底决裂的标志。

在《德意志意识形态》中,马克思以现实的人扬弃了费尔巴哈的人本主义,用人化自然扬弃了费尔巴哈的自然主义,用历史唯物主义扬弃了费尔巴哈的历史唯心主义。在《德意志意识形态》一书中,马克思、恩格斯进一步指出,费尔巴哈不满意抽象的思维而偏爱直观,但是他把感性不是看作实践的、人的感性的实践活动,因而他所理解的自然界,依然是与人无关的、自在的自然界,而没有看到人的实践活动已经使人的周围世界发生了历史性的变化。用马克思的话说:"他没有看到,他周围的感性世界决不是某种开天辟地以来就直接存在的、始终如一的东西,而是工业和社会状况的产物,是历史的产物,是世世代代活动的结果,其中每一代都立足于前一代所达到的基础上,继续发展前一代的工业和交往,并随着需要的改变而改变它的社会制度。"②在费尔巴哈看来只有科学家的直观才能洞彻的秘密,在马克思、恩格斯看来都源于人类感性活动的创造。

可以说,对"感性世界"的理解,是马克思唯物主义与包括费尔巴哈在内的旧唯物主义在理论上的重大分歧。在这个问题上,我国学界普遍接受了恩格斯的一个说法,即马克思主义哲学吸收了费尔巴哈哲学的唯物主义"基本内核"。这个说法总体来说并没有错,但问题在于如何理解这个唯物主义的基本内核到底是什么。费尔巴哈的唯物主义,从根本上说,传承了 18 世纪法国唯物主义的思想传统。18 世纪法国唯物主义把自然的物质世界理解为独立于人的、与人的活动无关的自在的自然界或"感性世界",完全没有看到人

---

① 《马克思恩格斯文集》(第一卷),人民出版社,2009 年,第 499 页。

② 同上,第 528 页。

类的感性活动，特别是完全没有看到人类的物质生产活动在自然界中所引起的历史性巨变。如果从这个意义上理解马克思主义哲学对费尔巴哈唯物主义"基本内核"的吸收，就会完全忽视马克思主义哲学与旧唯物主义哲学的根本区别。马克思、恩格斯当然不否认世界的物质统一性，不否认自然界的自在性和先在性；但马克思、恩格斯又指出，把这种与人毫无关系的自然界理解为人们必须身处于其中的全部"感性世界"是没有意义的，因为人的"感性世界"是以人的感性活动为基础的，离开人而空谈感性世界是背离人本主义唯物主义的最为核心的标识，这个感性世界扬弃了自然的自在性，而表现为自然与历史的统一，这个统一是一种离不开人的实践活动的自在自为的活动。因此，马克思、恩格斯创立"现代唯物主义"的根本立足点是以人的感性活动为基础的"感性世界"，而不是 18 世纪法国旧唯物主义所理解的那个与人无关的自在的自然界本身。

正是由于费尔巴哈没有认识到人的感性活动是人们现存"感性世界"的基础，这个作为"感性世界"的基础的人的感性活动离不开人而单独存在，因而费尔巴哈也就看不到人的物质生产活动在整个人类社会历史发展中的基础作用，因此"在共产主义的唯物主义者看到改造工业和社会结构的必要性和条件的地方，他却重新陷入唯心主义"①，这是费尔巴哈被称之为半截子唯物主义的重要原因之一。所以"当费尔巴哈是一个唯物主义者的时候，历史在他的视野之外；当他去探讨历史的时候，他不是一个唯物主义者。在他那里，唯物主义和历史是彼此完全脱离的。这一点从上面所说的看来已经非常明显了"②，因为人类的历史是离不开人的，离开人而探讨人类的历史恐怕是任何人都难以理解的，所以在历史的范畴费尔巴哈无论如何都不算是一个唯物主义者。

费尔巴哈的人本学确实揭露了基督教的本质，揭露了宗教神学的本质，

---

① 《马克思恩格斯文集》(第一卷)，人民出版社，2009 年，第 530 页。

② 同上，第 531 页。

提出了著名的"上帝是人的本质的自我异化"经典论断,确立了费尔巴哈"人本主义的唯物主义"的核心理念,但令人遗憾的是费尔巴哈在这里所说的"人"却是抽象的、纯自然的人,这个人不是社会的人,不是生产实践的人。因此,费尔巴哈在"自然观"上是唯物的,但在"历史观"上是唯心的。马克思在肯定费尔巴哈"人本主义"立论的基础之上,又批判了费尔巴哈抽象的、空洞的人本学理论,并认为费尔巴哈的人本观根本无法解决资本主义制度下阶级压迫和剥削的现状,更无法对其作出最为清晰合理的解释,因此马克思又把批判的重点放在对资本主义制度的批判上面了。

费尔巴哈第一次从哲学上提出"人本主义"概念,把"人本主义"发展成一种系统理论,即把作为感性存在物的人当作主体,认为自我意识不能离开人,是人的自我意识,从而提出了"主体在人"的唯物主义命题。"主体在人"是唯物主义在当时一个重要的理论突破就是强化人的作用,突出人的主体价值。费尔巴哈用人本主义的理论武器对基督教神学及其代表哲学进行了彻底的批判,认为"近代哲学的任务,是将上帝现实化和人化,就是说,将神学变为人本学,将神学溶解为人本学"[1],从而确立了费尔巴哈唯物主义的人本观。费尔巴哈把人的本质看成神的本质,上帝的本质是人的本质的"异化",那么"神是否创造世界,即神对世界的关系如何,这个问题其实就是关于精神对感性、一般或抽象对实在、类对个体的关系如何的问题,没有解决后一问题,前一问题也是不能解决的;因为神不是别的,正是类概念的总和"[2]。

神是"类概念"的总和,"类概念"即人的"类本质",基于此,费尔巴哈把人的"类本质"归纳为"一切人都一致同意,他们都在思考;思想不是什么特别的东西,并非为一部分人所特有而为另外一部分人所没有的;理性是以其自身存在于个体中。假如是另外一种情形,那么理性便不再是理性,它便会落到感性本质的范畴中去。从理性中不能抽象出任何普遍的概念,把它固定

① 《费尔巴哈哲学著作选集》(上卷),荣震华、李金山等译,商务印书馆,1984 年,第 122 页。

② 《费尔巴哈哲学著作选集》(下卷),荣震华、李金山等译,商务印书馆,1984 年,第 621 页。

为类;它和其自身是不能分离的,它是自身的类,与自身的纯粹的统一,它的本质便是它的存在,它的存在便是它的本质。普罗丁关于灵魂的话适应于理性——神学家们所说的上帝和理性相适应。理性的本性不以感性形式存在,而是存在于与自身的统一性中;它对现有的存在的关系是它对自己的关系。在作为理性的实现的思维中我不是那个或者这个,只是一般的人;不在别人之外,我即一切人,因为作为自身的统一,或者说,作为绝对的同一的理性,也就是一切人的统一。理性的无限统一性和普遍性的感性表现便是语言。语言不把思想转变为某种普遍的东西,它只表明,它只具体表现思想本身是什么:不是我的思想,而是一切人的思想,至少是这样的可能性"①。从这段论述分析之中,我们看到费尔巴哈的哲学功底是非常扎实的,其语言特点仍然非常具有黑格尔哲学的语言特点,其论述的内容也更加凸显了人的因素,但对于人的社会关系的论述却明显缺乏深刻性, 他在这里强调了人是自身的统一,一个人是一切人的统一的思想,这是对人的理解的主观臆断,是一种浅显化的阐释。

　　1846 年,费尔巴哈在其《反对身体和灵魂、肉体和精神的二元论》一文中进一步阐明了他的人本学唯物主义观点,他指出,身体和灵魂间的对立在逻辑上是无力的,人本身是主体和客体的统一,在这里明显带有黑格尔逻辑学的语言特点。在费尔巴哈那里,只有人本学才是真理,只有感性的、直观的观点才是真理。从逻辑学角度来看身体和灵魂的对立属于本质的同一的类,正如善与恶的对立是属于道德意志的类,吉与凶的对立是属于感觉的类,甜与酸的对立是属于味觉的类,男与女的对立是属于人的类,无限与有限的对立是属于量的类,所以在费尔巴哈看来,只有生命才是真正的"绝对者",而任何科学和理论是有限的。因为生命是进行结合的活动,科学是进行分离的活动;人处在主客同一之中,显而易见的是这里的生命是一种昂扬状态,是创

---

① 《费尔巴哈哲学著作选集》(上卷),荣震华、李金山等译,商务印书馆,1984 年,第 227 页。

作的作者本身。在昂扬状态之中,人能完成貌似不可能完成的事,在费尔巴哈这里,恐怕唯物主义、唯心主义、生理学、心理学都不是真理,只有感性的人本学才是真理,他给出了生动的解释:因为人属于有别于动物的、感觉论的、有生命的最高级,人之所以为人,就是因为他的感性作用不像动物那样有局限,人的感性远远不同于动物的感觉性。由此得出结论:人的感官是一切幸福的源泉,而感性是人真正的起源。

　　费尔巴哈的"人本主义的唯物主义"虽然关注现实存在的人,但不是马克思所主张的彻底的"人本主义"。人本主义彻底性的实现只能在"对现实世界的批判"中找到答案,在"此岸"的现实世界中建立关于人的存在的真理,驱除现实的苦难,才能实现人的本质。马克思认为人在现实的世界之中生存,总要和他人发生一定的关系,但是资本主义制度下的人不会感到他人和自己相通,反而感受到了人与人之间的关系是阶级关系、竞争关系以及尔虞我诈的工具关系,这样在现实生活中存在着绝对的统治者与被统治者、存在着有产者和无产者,存在着欺骗与狡诈以及现实的种种苦难。但是费尔巴哈的"人本主义的唯物主义"的建立并不能让德国人立刻改变当时那种现实的生存状态,不能改变任何的苦难状态。马克思对此评价道:"费尔巴哈没有看到,'宗教感情'本身是社会的产物,而他所分析的抽象的个人,是属于一定的社会形式的。"①马克思认为费尔巴哈也没有逃脱以抽象批判抽象的怪圈,从康德开启的整个德国哲学批判路线都只局限于以往德国古典哲学观念的范畴批判之中。这些德国哲学家(当然包括费尔巴哈在内)"没有一个能想到要提出关于德国哲学和德国现实之间的联系问题"②。费尔巴哈力图从现实的自然出发,可最终得到的自然仍然是那种"抽象的自然",从来没有人化自然的观念,最终仍然陷入他所批判的"抽象的物质"之中,这些抽象的批判理论,包括费尔巴哈的理论本身都不仅无法改变德国现实问题,也无法改变德

---

① 《马克思恩格斯文集》(第一卷),人民出版社,2009年,第505页。
② 同上,第516页。

国人民被压迫和奴役的现状，因为这个意识形态高度的批判都脱离了人的因素，对人的理解是一种抽象观念。

马克思吸收费尔巴哈"人本主义的唯物主义"业已取得的成果，把批判的重点转移到现存的资本主义国家和用以支撑资本主义国家的市民社会，对资本主义制度下虚假的"人本主义"展开了一种现实的批判。在马克思看来，资本主义制度所倡导的人本思想从表面上看是恪守了人本思想的准则，但实际上却使人处于抽象的资本统治下，人从主体沦为体系中的一个个工具，人们表面上的自由掩盖了实质上的不自由，马克思发现资本主义私有制的存在是引发这一切的根源。马克思所说："私有财产这一人权是任意地、同他人无关地、不受社会影响地享有和处理自己的财产的权力，这一权力是自私自利的权利。这种个人自由和对这种自由的应用构成了市民社会的基础。这种自由使每个人不是把他人看作自己自由的实现，而是看作自己自由的限制。"①正是由于资本主义私有制的存在，资本成为人类社会最为现实的"最高统治者"，资本家成为"资本"人格代理人。也正如列宁所说："在资本主义国家中被压迫群众随时随地都可以碰到这个惊人的矛盾：一方面是资本家'民主'所标榜的形式上的平等，一方面是使无产者成为雇佣奴隶的千百种事实上的限制和诡计。"②

因此，马克思提倡的人本思想在现代社会的现实化过程中必须带有批判性的维度，这种批判主要表现在：揭示出资本主义社会正在受抽象的"资本逻辑"统治的现实，即在一个社会形态中"资本作为占支配地位的现代生产关系，成为了一种主体性的存在，其活动历程具有必然如此的内在联系、运动轨迹和发展规律"③。资本主义社会的政治、经济、文化等一切方面都是为资产阶级自身利益服务的，资本主义社会中的人本主义明显是少数人、资

---

① 《马克思恩格斯全集》(第3卷)，人民出版社，2002年，第184页。

② 《列宁全集》(第35卷)，人民出版社，1995年，第247页。

③ 郗戈：《从资本逻辑看现代性逻辑的生成与发展》，《社会科学辑刊》，2010年第1期。

产者、既得利益者的人本主义，这个人本主义与大多数穷苦人没有太大关系。在这样的社会里，有产者把"资本无限增殖"当作社会存在的唯一目标；马克思、恩格斯对这种"颠倒"的社会进行了无情批判，马克思主义的人本思想强调的是在国家这个整体之中，人民的利益应当成为政府一切工作的出发点和落脚点，政府必须不断满足人们的多方面需求和促进人的全面发展。这就和资本主义社会形态下所推崇的人本学思想有着本质的区别，一切为了人民，一切依靠人民，一切从人民利益出发，这是我们中国所倡导的人本思想的本质表述，也是对资本主义形式下人本思想无情的批判，所以按照马克思的逻辑，中国的人本学是彻底的马克思主义的，是对马克思唯物主义最为彻底的坚持和创新，是对马克思唯物史观的中国化运用和发展，是真正的马克思唯物主义理念在中国的呈现和表达。

第三节　费尔巴哈的人道主义

费尔巴哈"在理论领域体现了和人道主义相吻合的唯物主义，而法国和英国的社会主义和共产主义则在实践领域体现了这种和人道主义相吻合的唯物主义"[1]。费尔巴哈关于人的本质的思想，特别是关于人"类本质"的思想对马克思的影响是最为直接的。马克思最初在《论犹太人问题》用"类本质"的概念分析市民社会中的犹太人精神。后来在《1844 年经济学哲学手稿》中，更是频繁使用"类本质"概念来阐述他的异化劳动思想。当然，对于"类本质"这个概念的理解，马克思与费尔巴哈是很不相同的，费尔巴哈把人的类本质理解为"理性、意志、心"，而马克思把人的类本质理解为人的"自由的有意识的活动"即劳动。在这个思想上，马克思深受费尔巴哈哲学的启发。值得注意

---

① 《马克思恩格斯文集》(第一卷)，人民出版社，2009 年，第 327 页。

的是,我国学界不少学者认为,马克思《手稿》的"类本质"思想,是马克思青年时期受费尔巴哈影响的一个不成熟的思想,甚至仍然是一种抽象人性论的表达而已。这个看法是值得商榷的一种理论观点。

"类本质"这个概念在马克思那里无非是用来指出人的生命活动与动物的生命活动的根本区别的。马克思认为人作为一个"类的存在物"不能没有属于自身的本质特征,应该而且必须有属于自身的本质特征。因为只有确定人的"类本质",才有可能指出人类社会的历史发展过程同自然界(包括动物在内)的自然演化过程的根本区别。因此,马克思的"类本质"思想的确是受费尔巴哈"类本质"思想的影响的,但这个影响是积极的。马克思把人的"类本质"界定为"有意识的自由活动"即劳动,这是对"类本质"思想的一个极为重要的发展,在了解马克思关于人的实践性特征时,不得不对其"类本质"思想作一个深刻的理解。

正如前文已经提到过的,马克思从劳动是人的类本质这个观点出发,很快就对人的本质这个问题作出了符合社会的和历史的解答,并由此对费尔巴哈的人本主义思想的局限性进行了剖析和批判。费尔巴哈在批判宗教时,尽管将宗教的本质归结为人的本质,但是他依然不能解释现实的人的本质,并没有提出属人的那种非常具体的本质,而只能固执地坚守着他那抽象的类本质。所以当马克思以历史的眼光观察社会历史与人本身时,便立刻洞彻了费尔巴哈的致命缺陷,并明确指出"人的本质不是单个人所固有的抽象物,在其现实性上,它是一切现实关系的总和"①,这样关于人的本质的考察就从抽象走向了具体的环节。费尔巴哈不能对人的现实关系进行研究,因此在他对宗教的批判中,只能"撇开历史的进程,把宗教感情固定为独立的东西,并假定有一种抽象的——孤立的——人的个体"②,而对于现实的人的本质也只能以"一种内在的、无声的、把许多个人自然地联系起来的普遍性"的"类"

---

①② 《马克思恩格斯文集》(第一卷),人民出版社,2009 年,第 501 页。

来充实,当然这样的理解是远远不够的。

正是因为费尔巴哈不能揭露现实的人的感性活动的意义,因此他在对人的理解中只是把人看作"感性对象"而看不到人的"感性活动",这样的观点本身就没有把人看作是一个活生生的主体。这个理解是德国古典哲学的退步,并没有更为深刻地发现人的现实性问题,这样的研究路径必然导致费尔巴哈走进其人本学的困境之中,以至于他只能在理论领域内而不能深入人的社会联系中去理解和把握人。所以在费尔巴哈去理解人的本质时,只能停留在抽象的环节之中,而完全不见现实的、感性的人,因此在理解人的关系时也只能借助于人的感情,借助于爱与友情来阐释,这显然不能阐释清楚人作为实践主体的实践性质。对此,马克思明确指出:"对实践的唯物主义者即共产主义者来说,全部问题都在于使现存世界革命化,实际地反对并改变现存的事物。"①在马克思看来,费尔巴哈虽然遇到类似观点却始终不过是一些零星的猜测而已,而在费尔巴哈对感性世界的理解中无法避免地局限于"单纯的直观"和"感觉",以至于费尔巴哈设定的人不可能是"现实的历史的人"。这样的设定一定是存在着缺乏现实性的重大缺陷的,这个缺陷本身又是费尔巴哈所不能解决的,原因极其复杂,既与费尔巴哈所处的社会历史条件相关,又与费尔巴哈自己思想体系的构建过程有关,按照黑格尔的逻辑体系,这一定是费尔巴哈意识形态上的一个建构性缺陷。

费尔巴哈的"人本主义的唯物主义"对人的本质进行了抽象的概括,即从人的普遍共性之中抽象出"类存在",并把此种"类存在"当成人的"类本质"。他把"上帝"看成人的"类本质"的异化产物,从而揭穿了唯心主义、思辨哲学、宗教神学的一切立论。马克思在这个方面是完全肯定费尔巴哈的历史贡献的,但马克思不是简单回到费尔巴哈哲学体系中来,而是选择超越费尔巴哈,对类本质进行重新界定,他努力超越费尔巴哈关于人的"类本质"的抽

---

① 《马克思恩格斯文集》(第一卷),人民出版社,2009年,第501页。

象内涵,从宗教解放、政治解放、人的解放的路径来破除费尔巴哈关于人类解放的抽象道路,以此来找寻发现人的真正的类本质,马克思在分析资本主义制度下人的劳动异化以及"异化劳动"四个层面内涵的基础上,为人类真正解放、人类社会的发展提供了现实的、可行的道路。

一是马克思人本观超越了费尔巴哈关于人的"类本质"思想。费尔巴哈虽然提出了人的"类本质"内涵,但是此种"类本质"无论是其立论基础,还是其阐述方式,都是抽象的、脱离人的生产实践活动的,人的本质在既定的社会关系中得不到实现。因此,虽然费尔巴哈通过建构人本主义的唯物主义确立了人存在的本源性,但是对于如何建构主体间现实的社会关系,费尔巴哈没有给出合理的答复。人本主义不应该从纯粹的物出发,而应该从现实的人出发。费尔巴哈坚持认为人是社会的存在物,人的存在是感性的存在,人得以生存的首要条件是满足自己吃穿住用行的需要,"饥与渴是痛苦的感觉,是不健康的感觉,在这里那种统一被破坏了;人的自然本质形成于人对自然的关系中,人的社会本质是以人的自然本质为前提和基础的。在腹中饥饿或充塞着人胃所不容的事物时,怎样再理会到美学上的和道德上的感情呢? 人的食物,难道不是人的思想观点和修养的首要条件吗? "①所以按照这个逻辑进路,无论从何种角度考虑,人都是自然的产物,人首先是自然的人,然后才是社会的人。

费尔巴哈认为自然属性是人的根基,如果脱离了人的自然属性,即人作为"物"的考虑被忽视而空谈其他社会关系问题,那是可笑的。在这里,无论是人的感性观察,抑或是人的理性思维都要以人的自然属性为前提,人的具体生活首先要符合人作为自然人存在的要求,脱离了这一层面考虑其它因素都是一种空谈。费尔巴哈虽然看到了人是自然的人,但是对人的社会存在却没有做过多论述,或者说根本就没有看到人是处在一定社会关系中的存

---

① 《费尔巴哈哲学著作选集》(上卷),荣震华、李金山等译,商务印书馆,1984年,第169页。

在,这也是马克思、恩格斯对其哲学思想进行批判的重要原因,这也是马克思、恩格斯与费尔巴哈人本学唯物主义最大的分歧所在。

人虽然是自然界的产物,但是人和动物又是不同的,这种不同是由于人是"类本质"的存在。马克思对人的"类本质"作了以下概括:一方面他是思维的主体,可以把一切感性的存在物视为自己的客体,另一方面他本身就是感性的存在物,与其他的感性存在物相互作用。这样马克思考虑的类本质的概念就集中到主体性和主体间的层面,而以往的哲学之所以没有认清人的本质,就在于它们要么把人归结为思维的主体,要么归结为自然的存在物。同时,以类存在的人又受到自然条件的限制,是卑微存在的个体。但是卑微的人类所具有的有限性和自然性却能够支撑人与人之间的关系,即人在与对象的世界的互动中也能映照出其他感性的人也同属于这个对象性的世界。这样人与对象性世界的关系能够确证出人与人之间互通的关系,即人与人在对象性的自然界中成就自己。

二是马克思以费尔巴哈为桥梁超越了黑格尔思辨唯心主义。马克思对费尔巴哈表示了赞扬:"费尔巴哈是唯一对黑格尔辩证法采取严肃的、批判的态度的人;只有他在这个领域内作出了真正的发现,总之,他真正克服了旧哲学。"[①]即费尔巴哈的"人本主义的唯物主义"在神学批判和黑格尔思辨哲学的批判中,以人的本质替代神的本质,以人的本质替代"绝对精神"和"自我意识",重新确立了人的地位。但是马克思在考察现实的世界过程中逐渐认识到费尔巴哈所确立的"人"是抽象的人、自然的人,沿用费尔巴哈的理论无法认识现实的人和人生存的世界。在《关于费尔巴哈的提纲》中,马克思抛弃了以往对费尔巴哈过高的评价,提出了"人的本质"的真正内涵,即马克思认为"人的本质在其现实性上是一切社会关系的总和",用"社会关系的总和"代替"类本质"理论,实现了由抽象的人向现实的人的转变。"黑人就是黑

---

① 《1844年经济学哲学手稿》,人民出版社,2014年,第92页。

人。只有在一定的关系下,他才成为奴隶。纺纱机是纺棉花的机器。只有在一定的关系下,它才成为资本。脱离了这种关系,它也就不是资本了。"①此处马克思以黑人为例来证明关系的重要性。马克思发现黑人之所以为奴隶,就在于他处在一定的社会关系之中,脱离了这种社会关系,黑人就不再是奴隶。因此,使黑人成为奴隶的,不是黑人作为人的本性,而是其所处的社会关系。

费尔巴哈恰恰不理解社会实践是人的特殊的生命活动形式,没有从社会关系去把握人的本质。"人不是抽象的蛰居于世界之外的存在物。人就是人的世界,就是国家、社会。这个国家、这个社会产生了宗教,一种颠倒的世界意识,因为它们就是颠倒的世界。"②马克思发现产生和需要宗教的现实世界是颠倒的世界,创造世界的"主体"虽然被归属于人,而不是上帝,但是人却不能在如此这般的现实世界获得真正的自由。其原因就不能归属上帝,只能归结为现实世界秩序本身存在问题,而现实的世界其本质是市民社会和国家,是人与人之间交往的场所。基于此,马克思的人本学超越了费尔巴哈的"人本主义的唯物主义",哲学家的现实任务就是对现实的人类社会进行分析、批判与改变,因为哲学是面向人类的生活世界的。

三是马克思人本观超越了费尔巴哈的异化理论。《1844 年经济学哲学手稿》中马克思提出的"异化劳动"的概念,内涵着费尔巴哈关于"类本质"异化和复归的理论逻辑,进一步发挥了费尔巴哈曾在宗教批判中使用过的异化理论。但是马克思的"异化"观不是停留在费尔巴哈的宗教异化观层面,而是超越了"人奉献给上帝的越多,他留给自身的就越少"这个层面,深入到了"人类社会或社会化的人类",深入到了资本主义生产关系的事实当中,深入到了国民经济事实当中,而非仅停留于宗教批判层面,提出了"异化劳动"的观点,解释了为什么在资本主义私有制的条件下,"工人生产的财富越多,他

① 《马克思恩格斯文集》(第一卷),人民出版社,2009 年,第 723 页。
② 《费尔巴哈哲学著作选集》(上卷),荣震华、李金山等译,商务印书馆,1984 年,第 3 页。

的生产的影响和规模越大,他就越贫穷。工人创造的商品越多,他就变成廉价的商品。物的世界的增加同人的世界的贬值成正比"①。

在资本主义私有制条件下,首先人同自己生产的劳动产品相"异化"。即工人生产出的"劳动产品"不仅不归自己所有,反而成为通知自己的"异己"的力量,"劳动所生产的对象,即劳动产品,作为一种异己的存在物,作为不依赖于生产者的力量,同劳动者对立。劳动的产品是固定在某个对象中的。物化的劳动,这就是劳动的对象化"②。其次,人同自己的劳动相异化。失去生产资料的工人,为了维持自己肉体的生存,必须出卖自己的劳动力,当"劳动"成为商品,"劳动"将不归工人所有。再次,人同自己的类本质相异化。人把自己生产性的劳动下降成为维持肉体存活的工具及手段,把人与对象之间的劳动关系下降为维持生物学意义上种的个体存活和延续的工具和手段。无论是自然界还是人的精神世界都立刻变成了对人本身来说异己的力量。异化劳动使自己的身体同人自身相异化,同样也使人之外的自然界同人相异化,使他的精神本质、他的人的本质同人相异化。最后,人与人之间相异化。当前述三个"异化劳动"的规定性产生之后,尤其是人与人的类本质相异化出现,其必然带来人与人相异化,即人与人之间相互对立、相互敌视的状态。因为人同自己的类本质相对立,必然有一个异己的、敌对的他者占据着自己的本质,使自己处在被奴役和支配的状态,而这个占据自己类本质的存在物既不是神,也不是自然界,而是资本家。

在资本主义社会,人与人相异化,人与其创造物相异化,人与社会相异化,就是资本家和工人之间剥削与被剥削、压迫与被压迫的关系以及资本世界里各种存在物的关系。马克思的哲学理论相较于费尔巴哈更具有现实性与时效性,因此马克思在这一时期在运用费尔巴哈哲学的过程中实现了对费尔巴哈的不自觉超越。

----

①② 《马克思恩格斯文集》(第一卷),人民出版社,2009 年,第 156 页。

　　马克思把上述"异化劳动"的四个规定性概括为："人自身异化了以及这个异化的人的社会是一幅描绘他的现实的社会联系,描绘他的真正的类生活的讽刺画;他的活动由此而表现为苦难,他个人创造物表现为异己的力量,他的财富表现为他的贫穷,把他同别人结合起来的本质联系表现为非本质联系,相反,他同别人的分离表现为他的真正的存在;他的生命表现为他的生命的牺牲,他的本质的现实化表现为他的生命的失去现实性,他的生产表现为他的非存在的生产,他支配物的权力表现为物支配他的权力,而他本身,即他的创造物的主人,则表现为这个创造物的奴隶。"①因此,马克思的异化概念是从处于特定生产关系中的人出发,探究人的现实处境和未来解放的可能,而费尔巴哈则是从抽象的"上帝的本质"与"人的本质"之间的关系来探究人的"类本质"的异化与复归的可能性的,是一种极其抽象的观点,没有现实的支撑和实现的可能性。

第四节　费尔巴哈对思辨哲学、宗教神学的批判

　　费尔巴哈对黑格尔思辨哲学的批判对马克思的震撼是最强烈的。马克思高度赞扬说："他(费尔巴哈)在黑格尔以后起了划时代的作用,因为他强调了为基督教意识所厌恶而对于批判的进步却很重要的某几个论点,而这些论点是被黑格尔留置在神秘的朦胧状态中的。"②并指出："费尔巴哈是唯一对黑格尔辩证法采取严肃的、批判的态度的人;只有他在这个领域内做出了真正的发现,总之,他真正克服了旧哲学。费尔巴哈成就的伟大以及他把这种成就贡献给世界时所表现的那种谦虚纯朴,同批判所持的相反的态度

---

① 《马克思恩格斯全集》(第 42 卷),人民出版社,1986 年,第 24~25 页。
② 《马克思恩格斯文集》(第三卷),人民出版社,2009 年,第 17 页。

形成惊人的对照。"①马克思还指出:"只有费尔巴哈才立足于黑格尔的观点之上而结束和批判了黑格尔的体系,因为费尔巴哈消解了形而上学的绝对精神,使之变为'以自然为基础的现实的人';费尔巴哈完成了对宗教的批判,因为他同时也为批判黑格尔的思辨以及全部形而上学拟定了博大恢弘、堪称典范的纲要。"②费尔巴哈从感觉的确定性出发,把哲学观念看成是现实的表现,也得到了马克思的赞赏。马克思说:"哲学是事物现状的抽象表现这一看法,最初并不是埃德加先生提出的,而是费尔巴哈提出的;费尔巴哈最先把哲学称作思辨的和神秘的经验,并做了论证。费尔巴哈曾经得出结论,认为哲学应该从思辨的天国下降到人类贫困的深渊。"③

在恩格斯看来,费尔巴哈的思想进程体现了从黑格尔主义者走向唯物主义者的进程,他认识到黑格尔的"绝对观念""不外是对世界之外的造物主的信仰的虚幻残余;我们自己所属的物质的、可以感知的世界,是唯一现实的;而我们的意识和思维,不论它看起来是多么超感觉的,总是物质的、肉体的器官即人脑的产物"④。

不过,马克思认为,"和黑格尔比起来,费尔巴哈是极其贫乏的"。对于费尔巴哈哲学与黑格尔哲学相比的贫乏性,恩格斯作了这样的解说:"黑格尔的伦理学或关于伦理的学说就是法哲学,其中包括:(1)抽象的法,(2)道德,(3)伦理,其中又包括家庭、市民社会、国家。在这里,形式是唯心主义的,内容是实在论的。法、经济、政治的全部领域连同道德都包括进去了。在费尔巴哈那里情况恰恰相反。就形式讲,他是实在论的,他把人作为出发点;但是关于这个人生活的世界却根本没有讲到,因而这个人始终是在宗教哲学中出

---

① 《马克思恩格斯文集》(第一卷),人民出版社,2009 年,第 199~200 页。
② 同上,第 342 页。
③ 同上,第 264 页。
④ 《马克思恩格斯文集》(第四卷),人民出版社,2009 年,第 281 页。

现的那种抽象的人。"①恩格斯还指出:"不仅哲学这一似乎凌驾于一切专门科学之上并把它们包罗在内的科学的科学,对他来说,仍然是不可逾越的屏障,不可侵犯的圣物,而且作为一个哲学家,他也停留在半路上,他下半截是唯物主义者,上半截是唯心主义者;他没有批判地克服黑格尔,而是简单地把黑格尔当作无用的东西抛在一边,同时,与黑格尔体系的百科全书式的丰富内容相比,他本人除了矫揉造作的爱的宗教和贫乏无力的道德以外,拿不出什么积极的东西。"②

对于费尔巴哈抛弃黑格尔辩证法思想的做法,马克思、恩格斯也是相当不满的。黑格尔哲学的丰富内容主要就体现在他的辩证法思想中,虽然这个辩证法在黑格尔那里是"头脚倒置"的,但其理论内容无论对于理解思想理论的发展还是对于理解人类社会的历史发展都是重要的思维形式。费尔巴哈揭示黑格尔辩证法作为抽象思维的虚幻性,这无可厚非。但是它因此全盘否定了黑格尔的辩证法则表明他并没有真正理解黑格尔辩证法理论的真实价值。对此,恩格斯讽刺说,费尔巴哈在"倒洗澡水的时候,把盆子里的孩子一同倒掉了"。

费尔巴哈对宗教神学的批判是震撼马克思的重要方面。马克思在他所有论及费尔巴哈宗教神学批判的地方,都高度赞扬费尔巴哈宗教神学批判的革命性作用,对于费尔巴哈宗教神学批判的基本观点,马克思也是完全接受的。

但是马克思没有停留在费尔巴哈的宗教神学批判上,而是把这种宗教神学批判进一步推向政治批判。马克思在《黑格尔法制学批判导言》中,明确指出:"就德国来说,对宗教的批判基本上已经结束;而对宗教的批判是其他一切批判的前提";"人不是抽象的蛰居于世界之外的存在物。人就是人的世界,就是国家、社会。这个国家、这个社会产生了宗教,一种颠倒的世界意识,

---

① 《马克思恩格斯文集》(第四卷),人民出版社,2009 年,第 290 页。

② 同上,第 296 页。

因为它们就是颠倒的世界。宗教里的苦难既是现实的苦难的表现,又是对这种现实的苦难的抗议。真理的彼岸世界消逝以后,历史的任务就是确立此岸世界的真理。人的自我异化的神圣形象被揭穿以后,揭露具有非神圣形象的自我异化就成了为历史服务的哲学的迫切任务"。"对天国的批判变成对尘世的批判,对宗教的批判变成对法的批判,对神学的批判变成对政治的批判。"①恩格斯认为费尔巴哈的宗教观也有很大的局限性。他说:"我们一接触到费尔巴哈的宗教哲学和伦理学,他的真正的唯心主义就显露出来了。费尔巴哈决不希望废除宗教,他希望使宗教完善化。哲学本身应当融化在宗教中。"②这是因为,"按照费尔巴哈的看法,宗教是人与人之间的感情的关系、心灵的关系。过去这种关系是在现实的虚幻映象中(借助于一个神或许多神,即人类特性的虚幻映象)寻找自己的真理,现在却直接地而不是间接地在我和你之间的爱中寻找自己的真理了。归根到底,在费尔巴哈那里,性爱即使不是他的新宗教借以实现的最高形式,也是最高形式之一"③。

　　恩格斯进而指出,费尔巴哈的唯心主义就在于,"他不是抛开对某种在他看来也已成为过去的特殊宗教的回忆,直截了当地按照本来面貌看待人们彼此间以相互倾慕为基础的关系,即性爱、友谊、同情、舍己精神等等,而是断言这些关系只有在用宗教名义使之神圣化以后才会获得自己的完整的意义。在他看来,主要的并不是存在着这种纯粹人的关系,而是要把这些关系看作新的、真正的宗教。这些关系只是在盖上了宗教的印记以后才被认为是完满的"④。恩格斯明确断言费尔巴哈的下面这个判断是绝对错误的:"人类的各个时期仅仅由于宗教的变迁而彼此区别开来。"⑤费尔巴哈对基督教的深刻研究使他明确宗教虚幻的神的形象不过是人的虚幻的反映、映象,这

---

① 《马克思恩格斯文集》(第一卷),人民出版社,2009 年,第 3~4 页。
②③ 《马克思恩格斯文集》(第四卷),人民出版社,2009 年,第 287 页。
④⑤ 同上,第 288 页。

深刻影响了马克思、恩格斯,但是费尔巴哈因其本身的抽象性而无法深入对这一映象的本质的揭露,以至于他竟迷失在自己的虚幻中。难怪恩格斯称:"费尔巴哈在每一页上都宣扬感性,宣扬专心研究具体的东西、研究现实,可是这同一个费尔巴哈,一谈到人们之间纯粹的性关系以外的某种关系,就变成完全抽象的了。"①这是恩格斯对费尔巴哈哲学最为凝练的概括和总结。

第五节　马克思对费尔巴哈新哲学的实践性超越

基于对费尔巴哈"人本的唯物主义"的继承与批判,马克思确立了其人本思想的基本内核。这种人本学的唯物主义出发点是现实的、处在一定社会关系和生产关系中的人,立足点是"人类社会或社会化人类",实现方式是革命的、实践的批判活动,实现目标是"每个人的自由发展是一切人自由发展条件"的共产主义社会。

费尔巴哈力图从现实的人出发,可最终得到的人仍然是"抽象的人",正是由于"他没有看到,他周围的感性世界决不是某种开天辟地以来就直接存在的、始终如一的东西,而是工业和社会状况的产物,是历史的产物,是世世代代活动的结果,其中每一代都立足于前一代所奠定的基础上,继续发展前一代的工业和交往,并随着需要的改变而改变他们的社会制度。甚至连最简单的'感性确定性'的对象也只是由于社会发展、由于工业和商业交往才提供给他的"②。费尔巴哈用静态的眼光看人,将人的本质理解为永恒不变的东西,没有将人放到社会生产实践中去考察,费尔巴哈对于人与人之间的社会关系的考察也是十分匮乏的,在费尔巴哈那里可能除了爱情与友情就不存在其它的社会关系了。马克思因此得出结论:"从前的一切唯物主义(包括费

---

① 《马克思恩格斯文集》(第四卷),人民出版社,2009年,第290页。

② 《马克思恩格斯文集》(第一卷),人民出版社,2009年,第528页。

尔巴哈的唯物主义)的主要缺点是：对对象、现实、感性，只是从客体的或者直观的形式去理解，而不是把它们当作感性的人的活动，当作实践去理解，不是从主体方面去理解。因此，和唯物主义相反，唯心主义却把能动的方面抽象地发展了，当然，唯心主义是不知道现实的、感性的活动本身的。费尔巴哈……不了解'革命的'、'实践批判的'活动的意义。"①

费尔巴哈在自然观上没有从人与自然的实践关系去理解自然，陷入"抽象的自然"之中，在历史观上没有从人与人的社会关系去理解人，陷入"抽象的人"之中。因此，"当费尔巴哈是一个唯物主义者的时候，历史在他的视野之外；当他去探讨历史的时候，他不是一个唯物主义者"②。这也就在社会历史领域陷入了抽象思辨的泥潭，并不能真正进入到历史的真相与本质。马克思在继承费尔巴哈自然观"唯物主义"的同时，批判费尔巴哈的抽象的人本观，马克思开始了其实践的人本学唯物主义建立的思考，"我们不是从人们所说的、所设想的、所想象的东西出发，也不是从口头说的、思考出来的、设想出来的人出发，去理解有血有肉的人，我们的出发点是从事实际活动的人"③。马克思从人的实践活动出发去考察人的主体性，更加突出主体的实践性和社会性，也只有在人的实践活动中形成的"历史的自然"才是人的现实的自然界，实践不是像费尔巴哈理解的"粗鄙的商业活动"那样，而是人的能动的、批判的现实活动。

从人的实践活动出发，马克思阐述了其人本主义最主要的观点——群众史观，"如果要去探究那些隐藏在……历史人物的动机背后并且构成历史的真正的最后动力的动力，那么问题涉及的，与其说是个别人物，即使是非常杰出的人物的动机，不如说是使广大群众、使整个的民族、并且在每一民

① 《马克思恩格斯文集》(第一卷)，人民出版社，2009年，第499页。

② 《费尔巴哈哲学著作选集》(上卷)，荣震华、李金山等译，商务印书馆，1984年，第530页。

③ 《马克思恩格斯文集》(第一卷)，人民出版社，2009年，第525页。

族中间又是使整个阶级行动起来的动机"①,但是在资本主义的社会环境下,人民群众却被自己所生产出的"物品"所奴役,人民群众所创造的物质财富乃至人民群众"自身"都成为资本家剥夺的对象。在资本主义生产关系下的生产者,"他首先是作为工人,其次是作为肉体的主体,才能够生存。这种奴隶状态的顶点就是:他只有作为工人才能维持自己作为肉体的主体,并且只有作为肉体的主体才能是工人"②。这是一种颠倒了的"异化"现象,要把这种"颠倒"重新颠倒回来,必须进行无产阶级革命和斗争,即"无产阶级用暴力推翻资产阶级而建立自己的统治",实现"每个人的自由发展是一切人的自由发展的条件"③的共产主义社会。马克思进而认为人类历史上有多次革命,但"过去的一切都是少数人的,或者为少数人谋利益的运动。无产阶级的运动是绝大多数人的,为绝大多数人谋利益的独立的运动"④。无产阶级作为广大人民群众的一分子,他们的利益和人民群众的利益密切相连。无产阶级革命的目的是要建立共产主义社会,只有在这样的社会中广大人民群众才能得以自由而全面地发展。

"哲学家们只是用不同的方式解释世界,问题在于改变世界"⑤,马克思人本观就是旨在改变人类生存现状的革命的、实践的"唯物主义"观。立足人类社会、关注人类实践、批判资本主义的现状,是马克思人本观立论的基础;"共产主义"绝不是一个空洞的概念,而是现实社会能够实现的目标,是马克思人本观的未来指向。但是共产主义社会的实现也不能是、也不应该是一蹴而就的,它的实现有一个前提,即生产资料极大的丰富,人民素质极大的提高,这需要一个相当长的历史过程。在历史境域和当代现实之中,共产主义还仅仅作为一种理想性存在,尚未真正进入社会现实之中,因此对共产主义

① 《马克思恩格斯文集》(第四卷),人民出版社,2009年,第304页。
② 《马克思恩格斯文集》(第一卷),人民出版社,2009年,第158页。
③ 《马克思恩格斯文集》(第二卷),人民出版社,2009年,第53页。
④ 同上,第42页。
⑤ 《马克思恩格斯文集》(第一卷),人民出版社,2009年,第502页。

的理解应该为扬弃资本主义异化现实的现实运动，也只有这样共产主义才能从理想预设性维度转化为现实性维度。因此，马克思的人本观不是一个僵化不变的抽象理论，而是一个处在不断变化、发展过程中的理论。列宁把这一个历史过程分成了两个阶段——社会主义阶段和共产主义阶段，在《国家与革命》一书中，马克思明确地指出："社会主义同共产主义在科学上的差别是很明显的。通常所说的社会主义，马克思把它称作共产主义社会的'第一'阶段或低级阶段。既然生产资料已成为公有财产，那么'共产主义'这个名词在这里也是可以用的，只要不忘记这还不是完全的共产主义。"①后来他又提出："共产主义是社会主义发展的高级阶段，那时人们从事劳动都是由于觉悟到必须为共同利益而工作。"②实现共产主义需要经过社会主义阶段的充分发展，这一理论指导着中国社会主义制度的形成、建设和发展。

　　"理论在一个国家的实现程度，决定于满足这个国家的需要的程度。"③历史实践告诉我们，除了马克思主义，还没有哪一种理论体系能够指导一个国家的建立，马克思主义不仅深刻地改变了世界，也深刻地改变了中国。五四运动之后，马克思主义传入中国，中国共产党把马克思主义与中国具体实际相结合，以马克思主义为指导，带领中国人民进行革命、建设和改革的伟大实践，实现了国家站起来、富起来和强起来，"一切向前走，都不能忘记走过的路；走得再远、走到再光辉的未来，也不能忘记走过的过去，不能忘记为什么出发"。作为马克思主义政党，中国共产党从一开始就把"人民"写在自己的旗帜上，一切为了人民，是中国共产党出发的原点，是我们的"初心"。中国人民之所以能够坚定不移地跟随中国共产党，就是因为中国共产始终坚持以马克思主义思想为指导，秉承"为人民服务"的根本宗旨，坚持党的事业一切为了人民，一切依靠人民，从群众中来，到群众中去。中国共产党始终代

---

　　① 《列宁选集》(第三卷)，人民出版社，2012年，第199~200页。

　　② 《列宁选集》(第四卷)，人民出版社，2012年，第87页。

　　③ 《马克思恩格斯文集》(第一卷)，人民出版社，2009年，第12页。

表中国人民的根本利益，中国人民坚定不移地拥护中国共产党的领导，相得益彰，共同建成"富强、民主、文明、和谐、美丽"的社会主义现代化国家，努力实现中华民族伟大复兴的中国梦。人民性是马克思主义内在最深层的精神实质，是建构历史唯物主义必须恪守的价值原则，是推进伟大事业最深层的底色，中国特色社会主义事业蓬勃发展的现实是对马克思人本观的最好实践。

结　语

　　费尔巴哈在康德之后和马克思之前，无疑是德国哲学发展中一个举足轻重的哲学家。他的以人本学唯物主义为核心的"新哲学"强烈地冲击了秉承黑格尔哲学的德国思想界，并为马克思、恩格斯最终打破德国思辨哲学传统、创立新的现代唯物主义理论提供了动力和思想源泉。因此，无论是出于西方哲学史的研究，还是出于马克思主义哲学的研究，费尔巴哈都是一个绕不开的重要人物。

　　与历史上的其他思想家相同，费尔巴哈继承了先前哲学的宝贵遗产，他的哲学理论融合了自然主义、经验论、理性主义和历史主义等理论或思想倾向。这其中，尤其值得注意的是，费尔巴哈虽然强调人是一种自然的存在，自然属性是人的根本属性，但他并非如人们一般所想象的那样只是一个自然主义者，他同样十分明确地强调了人的存在的社会性，并重视社会、历史、文化、教育对人的塑造；他也不像很多人认为的那样，是一个不关心政治的哲学家，相反，政治哲学同样是费尔巴哈的"新哲学"的重要组成部分，他对黑格尔思辨哲学的批判、对宗教神学的批判，他的道德哲学和人本学思想都包含着政治批判的维度，他也力图把自己的宗教神学批判和道德哲学批判延伸到对政治领域的批判，并将如何保障人们追求幸福与自由的权利问题作为他的政治哲学的核心内容。

　　本书作为对费尔巴哈"新哲学"的初步探讨，受一些客观条件所限，尚无法囊括费尔巴哈新哲学的全部理论内容，并且这些文字对费尔巴哈思想的概括和评析也并非十分精准。费尔巴哈哲学中仍有许多宝贵的思想有待后人挖掘，希望本书的研究能够为我国学界对费尔巴哈哲学的认识起到一个抛砖引玉的作用。

参考文献

1.马克思恩格斯文集[M].人民出版社,2009.

2.列宁选集[M].北京:人民出版社,2012.

3.[德]费尔巴哈.费尔巴哈哲学著作选集(上卷)[M].荣震华、李金山等译.北京:商务印书馆,1984.

4.[德]费尔巴哈.费尔巴哈哲学著作选集(下卷)[M].荣震华,王太庆,刘磊译.北京:商务印书馆,1984.

5.[德]费尔巴哈.费尔巴哈哲学史著作选.第1卷,第2卷,第3卷[M].涂纪亮译.北京:商务印书馆,1978—1984.

6.[德]马克思,恩格斯 [苏]列宁,斯大林.论德国古典哲学[M].北京:商务印书馆,1972第二版.

7.[德]马克思,恩格斯.马克思恩格斯论德国古典哲学[M].北京:商务印书馆,1972.

8.[德]马克思,恩格斯.马克思恩格斯论哲学史[M].格·伊尔尼茨、狄·吕布克主编.陈世夫等译.西安:陕西人民出版社,1987.

9.[德]马克思,恩格斯.费尔巴哈[M].中共中央马恩列斯著作编译局编印.北京:人民出版社,1988.

10.[德]黑格尔.法哲学原理[M].范扬,张企泰译.北京:商务印书馆,1982.

11.伊·马·叶辛.费尔巴哈的唯物主义哲学[M].蔡华五译.上海:上海人民出版社,1956.

12.[苏]马·彼·巴斯金.费尔巴哈的哲学[M].涂纪亮译.上海:上海人民出版社,1959.

13.[苏]加巴拉耶夫.费尔巴哈的唯物主义[M].涂纪亮,余传金译.北京:科学出版社,1959.

14.[波]亨利克·杨柯夫斯基.路德维希·费尔巴哈的伦理学[M].北京:生活·读书·新知三联书店,1966.

15.约特尔.费尔巴赫底哲学[M].林伊文译.北京:商务印书馆,1937.

16.[英]麦克莱伦.青年黑格尔派与马克思[M].夏威仪,陈启伟,金海民译.陈启伟校.北京:商务印书馆,1982.

17.[法]阿尔都塞.保卫马克思[M].顾良译.北京:商务印书馆,1984.

18.[法]科尔纽.马克思的思想起源[M].王瑾译.北京:中国人民大学出版社,1987.

19.[德]A.施密特.马克思的自然概念[M].欧力同,吴仲昉译.北京:商务印书馆,1988.

20.[德]柯尔施.马克思主义与哲学[M].王南湜,荣新海译.重庆:重庆出版社,1989.

21.[匈]卢卡奇.历史与阶级意识[M].杜章智,任立,燕宏远译.北京:商务印书馆,1992.

22.[俄]巴加图利亚版《德意志意识形态·费尔巴哈》[M].巴加图利亚主编.张俊翔编译.张一兵审定.南京:南京大学出版社,2011.

23.[法]贝尔纳·布尔乔亚.德国古典哲学[M].邓刚译.北京:人民出版社,2013.

24.[德]恩格斯.路德维希·费尔巴哈和德国古典哲学的终结[M].北京:人民出版社,1972.

25.[英]戴维·麦克莱伦.青年黑格尔派与马克思[M].北京:商务印书馆,1982.

26.[德]黑格尔,费尔巴哈.黑格尔通信百封[M].苗力田译编.上海:上海人民出版社,1981.

27.[波兰]路亨利克·杨科夫斯基:《路德维希·费尔巴哈的伦理学》,杨德友、程人乾等译,北京:生活·读书·新知三联书店,1966.

28.舒永生.重读费尔巴哈——论费尔巴哈的感性人学及其意义[M].上海:华中师范大学出版社,2003.

29.邢贲思.费尔巴哈的人本主义[M].上海:上海人民出版社,1981.

30.马克思主义来源研究论丛,1–20辑[M].上海:商务印书馆,1981—1998.

31.萧焜焘.从黑格尔、费尔巴哈到马克思[M].南京:江苏人民出版社,1982.

32.杨祖陶.德国古典哲学逻辑进程[M].武汉:武汉大学出版社,1993.

33.许俊达.费尔巴哈三部曲:神性、理性和人性[M].北京:中国工人出版社,1993.

34.许俊达.超越人本主义——青年马克思与人本主义哲学[M].北京:中国人民大学出版社,2000.

35.吴晓明.历史唯物主义的主体概念[M].上海:上海人民出版社,1993.

36.吴晓明.形而上学的没落——马克思与费尔巴哈关系的当代解读[M].北京:人民出版社,2006.

37.侯才.青年黑格尔派和马克思早期思想的发展[M].北京:中国社会科学出版社,1994.

38.乔长禄.谈谈费尔巴哈的哲学[M].上海:上海人民出版社,1956.

39.李毓章.人:宗教的太阳——费尔巴哈宗教哲学研究[M].台湾远流出版公司,1995.

40.李毓章、陈宇清.人·自然·宗教——中国学者论费尔巴哈[M].北京：商务印书馆,2005.

41.周树智.马克思的新世界观——马克思〈关于费尔巴哈的提纲〉研究文集[M].北京：社会科学文献出版社,2012.

42.张一兵.回到马克思——经济学语境中的哲学话语（第三版）[M].南京：江苏人民出版社,2014.

43.何萍.马克思主义哲学史教程[M].北京：人民出版社,2009.

44.叶秀山、王树人、张慎.西方哲学史（第六卷）——德国古典哲学[M].南京：江苏人民出版社,2005.

45.张云阁.马克思思维方式论——马克思哲学与费尔巴哈哲学关系研究[M].武汉：武汉大学出版社,2006.

46.赵常林.马克思早期哲学思想研究[M].北京：北京大学出版社,1986.

47.张一兵.马克思哲学的历史原像[M].北京：人民出版社,2009.

48.陈先达.陈先达文集——马克思早期思想研究[M].北京：中国人民大学出版社,2006.

49.陶富源.陶富源哲学论著集——青年马克思与费尔巴哈[M].合肥：合肥工业大学出版社,2006.

50.十八世纪末——十九世纪初德国哲学[M].北京大学哲学系,外国哲学史教研室编译.北京：商务印书馆,1975.

51.论十八——十九世纪德国古典哲学[M].哲学研究编辑部编.北京：生活·读书·新知三联书店,1961.

52.沈真.马克思恩格斯早期哲学思想研究[M].北京：中国社会科学出版社,1982.